ACCESO GRATIS *a la Lectura en la Nube*

Para visualizar el libro electrónico en la nube de lectura envíe junto a su nombre y apellidos una fotografía del código de barras situado en la contraportada del libro y otra del ticket de compra a la dirección:

ebooktirant@tirant.com

En un máximo de 72 horas laborables le enviaremos el código de acceso con sus instrucciones.

LA VIVIENDA EN ESPAÑA: RESPUESTA INSTITUCIONAL Y COLECTIVOS VULNERABLES

Procedimiento de selección de originales, ver página web:
www.tirant.net/index.php/editorial/procedimiento-de-seleccion-de-originales

LA VIVIENDA EN ESPAÑA: RESPUESTA INSTITUCIONAL Y COLECTIVOS VULNERABLES

MANUEL HERNÁNDEZ PEDREÑO
SALVADOR MANZANERA-ROMÁN
Directores

tirant lo blanch
Valencia, 2024

En caso de erratas y actualizaciones, la Editorial Tirant lo Blanch publicará la pertinente corrección en la página web www.tirant.com.

Directores de la Colección:
FRANCISCO MANUEL SILVA ARDANUY
JAVIER PÉREZ ROYO

EDITA: TIRANT LO BLANCH
C/ Artes Gráficas, 14 - 46010 - Valencia
TELFS.: 96/361 00 48 - 50
FAX: 96/369 41 51
Email:tlb@tirant.com
www.tirant.com
Librería virtual: www.tirant.es
DEPÓSITO LEGAL: V-1513-2024
ISBN: 978-84-1056-398-8
MAQUETA: Tink Factoría de Color

Si tiene alguna queja o sugerencia, envíenos un mail a: *atencioncliente@tirant.com*. En caso de no ser atendida su sugerencia, por favor, lea en *www.tirant.net/index.php/empresa/politicas-de-empresa* nuestro procedimiento de quejas.

Responsabilidad Social Corporativa: http://www.tirant.net/Docs/RSCTirant.pdf

Autores

Jaume Blancafort Sansó

Esther Clavero Mira

Juan Antonio Clemente Soler

Ana Belén Fernández Casado

Olga García Luque

Rosa María García Navarro

Mª Belén García Palma

Aurora Gómez Garrido

Manuel Hernández Pedreño

Diego Pascual López Carmona

Salvador Manzanera-Román

Angeles Marín Martorell

Ana Millán Jiménez

Piedad Miñarro Casau

Ángel José Olaz Capitán

Pilar Ortiz García

Myriam Rodríguez Pasquín

Antonia Sánchez Alcoba

María Isabel Sánchez-Mora Molina

Gustavo Solórzano Pérez

ÍNDICE

INTRODUCCIÓN

Manuel Hernández Pedreño
Departamento de Sociología, Universidad de Murcia
Salvador Manzanera-Román
Departamento de Sociología, Universidad de Murcia

En el estudio y análisis de la vivienda convergen numerosas disciplinas: Derecho, Economía, Sociología, Arquitectura, Educación o Trabajo Social, entre otras. Desde cada una de ellas se pretende conocer aspectos concretos de la realidad residencial de una sociedad, insertos en una determinada estructura social y en un contexto concreto. Este interés por la situación residencial de la ciudadanía no es nuevo, sino que viene preocupando en todas las sociedades desde sus inicios, especialmente desde la configuración de los estados modernos de derecho. En ellos se considera que la vivienda es un elemento esencial para que cualquier persona se integre en la sociedad, debido precisamente a las funciones que cumple la estructura residencial en la organización social. Así, la vivienda puede considerarse como una necesidad de primer orden, hecho por el que se configura como uno de los derechos constitucionales fundamentales, tal y como es recogido en el Artículo 47 de la Constitución Española.

Aunque los problemas relacionados con el hecho social de habitar o residir han estado presentes en toda la historia de la humanidad (escasez de viviendas, alojamientos precarios o en condiciones inadecuadas de habitabilidad), con mayor o menor intensidad, es a partir de los años setenta del siglo XX, cuando en España la mayoría de autores/as enmarcan el origen de las causas que impiden a gran número de familias y personas el ejercicio de ciertos derechos de ciudadanía y, en particular, el de disfrutar del derecho a una vivienda digna. Las sucesivas crisis, financiera, sanitaria y energética, han intensificado los riesgos y aumentado los grupos sociales afectados.

Tras estos cambios y transformaciones sociales, económicas y políticas en España, se puede asegurar que la vivienda está en crisis y son necesarias profundas reformas institucionales. Esta crisis alude a las dificultades de cada vez más colectivos para acceder a una vivienda, y no solo por los elevados precios con respecto a las condiciones laborales, sino por el hecho de que el mercado es prácticamente la única vía de acceso a un bien necesario. Todo ello ocurre al tiempo que en nuestro país existe un creciente número de viviendas vacías, sin olvidar el insignificante peso del alquiler en un país de mayoritaria preferencia por la propiedad en el que conviven cada vez más personas con dificultades de accesibilidad, habitabilidad, adecuación y estabilidad residencial. Recientemente, cuando este libro se acerca a la imprenta, se han empezado a ver atisbos de cambio con la aprobación de la *Ley 12/2023, de 24 de mayo, por el derecho a la vivienda*, que, en principio, aboga por favorecer el acceso a la vivienda a los colectivos con mayor riesgo de exclusión residencial, junto con el establecimiento de una regulación homogénea de los aspectos fundamentales de las políticas de vivienda.

A partir de esta realidad surge la puesta en marcha de esta investigación, realizada en 2023 desde la Universidad de Murcia y dirigida desde el Departamento de Sociología, donde han participado 20 investigadores e investigadoras de distintas disciplinas (Sociología, Derecho, Economía, Ciencia Política y Trabajo Social). Se trata de una visión poliédrica de la vivienda en España, bajo una perspectiva, tanto del lado de la demanda (situación residencial de la población), como de la oferta (respuesta institucional-política de vivienda), ambas conformadas con el uso de fuentes primarias (entrevistas a profesionales) y secundarias (revisión estadística y documental). La mayoría de los capítulos se ha nutrido de las aportaciones obtenidas mediante entrevista a personas expertas (académicas y profesionales de la intervención) de los dos ámbitos analizados: respuesta institucional y colectivos vulnerables residencialmente.

El estudio desarrolla aspectos teóricos, normativos y empíricos (estadísticas), aportando gran valor analítico para diversas disciplinas y diferentes ámbitos profesionales o académicos. Los contenidos se han distribuido en dos bloques diferenciados. El *Bloque I, Respuesta institucional*, recoge una serie de investigaciones que refieren las políticas de vivienda desde los distintos contextos territoriales (Unión Europea, España y Comunidades Autónomas), estando precedido de un capítulo que recoge los aspectos teóricos y la metodología en la que se sustenta la investigación. El Bloque II, *Colectivos vulnerables*, aborda la situación residencial de cuatro grupos sociales especialmente vulnerables en la dimensión vivienda: jóvenes, personas mayores, población extranjera y personas sin hogar.

Bloque I
RESPUESTA INSTITUCIONAL

Capítulo 1

ESTUDIO Y ANÁLISIS DE LA VIVIENDA: ENFOQUES TEÓRICOS Y METODOLÓGICOS

Salvador Manzanera-Román
Departamento de Sociología, Universidad de Murcia
Aurora Gómez Garrido
Investigadora Predoctoral, Universidad de Murcia
Pilar Ortiz García
Departamento de Sociología, Universidad de Murcia
Manuel Hernández Pedreño
Departamento de Sociología, Universidad de Murcia

1. *Introducción*

La vivienda constituye un contexto básico de estructuración de la vida personal, familiar y social. Es a su vez "una unidad económica, un espacio de ocio, de consumo y de producción, ya que puede ser utilizada como lugar de trabajo" (Hernández Pedreño, 2013: 109). En cambio, si existen limitaciones en el acceso a la vivienda o en su habitabilidad, se da una situación de exclusión residencial, realidad demasiado frecuente en el territorio nacional en las últimas décadas, muy acentuada desde la crisis financiera de 2008 y las posteriores de índole sanitaria de 2020 o energética de 2022.

En este capítulo 1 se refieren los contenidos teóricos del estudio, comenzando por una breve referencia a los enfoques de la sociología residencial; siguiendo con el concepto de exclusión residencial, su vinculación con la exclusión social y las posibilidades de medición. Los dos últimos apartados recogen, primero, una revisión bibliográfica de los estudios sobre situación residencial; y, para cerrar el capítulo, se detalla la metodología concreta que se ha aplicado en esta investigación, donde se han empleado fuentes secundarias y primarias.

2. *Sociología residencial. Enfoques de análisis*

El estudio de la estructura, la composición y distribución de la población en las áreas urbanas, así como en la forma en que las personas seleccionan, ocupan y utilizan su vivienda, es el objetivo principal de la sociología residencial. Las decisiones de asentamiento de la población están determinadas por factores sociales, económicos y culturales que afectan a la segregación socioeconómica, étnica o racial en la elección de vivienda. Es por esto que, desde diversas disciplinas, y muy en concreto desde la sociología, el análisis de estos procesos se remonta a los clásicos. A la hora de esbozar algunos ejes de análisis desde esta subdisciplina, conviene hacer una diferenciación con la que, siendo muy afín, presenta algunos matices diferenciales, como es la sociología urbana. Esta última tiene un carácter más amplio y se centra en el estudio de la vida social en contextos urbanos en su totalidad. Esto incluye no solo la distribución residencial, sino también otros aspectos como la economía urbana, la política, la cultura, la movilidad o la planificación urbana (Leal y Echaves, 2021).

En sus orígenes la sociología residencial y urbana no constituye un objeto específico y, en la obra de Weber, Durkheim, Marx o Tönnies, la observación de la cuestión urbana se realiza desde procesos históricos y/o estructurales mucho más amplios. Sin embargo, todos ellos realizan una sociología en la que los procesos de "producción del espacio" ocupan un lugar preferente en la dinámica y estructura social. Será a principios del siglo XX cuando autores como Simmel, Sombart o Holbawch, pongan el foco de análisis en la ciudad como un objeto de estudio con entidad propia (Ullán, 2014). El concepto de "producción del espacio", que da título a la obra de Henry Lefebvre (1974) es puramente sociológico y con él se alude a cómo la configuración del espacio es política, esto es, está atravesada por una "lucha de poderes", ya sea desde lo particular o desde lo social. Se trata de un tema que se coloca en el centro de la problemática social, dado que la exclusión residencial es uno de los principales riesgos sociales y actúa como causa y consecuencia de itinerarios de exclusión social grave (Hernández Pedreño, 2013).

Si bien los estudios sociológicos sobre la vivienda en sus comienzos utilizaron los métodos propios de la sociología aplicados al objeto específico de la vivienda, pronto se vio la necesidad de construir una metodología específica para el análisis de los problemas asociados a esta, así como se fueron identificando ejes de análisis sobre los que se desarrollaría la sociología residencial y urbana. En los años cuarenta, Wirth (1947) identificó algunos aspectos sobre los que la perspectiva sociológica residencial debía pivotar: el estudio del valor social de la vivienda, la relación entre vivienda y localidad y la política de vivienda. Más adelante, la sociología norteamericana, con autores como Merton a la cabeza (1951) planteaba la necesidad de análisis multidisciplinares desde los que identificar y analizar la relación entre la vivienda y la comunidad. También en los años sesenta Vapñarsky (1963), definía otros ejes sobre los que aplicar los métodos propios de la perspectiva sociológica: las políticas de vivienda; las relaciones entre vivienda y vida familiar y las relaciones entre la vivienda y la comunidad. En los años ochenta y noventa, los estudios sobre la vivienda no han sido ajenos a las dinámicas socioeconómicas y políticas. De esta forma, la emergencia de políticas neoliberales hizo pivotar los centros de interés sobre la vivienda en torno a aspectos tales como la caída del sector público en el sistema residencial, los procesos de privatización y el sentido de la propiedad, efectos sociales de la privatización que tendría como objeto preferente la situación de las personas sin hogar, la segregación habitacional y, en suma, las distintas formas de exclusión asociadas al sinhogarismo (Del Pino, 2014).

Los enfoques sobre el estudio de la vivienda han basculado entre un cierto determinismo socioeconómico (Kemeny, 2004), que pone el peso explicativo de los procesos residenciales en dinámicas propias de la estructura social y la organización política del espacio, y otro enfoque más individualista y subjetivo (King, 2009) que centra el análisis de la vivienda en el proceso de consumo ligado a decisiones de carácter individual y subjetivo ajenas a los procesos de carácter social. No obstante, existe una tendencia a integrar ambas perspectivas, como es la tesis construccionista, desde la que se esbozan tres grandes ejes de análisis: el primero de ellos es el hogar, receptáculo de dinámicas individuales, pero también sociales; el segundo es la vivienda como sujeto dinámico vinculado a categorías sociales; y el tercero es la movilidad, como un elemento dinámico de diferenciación social que conecta con las categorías anteriores (Del Pino, 2014).

Estas categorías definen grandes orientaciones de análisis que la sociología residencial utiliza para comprender las dinámicas sociales en los entornos residenciales. Un primer eje es el que se centra en la estructura y composición de la comunidad y los procesos de configuración residencial. Desde este enfoque se trata de examinar las características demográficas de la comunidad residencial, como la edad, el género, la etnia y la composición familiar. También se analiza la estructura de poder dentro de la comunidad, incluyendo la distribución de recursos y el acceso a servicios. La ecología urbana, que tiene a Robert E. Park (1925) y la Escuela de Chicago como uno de sus exponentes, exploró este eje. Junto a estos, los estudios de Ray Pahl (1970) fueron fundamentales en la exploración de cómo factores como el género, la edad y la etnia afectan la interacción social en contextos residenciales.

Otro enfoque es el que tiene como centro de análisis los procesos de segregación y desigualdad residencial, es decir, la separación física y social de diferentes grupos en el espacio residencial. Se analiza cómo factores como la clase social, la etnia, la religión y otros aspectos contribuyen a la formación de vecindarios homogéneos y cómo esto puede perpetuar la desigualdad social y la exclusión. William J. Wilson (1987) es uno de los sociólogos que con mayor profundidad ha tratado el tema de la pobreza, la segregación y las desigualdades raciales en contextos urbanos. Dentro de este eje, la Teoría de la gentrificación enfocada en los procesos de cambio urbano y la transformación de los vecindarios residenciales, examina cómo la llegada de nuevos grupos socioeconómicos, a menudo de mayor poder adquisitivo, afecta la composición social, el acceso a viviendas y los patrones de convivencia en los barrios residenciales. Dentro de esta teoría, en preciso mencionar los trabajos de David Harvey (1990) sobre la gentrificación y la transformación de comunidades urbanas.

Ligado a la Teoría del Capital Social desarrollada por Pierre Bourdieu y James Coleman el enfoque que explora las relaciones sociales y los recursos que se derivan de esas relaciones es un enfoque que permite comprender cómo la disposición de dicho capital puede tener un impacto significativo en la vida comunitaria, la cooperación, la confianza y el bienestar de los individuos en una comunidad residencial.

Otra orientación es la que relaciona el espacio físico y el entorno construido. Desde esta perspectiva, se indaga en cómo la estructura del entorno físico influye en la vida comunitaria y las interacciones sociales. Se analizan aspectos como la planificación urbana, el acceso a servicios básicos, la calidad de la vivienda, los espacios públicos y la privacidad, entre otros. En esta perspectiva se centran sociólogos como Manuel Castells (1979), que ha estudiado los cambios sociales y culturales en la era de la información y la influencia de las tecnologías en la vida urbana, incluyendo el estudio de las comunidades residenciales en el contexto de las ciudades digitales.

Por último, la orientación que estudia el cambio social y transformación urbana se centra en los procesos de cambio social que ocurren en las comunidades residenciales a lo largo del tiempo. Se examina cómo los cambios económicos, demográficos, políticos y culturales afectan a las comunidades residenciales y cómo esto puede generar tensiones, conflictos o transformaciones en la vida comunitaria. En esta línea es preciso mencionar los estudios de Saskia Sassen (2014) sobre la globalización y la ciudad global.

3. *Exclusión residencial. Concepto y medición*

La exclusión residencial en España puede actuar como causa y consecuencia de itinerarios de exclusión social grave. Esta vinculación hace que el hecho residencial adquiera gran relevancia en los procesos de inclusión/exclusión social, siendo determinante el enfoque de análisis de la vivienda que se considere. Siguiendo a Leal (2010) y Cortés (1995) las perspectivas de análisis de la vivienda son muchas (ecológica, neoclásica, institucional, etc.). La evolución de estos enfoques se asocia con el diferente objeto de estudio (urbanización, ciudad, vivienda, espacio), observándose recientemente una tendencia hacia el interés por el hecho residencial; a la vez que destaca el enfoque integral de análisis de la exclusión residencial, que considera la vivienda como una dimensión fundamental de la exclusión social (Hernández Pedreño, 2013). El contexto estructural de la exclusión residencial, junto a sus características (dinámica, multidimensional, etc.), dificulta su análisis empírico.

Aún no existe un marco conceptual de la exclusión residencial que haya sido consensuado por los distintos teóricos sociales, ni tampoco un completo sistema de indicadores sociales residenciales. Aspectos que se abordan en este capítulo, realizando una aproximación a las diversas concepciones de la exclusión residencial y de sus propuestas de medición.

3.1. Exclusión social y exclusión residencial

La exclusión residencial está íntimamente ligada a los procesos de exclusión social, siendo la expresión más dura de ésta, pues supone acumular desventajas sociales en un gran número de ámbitos vitales, como empleo, ingresos o red sociofamiliar, entre otros. La exclusión social es un concepto que viene a "definir y explicar las nuevas situaciones de pobreza y desarraigo social que se están produciendo en las sociedades más desarrolladas" (Hernández Pedreño, 2008: 9) y que se suele caracterizar como un fenómeno estructural, dinámico, multifactorial, multidimensional y heterogéneo, que incluye un componente individual y que es abordable desde las políticas públicas.

La exclusión social se relaciona con la carencia de recursos materiales o sociales y con la escasa participación en la actividad económica, social, política y cultural. La Unión Europea (UE) ha jugado un papel determinante en la consolidación del concepto de exclusión social, contribuyendo a su definición y al desarrollo de indicadores para su medición, como la tasa AROPE (At Risk Of Poverty and/or Exclusion). Este indicador identifica a la población en riesgo combinando tres variables en su medición (pobreza, privación material severa y baja intensidad laboral). La fuente en España es la Encuesta de Condiciones de Vida (ECV), elaborada por el INE y dirigida a los hogares, recabando información sobre desigualdad, pobreza y privación material.

Asimismo, se cuenta con los estudios de la Fundación FOESSA que pretenden aportar una descripción de la situación en España del desarrollo social, la estructura social, la desigualdad y la pobreza, las relaciones sociales y la cooperación internacional. Realiza, sin periodicidad concreta, la Encuesta sobre Integración social y Necesidades Sociales (EINSFOESSA). A partir de esta, se confecciona el Índice sintético de exclusión social (ISES), en el que se proponen indicadores que permiten medir el grado de riesgo social, posibilitando a su vez evaluar el impacto de la política social. Este índice se basa en una batería de 35 indicadores, organizados en tres ejes (económico, derechos sociales y políticos y relacional) y ocho dimensiones (empleo, consumo, política, educación, vivienda, salud, conflicto y asilamiento social). Recientemente, 2021, estos indicadores se han visto ampliados a 37, al tiempo que se hacían ligeras revisiones en la confección del ISES.

3.2. Exclusión residencial: concepto

El concepto de exclusión residencial admite varias definiciones, dependiendo del enfoque y las variables que se consideren. Se podría decir que existen tres aproximaciones teóricas diferenciadas, aunque complementarias.

1) La primera considera las funciones que cumple la vivienda, que han sido valoradas en numerosos estudios, entre los que destacan los de Luis Cortés (2004). En ellos, la vivienda es concebida, no sólo como un elemento material, sino también físico; un espacio donde se reproducen las instituciones familiares, se desarrollan aspectos íntimos de la vida humana, se consume de manera permanente, se desarrolla el ocio, los procesos de socialización y se aprenden roles y estructuras sociales; además de ser un lugar en el que se facilita la maduración y la convivencia en sociedad. Cortés (2004: 42) identifica las situaciones de exclusión residencial a partir de los requisitos mínimos que debe reunir una vivienda en 4 áreas básicas de uso: a) *Accesibilidad,* que hace referencia a las opciones de optar a una vivienda en relación con los ingresos disponibles del hogar; b) *Estabilidad,* referida al derecho de disfrute de la vivienda, sobre los derechos de propiedad, permitiendo el acceso a sus beneficios integradores desde el punto de vista social; c) *Adecuación*, cuando existe un equilibrio entre las condiciones de la vivienda y las necesidades de sus habitantes; d) *Habitabilidad,* cuando la vivienda proporciona a sus moradores unas condiciones mínimas de calidad en la construcción, en los servicios de la vivienda y el entorno en el que se ubica.

2) Una segunda conceptualización sería la propuesta por FEANTSA (Federación Europea de Organizaciones Nacionales que trabajan con Personas Sin Hogar). Dicha asociación elaboró en 2005 la tipología ETHOS (European Typology on Homelessness and Housing Exclusion). Mediante este enfoque el complejo fenómeno del sinhogarismo deja de ser argumentado sobre los rasgos personales de las personas, para ser explicado en un contexto analítico que hace referencia a la exclusión residencial (Cabrera, 2008: 188-189). La clasificación ETHOS identifica categorías en las que se ubicarían las realidades de exclusión residencial. Abreviadamente, serían: a) Sin techo, "que no tiene alojamiento de ningún tipo, vive en un espacio público"; b) Sin vivienda, "que vive en alojamiento temporal, en instituciones o albergues"; c) Vivienda insegura", que vive bajo amenaza severa de exclusión por desahucio, arrendamiento precario o violencia doméstica"; y d) Vivienda inadecuada, "que vive en chabolas de asentamientos ilegales, en vivienda no apta para su habitabilidad según la normativa, o donde existe una situación de hacinamiento" (FEANTSA, 2008: 5). La tipología ETHOS permite entender el fenómeno como "un proceso activo que hunde sus raíces en el acceso desigual al mercado de la vivienda y que entronca con los procesos de fragmentación social y desposesión de largo alcance, pero también con un modelo determinado del crecimiento urbanístico" (Agulles, 2019: 271).

3) Y una tercera, que sería una visión amplia de la exclusión residencial, que nos llevaría a entender la vivienda como una dimensión de la exclusión social, junto a otras seis (ingresos, trabajo, salud, participación, relaciones sociofamiliares y educación). Según esta visión, sería evidente en la actualidad que muchos procesos de exclusión social se inician a partir de problemas en el acceso a la vivienda y el incumplimiento de sus funciones integradoras. El fenómeno de la exclusión residencial es similar al de exclusión social si ambos son entendidos como la pérdida progresiva de derechos fundamentales de ciudadanía (Hernández Pedreño, 2013). El estudio de las relaciones entre la exclusión social y la exclusión residencial ha sido abordado por numerosos autores. Las variables que mejor explican la exclusión residencial son de carácter estructural y se refieren, al mercado de trabajo y de vivienda; junto al al acceso a la red de servicios sociales (Agulles, 2019: 270). La vivienda y el empleo suelen ser las principales áreas de las que parten las trayectorias de exclusión social siendo las limitaciones en el acceso y disfrute de la vivienda los principales factores desencadenantes de procesos de exclusión (Hernández Pedreño, 2008).

3.3. Exclusión residencial: medición

Dada la cercanía entre los conceptos de exclusión social y residencial, varias de las fuentes estadísticas que se aproximan al riesgo de exclusión residencial provienen de estadísticas comunes, ya mencionadas: a) Encuesta de condiciones de vida, del INE y b) Encuesta de la Fundación Foessa (EINSFOESSA).

La mayoría de los estudios que, de forma específica, se ocupan de la exclusión residencial se suelen centrar en las condiciones de la vivienda y su entorno. Así ocurre en la ECV del INE, que incluye una serie de indicadores que refieren características y condiciones de la vivienda: el porcentaje de hogares españoles en régimen de tenencia insegura, al proporcionar información sobre los hogares que disponen de una vivienda cedida gratuitamente y de aquellos que están en alquiler o realquiler a precio inferior al del mercado (cuadro 1). Asimismo, aporta información sobre los problemas que sufre la vivienda y su entorno.

Cuadro 1. Indicadores de vivienda de la Encuesta de Condiciones de Vida

Hogares que sufren determinados problemas en la vivienda y su entorno
Escasez de luz natural
Ruidos producidos por vecinos o del exterior
Contaminación y otros problemas ambientales
Delincuencia o vandalismo
Ningún problema
Hogares por régimen de tenencia de la vivienda
Propiedad
Alquiler a precio de mercado
Alquiler inferior al precio de mercado
Cesión

Fuente: Elaboración propia a partir de INE, ECV.

Por su lado, la Fundación FOESSA en su encuesta EINS incluye en todas sus ediciones (2007, 2009, 2013, 2018 y 2021) varios indicadores que permiten una aproximación a los riesgos residenciales diferenciando aspectos de vivienda insegura (tenencia en precario o gastos excesivos) y de vivienda inadecuada (infravivienda, insalubridad, deficiencias graves, entorno degradado o hacinamiento), todos ellos detallados en el cuadro 2.

Cuadro 2. Indicadores de vivienda de la Encuesta de la Fundación FOESSA

Vivienda insegura
Hogares con tenencia de la vivienda en precario: facilitada gratuitamente por otras personas o instituciones, realquilada, ocupada ilegalmente, haber sufrido algún tipo de amenaza de expulsión de la vivienda
Hogares con gastos excesivos en la vivienda (ingresos-gastos en vivienda < umbral de pobreza severa) o con deudas relacionadas con el pago de la vivienda y los suministros de la vivienda
Vivienda inadecuada
Hogares con situaciones de infravivienda: chabola, bajera, barracón, prefabricado o similar
Hogares con situaciones de insalubridad: humedades, suciedades y olores
Hogares con situaciones de hacinamiento (<15 metros cuadrados por persona)
Hogares con deficiencias graves en la construcción, una situación de ruina y/o necesidad de rehabilitar la mayor parte de las estructuras de la vivienda
Hogares en un entorno muy degradado y/o en barrio conflictivo
Hogares con personas que sufren discapacidad y tienen barreras arquitectónicas

Fuente: Ayala y Pérez (2019: 247).

Además de estas dos fuentes, se cuenta también con la Encuesta de Personas Sin Hogar, elaborada por el INE en tres ediciones (2005, 2012 y 2022), que se aborda ampliamente en el capítulo 11 de este estudio, destinado a las personas sin hogar.

4. *Análisis bibliográfico de los estudios residenciales*

Con el fin de realizar una aproximación a los estudios e investigaciones realizados en la dimensión residencial, tanto desde el ámbito de la respuesta institucional como de los colectivos más vulnerables, se ha adoptado una metodología cualitativa de identificación sistemática, análisis y síntesis de contenidos relevantes de las publicaciones científicas más destacadas. La búsqueda se realizó en Scopus, teniendo en cuenta los siguientes criterios:

- Tipo de participantes: Aquellos estudios cuyos hallazgos estaban relacionados de manera directa con la dimensión residencial o vivienda, considerando aspectos vinculados con las políticas o estrategias puestas en marcha por las administraciones públicas y otros actores implicados, así como aquellos relacionados con los colectivos más vulnerables.

- Tipo de estudios: Artículos científicos del área de conocimiento de las ciencias sociales escritos en castellano y publicados en revistas con revisión por pares en los últimos 10 años (desde 2014 hasta 2023, ambos inclusive).
- Tipo de resultados: Se incluyeron los estudios que hacían referencia explícita a los descriptores "vivienda" y "política residencial", "exclusión residencial" y "sinhogarismo" en el título, el resumen y/o las palabras clave.
- Tipo de diseños: Cuantitativos, cualitativos y mixtos.

En cuanto a los criterios de exclusión, éstos fueron los estudios teóricos, las tesis doctorales, los informes de conferencias o simposios, revisiones sistemáticas, meta-análisis, las cartas al editor, las actas de reuniones o las notas informativas.

La selección de los estudios se realizó en diferentes etapas. La etapa de identificación se limitó a los artículos publicados en castellano entre 2014 y 2023. De esta búsqueda inicial se obtuvieron 158 resultados examinados de nuevo de manera manual, seleccionando aquellos artículos que se ajustaban a una aproximación sociológica y a los ámbitos de estudio de la dimensión residencial considerada en esta obra y que se limita al ámbito geográfico de España. Tras este proceso, la selección de artículos se redujo a 24 documentos.

Esta colección de 24 artículos publicados en revistas científicas ha sido clasificada considerando el número de citas y, seguidamente, distribuida en tres tablas (presentadas en el Anexo de este capítulo), dependiendo de si han tenido 3 o más citas (tablas A1 y A2), o bien, 2 o menos citas (tabla A.3). Las tablas A.1 y A.2 contienen los 10 principales estudios y se ha hecho un análisis detallado, teniendo en cuenta la metodología, los objetivos y principales resultados. Por otro lado, la tabla A.3 contiene el resto de los estudios, junto con la metodología empleada.

Según la metodología empleada en el desarrollo de los 24 estudios seleccionados, se comprueba la existencia de una distribución homogénea entre aquellos que son resultado de la aplicación de técnicas de investigación cuantitativas (41,7%) y cualitativas (41,7%); por otro lado, 4 estudios o el 16,7% emplearon una metodología mixta.

Entre los estudios de carácter cuantitativo, la mayoría (6) hizo uso de fuentes secundarias, mientras que el resto (4) aplicaron técnicas de investigación tales como encuestas. Por otro lado, entre los estudios de carácter cualitativo, la mayoría (6) realizó un análisis documental y normativo, mientras que una minoría (3) utilizaron entrevistas o estudio de casos (1).

Otro criterio de análisis considerado es el colectivo analizado. La mitad de los artículos no se ocupan de uno concreto, pues consideran a la ciudadanía en términos generales. El resto de los estudios se centran en colectivos como la juventud (3), las personas inmigrantes (3) y las mujeres (3), las personas mayores (2) y las personas sin hogar (1). No obstante, en alguno de ellos existe interseccionalidad, pues considera las mujeres inmigrantes y su situación de sinhogarismo.

Considerando temas relacionados con la respuesta institucional, se observa que la mitad de los estudios seleccionados (12) tratan el derecho a la vivienda, las políticas de vivienda y la naturaleza del sistema residencial. También cabe destacar que 5 estudios abordan la desigualdad y la exclusión social derivadas de la dimensión residencial y otros 4 analizan las formas de acceso a la vivienda de la ciudadanía o distintos colectivos. Finalmente, otros temas considerados son la gentrificación; la situación residencial; y el urbanismo.

5. *Estrategia metodológica del estudio*

En esta investigación se ha aplicado una estrategia metodológica mixta, empleando diversas fuentes secundarias y una fuente primaria. El cuadro 3 recoge la diversidad de técnicas y las aportaciones de cada una de ellas al estudio.

Cuadro 3. Técnicas empleadas según aportaciones sobre vivienda

Fuente	Técnica	Aportaciones
Fuentes secundarias	Revisión bibliográfica	Aportaciones de otros estudios y análisis sobre la vivienda: políticas y colectivos
	Revisión documental	Respuesta institucional en materia de vivienda en los contextos europeo, nacional y autonómico
	Encuestas y bases de datos	Situación residencial de colectivos vulnerables
Fuentes primarias	Entrevistas (online)	Opinión de expertos/as sobre la politica de vivienda y los riesgos residenciales de ciertos colectivos

Fuente: Elaboración propia.

5.1. Fuentes secundarias

Como muestra el cuadro 3 se han empleado diferentes tipos de fuentes secundarias, de carácter complementario, para el conocimiento de las políticas de vivienda y los colectivos en riesgo de exclusión residencial. Se pueden agrupar en dos tipos, la revisión bibliográfica y documental, por un lado; y, por otro, el análisis estadístico de encuestas y bases de datos. En todos los capítulos se ha llevado a cabo una exhaustiva revisión bibliográfica, actualizada hasta la fecha de cierre de este estudio, septiembre de 2023. Adicionalmente, la revisión documental corresponde a los capítulos del Bloque I, sobre respuesta institucional. Se han consultado y analizado los planes y la normativa que configuran la política de vivienda en los diferentes contextos: internacional, europeo, nacional y autonómico; siempre vistos bajo el prisma de la defensa de los derechos de ciudadanía, en lo referido al acceso y uso de una vivienda digna.

Respecto al Bloque II, sus capítulos recogen los análisis estadísticos de diversas bases de datos y encuestas, procedentes, principalmente, del INE (Instituto Nacional de Estadística) y de la Fundación FOESSA, que constituyen los proveedores más relevantes de información sobre la situación residencial de la población española. En ambos casos, la información proporcionada se ofrece generalmente desagregada por sexo, edad, nacionalidad y autonomía, si es posible.

En cuanto al INE, cabe destacar tres encuestas: a) la Encuesta de Condiciones de Vida, realizada anualmente y que proporciona información sobre el régimen de tenencia de la vivienda, su habitabilidad, el equipamiento y el mantenimiento de la misma, así como las condiciones del entorno donde se ubica; b) la Encuesta de Personas sin Hogar, realizada en tres ediciones, siendo la última de 2022, y que lleva a cabo el recuento de este colectivo, junto con sus principales características y la distribución por autonomías; c) la Encuesta de Características Esenciales de la Población y las Viviendas, realizada en 2021, que aporta información sobre la tenencia y condiciones de la vivienda.

Por su parte, la Fundación FOESSA, a partir de la Encuesta sobre integración social y necesidades sociales, realizada en varias ediciones no periódicas, siendo la última en 2021, contempla la población en riesgo social desde un enfoque multidimensional; entre los que se encuentra, la vivienda. Así, en este ámbito, se utilizan ocho indicadores para caracterizar dos situaciones de exclusión residencial, denominadas: vivienda insegura y vivienda inadecuada.

5.2. Fuentes primarias

También en este estudio se han aplicado fuentes primarias de información. En particular, la entrevista en profundidad, realizada de modo virtual, mediante cuestionario-entrevista enviada por correo electrónico a informantes clave, acerca de dos cuestiones diferenciadas y relevantes en relación con la vivienda: la respuesta institucional y los colectivos vulnerables. El objetivo de las entrevistas fue doble, por un lado, conocer la opinión de los profesionales y expertos en política residencial sobre su valoración de las respuestas que se están aplicando en los diferentes niveles administrativos (Unión Europea, España, Comunidades Autónomas); y, por otro, profundizar en los riesgos residenciales y habitacionales intrínsecos a ciertos colectivos vulnerables, como la personas sin hogar, los jóvenes, los mayores o la población extranjera. En los dos aspectos analizados, se incluye como finalidad recoger las propuestas de mejora según las personas entrevistadas.

En la búsqueda y selección de los informantes clave se aplicaron dos fórmulas complementarias. La primera de ellas provino del equipo investigador, realizándose varias propuestas. La segunda se apoyó en las bases bibliográficas, en particular de Dialnet y Google Scholar, realizando búsquedas con diferentes términos, vivienda y exclusión residencial, principalmente. En ambos casos, se aplicaron unos criterios de inclusión/exclusión en la muestra: contar con publicaciones recientes, haber realizado tesis doctoral, ser representante de entidad, o que su investigación estuviese vinculada con colectivos en exclusión residencial. Además de estos criterios, fue determinante disponer de algún tipo de contacto, principalmente, por medio del correo electrónico.

De este proceso de búsqueda se seleccionaron 45 expertos/as a los que se envió el cuestionario-encuesta, precedido de una carta de presentación, donde se explicaba la finalidad del estudio y la importancia de contar con su colaboración.

Siguiendo estos objetivos se desarrolló un guion de la entrevista a enviar a los informantes clave, seleccionados por su reconocida experiencia académica y/o profesional en los dos bloques considerados en el estudio; es decir, las dos grandes categorías en las que se ha dividido el análisis realizado. Este guion fue consensuado por el equipo investigador, al tiempo que se hacían propuestas de informantes para su selección. Se diferenciaron dos guiones, uno para el bloque de respuesta institucional y otro para los colectivos vulnerables, en todos los casos con recomendaciones de extensión en las respuestas (extensión máxima: 250 palabras). El guion de las políticas residenciales tenía dos modalidades o subcategorías de análisis: a) una para políticas residenciales internacionales y europeas y otra para la política estatal y autonómica. En ambas, se incluían 4 cuestiones, recabando información sobre las fortalezas y las debilidades de esas políticas, solicitando propuestas de mejora o recomendaciones y, finalmente, demandando ejemplos de otros informantes clave sobre la materia. El guion referido a los colectivos vulnerables también incluyó 4 cuestiones, estando diferenciado para cuatro colectivos distintos (mayores, jóvenes, extranjeros y personas sin hogar). En dicho guion se requería la opinión acerca de la situación residencial del colectivo, la respuesta institucional al respecto, propuestas de mejora y la aportación de otros informantes clave.

El trabajo de campo se inició a mediados de mayo de 2023 y concluyó a finales de julio, habiéndose aplicado un aplazamiento de un mes, dado que al terminar el plazo inicial se había recogido un bajo número de encuestas-entrevistas. La falta de respuesta vino derivada de varias causas: correo inexistente/inactivo, escasez de tiempo aludido por la persona contactada o no recibir respuesta alguna tras varios recordatorios.

Cuadro 4. Profesionales entrevistados/as según tipo de entidad y criterio de selección

Código	Nº de expertos	Tipo de Entidad	Criterio de selección	Nº de cuestionarios
A1-A20	20	Universidad	Publicaciones científicas	31
T1-T4	4	Centro de investigación u ONG	Profesional de investigación/ intervención	5
Total	24	-	-	36

Fuente: Elaboración propia.

Los cuadros 4 y 5 recogen la muestra final recabada para cada modalidad y tipo de experto/a. El cuadro 4 muestra que se recogieron las opiniones de 24 expertos/as, 20 de ellos seleccionados a través de la modalidad de publicaciones científicas, que respondieron 31 cuestionarios. Por su lado, los técnicos de entidades fueron 4 y respondieron a 5 cuestionarios de colectivos vulnerables. El cuadro 5 diferencia los bloques de respuesta, incluyendo las subcategorías de análisis a las que se respondió.

Cuadro 5. Entrevistas realizadas por bloque de análisis y tipo de expertos/as

Expertos/as	Bloque A (Políticas)		Bloque B (Colectivos)			
Código	Internacional y Unión Europea (A1)	Nacional y autonómica (A2)	Jóvenes (B1)	Mayores (B2)	Extranjeros (B3)	Personas sin hogar (B4)
A1-A20 (31)	5	11	3	5	4	3
T1-T4 (5)	-	1			3	1
Total (36)	5	12	3	5	7	4

Fuente: Elaboración propia.

Las opiniones y valoraciones recogidas se incluyen en los respectivos capítulos, refiriendo los discursos o verbatim literales, e indicando al final de ese relato el perfil del experto/a, que describe el tipo de experto, ya sea académico (A) o de investigación/intervención (T), precedido del número de su perfil (A1,... A20 y T1,... T4). De esta forma se garantiza el anonimato al transcribir sus opiniones, indicando al mismo tiempo su perfil; por ejemplo: A7, experto/a académico/a. Las 24 personas expertas[1] que respondieron a la entrevista proceden de 14 universidades diferentes[2], y de 4 entidades distintas[3]. Gracias a todos ellos y ellas, por su tiempo e interesantes aportaciones.

1 Los 24 expertos/as entrevistados/as fueron: Alberto Javier Macho Carro; Amalia Balaguer Pérez; Cecilia Estrada Villaseñor; Diego Pascual López Carmona; Diego Peñarrubia Blasco; Domingo Carbonero Muñoz; Esther Raya Díez; Federico Montalbán López; Francisco Estepa Maestre; Irene Lebrusán Murillo; José David Gutiérrez Sánchez; Lluís Ballester Brage; Lorena Añón Loureiro; Mª Rosario Sánchez Morales; Mª Teresa Andrés Martín; Marcos Alonso Bote Díaz; María José Rubio Martín; Nicolás Alejandro Guillén Navarro; Paloma Taltavull de La Paz; Pedro José Cabrera Cabrera; Pedro Sánchez Vera; Rubén Tamboleo García; Silvia Giménez Rodríguez y Vicente Marbán Gallego.

2 Universidad Carlos III de Madrid; Universidad Complutense de Madrid (2 expertos/as); Universidad de Alcalá de Henares; Universidad de Alicante; Universidad de La Rioja (2); Universidad de Málaga; Universidad de Murcia (3); Universidad de Santiago de Compostela; Universidad de Valladolid; Universidad de Zaragoza; UNED (Universidad Nacional de Educación a Distancia); Universidad Pablo de Olavide; Universidad Pontifica de Comillas (2); Universidad Rey Juan Carlos; Universitat de les Illes Balears.

3 Centro de Investigaciones Sociológicas; EAPN (Red de Lucha contra la Pobreza); CEPAIM; Fundación Secretariado Gitano.

5. *Referencias*

Agulles Martos, J. M. (2019). Las personas sin hogar y la exclusión residencial ¿hacia un cambio de paradigma? *Cuadernos de Trabajo Social*, 32(2), 265-275.

Ayala, L. y Pérez, B. (coords.) (2019). La evolución de la exclusión en España", en G. Fernández Maíllo (coord.) *VIII Informe Sobre Exclusión y Desarrollo Social en España*. Fundación FOESSA.

Bordieu, P. (1988). *La distinción. Criterios y bases sociales del gusto*. Taurus.

Cabrera, P. (2008). La acción social con personas sin hogar en la España del S. XXI, en M. Laparra y B. Pérez (coords.) *Exclusión social en España. Un espacio disperso y diverso en intensa transformación*. Fundación FOESSA.

Castells, M. (1979, e.o. 1972). *La cuestión urbana*. Siglo XXI.

Coleman, J. (2011). Fundamentos de teoría social, 5 Colección Clásicos Contemporáneos. Centro de Investigaciones Sociológicas.

Cortés, L. (1995). *La cuestión residencial. Bases para una sociología del habitar*. Fundamentos.

Cortés, L. (2004). Indagaciones sobre exclusión residencial. *Arxius*, 10, 39-55.

Del Pino, J.A. (2014). Sociología de la residencia y residencia móvil: logros teóricos y límites prácticos. Empiria. *Revista de Metodología de Ciencias Sociales*, 27, 21-48.

FEANTSA (2008). *ETHOS, European Typology on Homelessness and Housing Exclusion*. Disponible en http://www.feantsa.org/.

Harvey, D. (1990). *Los límites del capitalismo y la teoría marxista*. Fondo de Cultura Económica.

Hernández Pedreño, M. (dir.) (2008). *Exclusión social en la Región de Murcia*. Editum.

Hernández Pedreño, M. (2013). Exclusión residencial, en M. Hernández Pedreño (coord.) *Vivienda y exclusión residencial* (109-138). Editum.

Kemeny, J. (2004). Extending constructionist social problems to the study of housing problems, en K. Jacobs, J. Kemeny y T. Manzi (eds.) *Social constructionism in housing research*. Ashgate.

King, P. (2009). Using theory or making theory: can there be theories of housing? *Housing, Theory and Society*, 26 (1), 41-52.

Leal, J. (coord.) 2010. *La política de vivienda en España*. Fundación Pablo Iglesias.

Leal, J. y Echaves, A. (2021). Procesos sociales, sociología de la diferencia y configuraciones urbanas. Una conversación con Jesús Leal Maldonado. *Encrucijadas. Revista Crítica de Ciencias Sociales*, 21(1), 1-14.

Lefebvre, H. (1974). *La production de l'espace*. Anthropos.

Merton, R.K. (1951). The social psychology of housing, en W. Dennis et al. (eds.) *Current Trends in Social Psychology* (163-217). Univ. Pittsburgh Press.

Pahl, R. (1970). *Whose City?* Longman.

Park, R. E. (1999, e.o. 1925). *La Ciudad: Sugerencias para la Investigación del Comportamiento Humano en el Ambiente Urbano*. Ediciones del Serbal.

Sassen, S. (2014). *Expulsiones: Brutalidad y complejidad en la economía global.* KATZ Ed.

Ullán, F.J. (2014). *Sociología urbana: de Marx y Engels a las escuelas posmodernas.* Centro de Investigaciones Sociológicas.

Vapñarsky, C. A. (1963). Introducción, en Merton, R.K. et al. (eds.) *Sociología de la vivienda.* Ediciones 3.

Wilson, W.J. (1987). *The Truly Disadvantaged: the Inner City, the Underclass and Public Policy.* University of Chicago Press.

Wirth, L. (1947). Housing as a field of Sociological Research. *American Sociological Review*, 12(2), 137-143.

Tabla A1. Características de los 10 estudios seleccionados con mayor número de citas (≥3)

ID	Autoría/Año	Título	Revista	Metodología	Objetivo del estudio
1	Módenes, J.A. y López-Colás, J./2014	Cambio demográfico reciente y vivienda en España: ¿hacia un nuevo sistema residencial?	Revista Española de Sociología. 10.5477/cis/reis.148.103	Cuantitativa. Fuentes secundarias	Analizar la rápida evolución reciente del sistema residencial español, y explorar cómo lo hará en el futuro próximo
2	García, A.E./2017	Emancipación residencial y sistema de provisión de vivienda: La heterogeneidad autonómica del modelo español	Revista Española de Investigaciones Sociológicas. doi:10.5477/cis/reis.159.51	Cuantitativa	Analizar las formas de adquisición de vivienda en España por parte de la juventud, y sus procesos de emancipación por las políticas de vivienda
3	Trilla, C./2014	Desigualdad y vivienda	Architecture, City and Environment. 10.5821/ace.9.26.3685	Cuantitativa. Fuentes secundarias	Analizar las dificultades para asegurar el derecho a la vivienda digna
4	Martínez, A./2020	El sistema de vivienda del sur de Europa: ¿continuidad o ruptura?	Revista Española de Sociología. 10.22325/fes/res.2020.10	Cuantitativa. Fuentes secundarias	Analizar las dinámicas residenciales acontecidas en España en el siglo XXI, teniendo como referencia los países del sur de Europa
5	Meda, J./2016	La relación entre política de vivienda y emancipación residencial de la juventud europea	Papers. 10.5565/rev/papers.2238	Cuantitativa	Analizar la relación entre el alcance de la política de vivienda para la juventud y los niveles de emancipación residencial en Europa
6	Forns, M.V./2022	Derecho a la vivienda y emergencia habitacional en España: el rol de las Comunidades Autónomas	Revista de Investigações Constitucionais. 10.5380/rinc.v9i3.88558	Cualitativa. Análisis documental	Analizar el derecho a la vivienda como elemento del Estado del Bienestar y el rol que cumplen las Autonomías

ID	Autoría/Año	Título	Revista	Metodología	Objetivo del estudio
7	López-Gay, A., Ortiz-Guitart, A. y Solana-Solana, M./2022	Vivienda, cambio poblacional y desplazamiento en un barrio en proceso de gentrificación. El caso de Sant Antoni (Barcelona)	Eure. 10.7764/eure.48.143.06	Mixta: cuantitativa y cualitativa	Analizar los mecanismos de sustitución sociodemográfica de la población, subrayando el papel protagonista del mercado de la vivienda
8	Zorrilla-Muñoz, V., Agulló-Tomás, M.S. y García-Sedano, T./2020	La vivienda y su entorno social: análisis cuantitativo desde las personas mayores de 50 años	Revista Española de Investigaciones Sociológicas. 10.5477/cis/reis.170.137	Cuantitativa	Analizar los problemas que perciben las personas adultas y mayores propietarias sobre la vivienda, comparando con régimen de alquiler (o propiedad con hipoteca pendiente)
9	Rodríguez-Calles L. y Estrada-Villaseñor, C./2022	La exclusión residencial de la población inmigrante: estudio de caso de Terrassa (Barcelona) y Torre-Pacheco (Murcia)	Ciudad y Territorio Estudios Territoriales. 10.37230/CyTET.2022.213.6	Mixta: cuantitativa y cualitativa	Analizar la exclusión residencial de la población inmigrante en ámbitos urbano y rural
10	Leal-Maldonado, J. y Martínez-del Olmo, A./2021	El ocaso de un modelo de vivienda de difícil reemplazo	Ciudad y Territorio Estudios Territoriales. 10.37230/CyTET.2021.M21.03	Cualitativa. Análisis documental	Explicar el proceso de cambio del modelo residencial español.

Fuente: Elaboración propia.

Tabla A2. Principales resultados de los 10 estudios seleccionados con mayor número de citas (≥3)

ID	Autoría/Año	Principales resultados
1	Módenes, J.A. y López-Colás, J./2014	Se identifica un importante repunte del alquiler como opción de acceso a la vivienda entre los jóvenes, cuestionando la propiedad como el elemento dominante del sistema residencial español futuro.
2	García, A.E./2017	La emancipación residencia de la juventud no depende únicamente de atributos individuales de los/as jóvenes, sino que además se explica por un sistema de provisión caracterizado por el predominio de la vivienda libre en propiedad (en detrimento del alquiler) y elevados precios que, en cualquier caso, suponen esfuerzos de acceso excesivos para el colectivo juvenil.
3	Trilla, C./2014	1) El gasto público en vivienda resulta insuficiente, de forma que la brecha de desigualdad es mayor y se agrava la pérdida de cohesión social; 2) El derecho a la vivienda, pilar fundamental del Estado de Bienestar, tiene poco reconocimiento.
4	Martínez, A./2020	El sistema de vivienda de España, pese a haber sufrido alteraciones, sigue vigente en relación con el de la Unión Europea. Se refuerza la importancia de examinar cada sistema residencial para comprender el funcionamiento de la vivienda, los comportamientos residenciales y sus problemas.
5	Meda, J./2016	Existencia de una notable correlación entre las tasas de emancipación de cada país y la disponibilidad de vivienda social para las personas jóvenes, así como la implementación de sistemas de ayudas para pagar vivienda de la juventud. En cambio, los indicadores de accesibilidad económica a la vivienda entre las personas jóvenes no mantienen correlación alguna ni con las tasas nacionales de emancipación ni con el grado de desarrollo de la política de vivienda para los jóvenes de cada sistema residencial.
6	Forns, M.V./2022	El derecho a la vivienda es multifactorial, en el que convergen factores sociales, culturales, patrimoniales y urbanos. Se debe pensar más allá de un derecho a la vivienda, para hablar de un derecho al hábitat, que lleve a pensar en políticas públicas desde una perspectiva social, que entienda a la vivienda como un elemento necesario para el desarrollo de nuestra sociedad.

ID	Autoría/Año	Principales resultados
7	López-Gay, A., Ortiz-Guitart, A. y Solana-Solana, M./2022	1) El papel de la vivienda es central para entender las estrategias residenciales de la ciudadanía; 2) El desplazamiento de parte de la población amenaza el fuerte sentido de comunidad e identidad del barrio, debilita la cohesión social y puede generar un deterioro de las condiciones de salud.
8	Zorrilla-Muñoz, V., Agulló-Tomás, M.S. y García-Sedano, T./2020	1) La descripción de la situación económica del hogar está vinculada con la percepción de problemas de las viviendas y del entorno por las personas que viven en alquiler, o que tienen la hipoteca pendiente, quienes destacan una mayor preocupación por los problemas en viviendas y su entorno; 2) las personas mayores de 50 años con una mejor situación económica se inclinan hacia los aspectos relacionados con el entorno de la vivienda, como es la disposición de luz natural y las vistas; y 3) a quienes han heredado o han recibido por donación una vivienda les preocupan aspectos más relacionados con el propio edificio en lugar de la propia vivienda, como son la conservación y la seguridad contra incendios.
9	Rodríguez-Calles L. y Estrada-Villaseñor, C./2022	Existencia de precariedad residencial que, ante unas políticas de vivienda poco eficaces, hace depender la inclusión social de la capacidad económica del colectivo, su capital social y relacional y las posibilidades de acceso a un mercado de vivienda saturado y restringido.
10	Leal-Maldonado, J. y Martínez-del Olmo, A./2021	Incremento proporcional de la vivienda en alquiler, acompañado de un aumento de sus precios que afecta especialmente a los segmentos más vulnerables de los hogares de las grandes ciudades, compuesto por una parte de los jóvenes recién emancipados, los inmigrantes y en general los hogares de rentas bajas.

Fuente: Elaboración propia.

Tabla A.3. Resto de estudios seleccionados con mayor número de citas (≤2), según metodología aplicada

Referencia bibliográfica	Metodología
Álvarez, A. y Smith, H. (2019). La lucha por la vivienda en España (2009-2019): desde la calle a las instituciones. Revista INVI, 34(97), 179-203.	Estudio de casos
Meda, J. (2020). El derecho de la mujer a la vivienda en España (2008-2017). Revista Estudios Feministas, 28(1), 1-15.	Cuantitativa. Fuentes secundarias
De Lerma, G. y González, J.R. (2021). Vivienda pública y estado de bienestar en España: balance y estado de la cuestión en la época del COVID-19. Boletín de la Asociación de Geógrafos Españoles, 91, 1-41.	Cuantitativa. Fuentes secundarias
Sorando-Ortin, D. y Gimeno-Monterde, C. (2021). Efectos del abandono de las políticas públicas de vivienda en barrios populares y multiculturales. Ciudad y Territorio Estudios Territoriales, 53, 199-138.	Cualitativa
Balaguer, A. (2023). La regulación de la vivienda social y la adaptación del ordenamiento al contexto europeo. Estudios de Deusto, 71(1), 106-129.	Cualitativa. Análisis documental
Rodilla, J.M., Puchol, G. y Botija, M. (2023). Sinhogarismo y fuente de ingresos: estudio longitudinal sobre la influencia del apoyo formal y la renta del trabajo en la reducción del sinhogarismo. OBETS, 18(1), 173-188.	Cuantitativa
Antón-Alonso, F. y Porcel, S. (2023). Las trayectorias de los barrios desfavorecidos. Relevancia de las condiciones de la vivienda e implicaciones para las políticas públicas. OBETS, 18(2), 239-258.	Mixta: cuantitativa y cualitativa
De la Fuente-Roldán, I.N. y Sánchez-Moreno, E. (2023). Exclusión social y pandemia: la experiencia de las personas en situación de sinhogarismo. Empiria, 58, 123-153.	Mixta: cuantitativa y cualitativa
Meda, J. (2022). La vulneración del derecho de la mujer a la vivienda en Europa. Estudios de Derecho, 79(174), 63-87.	Cuantitativa. Fuentes secundarias

Referencia bibliográfica	Metodología
González, F. (2022). Distribución competencial entre Estado, comunidades autónomas y entidades locales en materia de vivienda. Cuadernos de Derecho Local, 59, 35-64.	Cualitativa. Análisis documental
Villa-Rodríguez, K., de la Fuente-Roldán, I.N. y Sánchez-Moreno, E. (2023). Una aproximación a la exclusión residencial que afecta a las mujeres migrantes: el sinhogarismo oculto. OBETS, 18(2), 397,418.	Cualitativa: entrevistas en profundidad
Alonso, A., Paleo, N. y Diz, I. (2022). Políticas de vivienda con perspectiva de género: análisis comparado del marco normativo autonómico. Política y Sociedad, 59(3), 1-14.	Cualitativa. Análisis documental
Peinado, J.A. y Martín, M. (2021). El derecho a la vivienda de las personas mayores. La desarticulación del territorio entre el ámbito rural y las grandes urbes. Cuadernos de Derecho Local, 56, 147-175.	Cualitativa. Análisis documental
De la Encarnación, A.M. (2019). Urbanismo emergente y nuevas formas de vivienda colaborativa: ¿es posible otro futuro urbano? Revista General de Derecho Administrativo, 52.	Cualitativa. Revisión bibliográfica

Fuente: Elaboración propia.

Capítulo 2

EL DERECHO A LA VIVIENDA

JUAN ANTONIO CLEMENTE SOLER
Departamento de Sociología, Universidad de Murcia
AURORA GÓMEZ GARRIDO
Investigadora Predoctoral, Universidad de Murcia

1. *Introducción*

El derecho a la vivienda se encuentra recogido en el artículo 47 de la Constitución Española (CE), en el Capítulo III del Título I de la CE, bajo el epígrafe de "Principios Rectores". El mismo establece que "Todos los españoles tienen derecho a disfrutar de una vivienda digna y adecuada. Los poderes públicos promoverán las condiciones necesarias y establecerán las normas pertinentes para hacer efectivo este derecho, regulando la utilización del suelo de acuerdo con el interés general para impedir la especulación".

Este derecho se articula como un principio y se concreta en un mandato de optimización, en cuanto que debe ser realizado dentro de las posibilidades jurídicas y reales existentes. El resultado final dependerá de la ponderación de principios, lo que en ningún caso puede ser confundido con su ineficacia (Alexy, 1993).

El derecho a la vivienda es uno de los ejes vertebradores del Estado de Bienestar. Más que un mero alojamiento, la vivienda es un elemento fundamental que permite el mantenimiento de una seguridad física (en términos de salud e higiene) y jurídica, y el desarrollo de otras funciones como la integración social, la reproducción de las instituciones familiares, y la construcción de la propia autonomía, además de tratarse de un espacio de consumo, de socialización de normas y roles sociales, y de construcción de la propia identidad social (Piedra y Arredondo, 2017).

2. *El derecho a la vivienda como derecho fundamental*

El derecho a la vivienda guarda relación con la propia dignidad de la persona al tratarse de un elemento a partir del cual se configuran los derechos civiles, políticos, sociales, económicos, culturales, así como los derechos de igualdad y de libertad (Muñoz Pérez, 2019). En relación con el urbanismo, el derecho a la vivienda es considerado como un derecho a habitar (Garrido Gómez, 2022), y también como un derecho a la ciudad (Lambea Llop, 2020). Su reconocimiento ha sido impulsado por los avances internacionales en derechos humanos instados por organismos como las Naciones Unidas, la Organización Internacional del Trabajo o la Organización Mundial de la Salud. Sin embargo, y como expondremos en los siguientes apartados, no todos los Estados partícipes en los pactos internacionales han cumplido de la misma manera con las obligaciones establecidas en materia de protección del derecho a la vivienda, especialmente en lo que a sus ordenamientos jurídicos respecta.

2.1. Regulación del derecho a la vivienda en el ámbito internacional

El derecho a una vivienda adecuada tiene su estatus legal en una variedad de tratados internacionales sobre los derechos humanos. La interpretación oficial de estos queda reflejada en las observaciones generales de las Naciones Unidas (ONU). Además, el derecho internacional humanitario y el derecho penal internacional prohíben determinadas violaciones del derecho a una vivienda adecuada (Naciones Unidas, 2023).

La Declaración Universal de Derechos Humanos de 1948, y el Pacto Internacional sobre Derechos Económicos, Sociales y Culturales (1966), reconocen el derecho a un nivel de vida adecuado que garantice la salud y el bienestar; así como los derechos a la vivienda, a la asistencia médica y a los servicios sociales, entre otros. Se podría a decir que el derecho a la vivienda adecuada comienza a reflejarse a partir de las acciones de la Organización de las Naciones Unidas para abordar la cuestión de las Personas Sin Hogar. En las observaciones generales nº 4 de 1991 sobre el derecho a una vivienda adecuada, y nº 7 de 1997 sobre los desalojos forzosos, el Comité de Derechos Económicos, Sociales y Culturales de las Naciones Unidas concibe el derecho a una vivienda adecuada como un derecho interdependiente, que implica a otros como el derecho a vivir en seguridad, paz y dignidad. Es en la primera de estas recomendaciones, en la nº 4, donde se definen las cualidades de una vivienda adecuada: un espacio seguro, asequible, habitable, iluminado, ventilado, que permita el acceso a recursos y servicios básicos que garanticen la salud e higiene de las personas que lo habitan. Además, en la Observación General nº 14 sobre el derecho a la salud se identifica la vivienda como un elemento más de la salud pública.

El Pacto Internacional de Derechos Civiles y Políticos (1966), además de considerar que el derecho a la vivienda es un derecho básico y protegido, reconoce otros como el derecho a la intimidad, y el derecho a la inviolabilidad del domicilio. Asimismo, el derecho a la vivienda también se menciona en el Convenio sobre la Eliminación de toda forma de Discriminación Racial (1965); y en las Convenciones relativas al Estatuto de los Refugiados (1951), a la Eliminación de toda Discriminación contra la Mujer (1979), a la protección de los Derechos de los Trabajadores Migrantes y de sus Familiares (1990); y sobre los Derechos de las Personas con Discapacidad (2006). Por otro lado, la Organización Mundial del Trabajo (OIT) ha puesto en valor este derecho en la recomendación nº 110 sobre las condiciones de los trabajadores de las Plantaciones (1958); en el convenio nº 117 sobre las Finalidades y Estándares Básicos de la Política Social (1962); en el convenio nº 161 sobre los Servicios Ocupacionales de Salud (1985); y en el convenio nº 169 sobre los Pueblos Indígenas y Tribales (1989). Además, la Recomendación nº 202 de la OIT sobre los pisos de protección social (2012) hace mención a la importancia de prevenir y reducir la pobreza, la desigualdad social y la exclusión social, con el fin de promover la igualdad de oportunidades. Más recientemente, en 2017 se aprueba el Pilar Europeo de Derechos Sociales con el fin de reforzar los derechos relativos a la protección e inclusión social. En su artículo 19, se menciona el acceso a una vivienda o ayuda social para la vivienda en todas las personas que la necesiten, así como la protección de desalojos forzosos a las más vulnerables. Sin embargo, este documento no es jurídicamente vinculante, al tratarse de una mera recomendación sin valor jurídico (Lebrusán, 2023).

2.2. La respuesta institucional en España y en la UE

En el Consejo de Europa se han emitido dos documentos de gran relevancia: la Carta Social Europea, del 18 de octubre de 1961; y la Carta Social Europea Revisada, del 3 de mayo de 1996. La protección del derecho a la vivienda se refleja en la Carta Social Europea de 1961 mediante el deber, por parte de los Estados partícipes, de fomentar las condiciones de vida necesarias para un desarrollo de la familia, apoyando la construcción de viviendas adaptadas a sus necesidades (artículo 16). Estas obligaciones se verán reforzadas posteriormente con la Carta Social Europea Revisada en 1996, donde sí se recoge el derecho explícito a la vivienda, con un enfoque especial a la provisión de la casa familiar, al considerarse la familia como “célula fundamental de la sociedad” (Parte I, principio nº 16). Además, se recogen obligaciones de los Estados, como la de facilitar el acceso a la vivienda a las personas con discapacidad (Parte II, principio nº15), la de proveer a las personas mayores una vivienda que se adapte a sus necesidades y los recursos necesarios para el desarrollo de su autonomía (Parte II, principio nº23), y la de promover el acceso a una vivienda a personas en riesgo de exclusión social (Parte II, principio nº30), cumpliendo con la obligación de prevenir y reducir el número de personas sin vivienda. Así pues, este documento es considerado como un primer avance internacional, que reconoce el derecho a la vivienda como un problema social, junto con la necesidad de establecer medidas y procedimientos de protección social para los grupos más vulnerables. El texto registra que una vivienda es segura cuando está equipada con todos los medios que den acceso a los servicios básicos (como son los servicios sanitarios o educativos), y cuando su entorno no supone un peligro para la salud ni presenta problemas de hacinamiento, además de garantizarse su tenencia. Por otro lado, en la Carta de los Derechos Fundamentales (2012) se recoge el derecho a la vivienda como un derecho fundamental, que gira en torno al deber por parte de los gobiernos de garantizar una existencia digna a las personas con escasos recursos, a través de una ayuda social y de vivienda (art. 34.3). Según Lebrusán Murillo (2023), su sistema de ratificación permite a los Estados escoger las disposiciones y el nivel de compromiso que están dispuestos a aceptar como obligaciones jurídicas. Sin embargo, en la práctica, este sistema de ratificación ha resultado en notorias diferencias por países que se reflejan en una desigualdad social, según la voluntad de cada país para garantizar el derecho a la vivienda.

Las iniciativas, medidas y normativas sobre el derecho a la vivienda que son adoptadas en el ámbito internacional y regional se traducen en obligaciones que los gobiernos deben adoptar en sus legislaciones. Por ende, los Estados partícipes en los pactos internacionales tienen el deber de expresar el grado de cumplimiento con las medidas adoptadas bajo sus respectivas jurisdicciones, las cuales permiten dar respuesta a una protección de este derecho. Ejemplo de ello es la obligación de los Estados a prescindir de los desalojos forzosos cuando no hay una protección residencial apropiada, y en caso de que sucedan, que estos trascurran en el marco de una legislación compatible con los pactos internacionales, cumpliendo con la Observación General nº 7 del Comité de Derechos Económicos, Sociales y Culturales (1997). En estos casos, los gobiernos deberían proporcionar a las personas desalojadas los recursos necesarios para que no se produzcan violaciones de otros derechos (recordemos la interdependencia del derecho a la vivienda con otros derechos), proporcionando otro alojamiento o reasentamiento. Sin embargo, la aplicación de la política de vivienda en los países de la Unión Europea responde a un panorama complejo, y esta varía en función de aspectos como el nivel de centralización de cada país. Para el caso concreto de España, los programas de vivienda social competen fundamentalmente a los gobiernos autonómicos, que complementan la legislación estatal.

España, al igual que otros países mediterráneos, presenta un alcance bastante limitado de la política de vivienda, que ha derivado en consecuencias como la dificultad en la transición residencial de los jóvenes (que acaba dependiendo del nivel de inserción laboral y apoyo familiar disponible) y la prevalencia de un modelo orientado a la vivienda en propiedad (con un mercado de alquiler prácticamente inasequible). Pero el elevado coste de la vivienda en varios países europeos está dificultando seriamente el alcance de un buen nivel de vida y acrecentando las situaciones de desigualdad y exclusión social (Lebrusán, 2023). A pesar de formar parte del Pacto Internacional de Derechos Económicos, Sociales y Culturales de 1996, España no ha llegado a cumplir con la exigencia jurídica establecida a nivel internacional, aspecto que ha quedado reflejado en las recomendaciones del Comité de Derechos Económicos, Sociales y Culturales (2012) tras la entrega del Quinto informe periódico de España. En este documento, se recomendaba al Estado español adoptar medidas concretas sobre la deuda hipotecaria, la promoción del alquiler y la oferta de vivienda social, además de delimitar la definición "personas sin hogar". Este incumplimiento se ha debido, en su mayor parte, al uso especulativo que se le ha concedido al suelo y a la consideración de la vivienda como una mera mercancía. Todo esto se produce en un contexto donde priman las políticas económicas neoliberales, junto con los agravantes de la crisis económica, de la dificultad para acceder a la compra de la primera vivienda, y de la ausencia de políticas sociales que proporcionen un parque público y asequible del alquiler. Por ende, nuestro país lleva reflejando desde hace décadas una incapacidad para garantizar los derechos sociales de los ciudadanos, especialmente los de los colectivos más vulnerables como las personas inmigrantes y las pertenecientes a la etnia gitana. Las consecuencias más directas se observan en la elevada cantidad de desahucios y en el número de Personas Sin Hogar. No obstante, y como mostramos a continuación, se espera que con la nueva Ley de la Vivienda (Real Decreto 42/2022) dichas situaciones mejoren (con perspectivas a su erradicación).

3. *El derecho a la vivienda en España*

El artículo 47 de la Constitución Española (CE) de 1978 reconoce el derecho de los ciudadanos a una vivienda digna y adecuada, y sin embargo, en la práctica no constituye un derecho fundamental. Por otro lado, en su artículo 148.1.3, la CE recoge que las comunidades autónomas podrán asumir competencias en materias de ordenación del territorio, urbanismo y vivienda. Siguiendo a Forns I Fernández (2022), desde el año 2000, las comunidades han ido aprobando leyes de carácter más general sobre la vivienda con el fin de regular este derecho desde una visión más completa. A pesar de que todas las leyes autonómicas identifican la vivienda como un derecho, cada una de las autonomías establece su propio alcance. Por ejemplo, comunidades autónomas como Murcia[1], Castilla y León[2] o Valencia[3] proporcionan una definición de la vivienda orientada a las condiciones mínimas de habitabilidad, mientras que otras, como el País Vasco[4] y las Islas Baleares[5], han ido más allá, estableciendo cualidades sobre lo que debe entenderse como vivienda "digna", "adecuada" y "asequible": una vivienda de calidad, que constituya una edificación fija y habitable, que sea accesible, y que incorpore parámetros de sostenibilidad y eficiencia. Además, algunas comunidades autónomas también han establecido clarificaciones sobre la consideración de perfiles de personas que constituyen un colectivo vulnerable, o especialmente vulnerable, en materia de vivienda. Por ejemplo, para las Islas Baleares[6], se encuentran en especial vulnerabilidad en materia de vivienda las mujeres víctimas de violencia machista, los sujetos con un grado de discapacidad superior al 33%, en situación de dependencia o con una enfermedad incapacitante, así como las personas jubiladas, entre otras. Por otro lado, y atendiendo al régimen de fomento y/o medidas de ayudas públicas en materia de vivienda, Forns I Fernández (2022) distingue entre dos grupos de comunidades autónomas. Por un lado, existe un conjunto de comunidades que mencionan la necesidad de que las Administraciones Públicas desarrollen medidas destinadas a la promoción del derecho a la vivienda, aunque no proporcionan detalles sobre el tipo de ayudas. En este primer conjunto de comunidades encontramos las Islas Baleares, el País Vasco y Valencia. Por

---

1 Artículo 2.3 de la Ley 6/2015, de 24 de marzo, de Vivienda y Lucha contra la Ocupación de la Región de Murcia, de acuerdo con la redacción dada por el artículo primero apartado tres de la Ley 3/2022, de 24 de mayo, por el que se establecen medidas de lucha contra la ocupación de las viviendas en la Región de Murcia y se modifica la Ley 2/2012, de 11 de mayo, y el Decreto Legislativo 1/1999, de 2 de diciembre, por el que se aprueba el texto refundido de la Ley de Hacienda de la Región de Murcia.

2 Ley 9/2010, de 30 de agosto, del derecho a la vivienda de la Comunidad de Castilla y León, artículo 3.1.

3 Ley 8/2004, de 20 de octubre, de la Vivienda de la Comunidad Valenciana, artículo 2.

4 Ley 3/2015, de 18 de junio, de vivienda del País Vasco, artículo 3.v) y w).

5 Ley 5/2018, de 19 de junio, de la vivienda de las Illes Balears, artículo 4.c)

6 Ley 5/2018, de 19 de junio, de la vivienda de las Illes Balears, artículo 3.

otro lado, la autora destaca un segundo conjunto de comunidades en las que encontramos a Andalucía, Cataluña, Canarias y Extremadura, que establecen medidas de fomento o ayudas públicas más específicas, como el establecimiento de un sistema de prestaciones para el pago del alquiler dirigidas a sujetos cuyo coste de la vivienda les puede conllevar un riesgo de exclusión social residencial en Cataluña, o el amplio catálogo de medidas de fomento de Extremadura, donde se menciona la promoción pública del suelo y de viviendas, y la reserva de suelo para vivienda protegida, entre otras. En cuanto a las entidades locales, cabe destacar que estas cuentan con competencias relativas a la promoción y gestión de la vivienda de protección pública con criterios de sostenibilidad (Méndez Juez, 2023).

Como se ha mencionado antes, en España ha predominado un modelo de vivienda orientado a la propiedad, que se ha desarrollado mediante políticas basadas en la financiación de la vivienda y en incentivación fiscal. El Real Decreto-Ley 27/2012 estableció medidas de protección a deudores hipotecarios en situación de vulnerabilidad con el fin de reducir el elevado número de desahucios resultantes de la aplicación de la Ley de Arrendamientos Urbanos). Por otro lado, y siguiendo a Lambea Llop (2020), la tasa de arrendamientos ha ido en continuo descenso debido a causas coyunturales como la elevada tasa de desempleo o la contracción del crédito por parte de las entidades financieras. Además, la reforma de la Ley de Arrendamientos Urbanos por la Ley 4/2013 no mejoró la asequibilidad ni la flexibilidad de los alquileres, y aún se sigue a la espera de ver cómo afectarán los cambios introducidos por el Real Decreto-ley 7/2019, de 1 de marzo, de medidas urgentes en materia de vivienda y alquiler, a la dinámica del mercado inmobiliario de alquiler. De momento, sabemos que un gran porcentaje de población está quedando excluida de un mercado de alquiler privado que no deja de encarecerse. Por otro lado, y a pesar de la escasez de los datos estadísticos (tanto internacionales como nacionales) en el sector de la vivienda, los disponibles señalan que España cuenta únicamente con un 2% de vivienda social, y, además, contiene uno de los parques de vivienda social más reducidos de la Unión Europea. En un contexto donde impera la vivienda de propiedad privada, el Plan Estatal de Vivienda 2009-2012 se muestra como un primer intento de fomentar el alquiler por encima de la propiedad, estableciendo que, al menos un 40% de la vivienda protegida se llevase a cabo en alquiler. Posteriormente, el Plan 2013-2016 sustrajo a la vivienda en propiedad de todo tipo de ayuda social al fin de promover la vivienda en alquiler, junto con la rehabilitación y renovación urbanas. Esta tendencia se ha seguido persiguiendo con el Plan Estatal de Vivienda 2018-2021 (que, además, ha incorporado el régimen de cesión en uso), pero retoma de nuevo una línea de ayudas para la adquisición de vivienda en propiedad, aunque únicamente para jóvenes y personas residentes en municipios pequeños (con menos de 5.000 habitantes). Por otro lado, la autora destaca la existencia en España de una gran variedad de entidades que gestionan viviendas sociales, y dicha diversidad (en tanto a forma jurídica, objeto social, tamaño y ámbito de actuación) se traduce en una falta de regulación especializada en el sector.

4. *Hacia un compromiso institucional en derecho a la vivienda*

Hace unos años ya se había hecho eco del activismo político y social que venía reivindicando una mayor protección del derecho a la vivienda, especialmente por la cantidad de desahucios que se estaban produciendo en nuestro país tras la crisis de 2008. Podría decirse que este activismo, que asumía formas de reivindicación mediante prácticas de resistencia y desobediencia civil, se legitimaba por la ausencia de políticas públicas y de una legislación capaz de garantizar el derecho a una a vivienda adecuada. Con la reciente crisis pandémica, el Real Decreto-Ley 11/2020, de 31 de marzo, introdujo medidas para paliar las situaciones de vulnerabilidad social y económica acontecidas, que incluían la suspensión de los desahucios. Asimismo, recientemente ha entrado en vigor el Real Decreto 42/2022, de 18 de enero, que regula el Bono Alquiler Joven y el Plan Estatal para el acceso a la vivienda 2022-2025. Con el Bono de Alquiler Joven se pretende facilitar el acceso al alquiler a jóvenes con edades de entre 18 y 35 con ingresos regulares (inferiores a 24.319 euros/año). Por otro lado, este Plan pretende incrementar el parque público de vivienda mediante la puesta en disposición de viviendas de la Sociedad de Gestión de Activos procedentes de la Reestructuración Bancaria, y de entidades públicas para el alquiler de vivienda social. Sin embargo, no recoge medidas concretas sobre la financiación crediticia de nuevas viviendas sociales. Siguiendo a Lebrusán (2023), la nueva Ley de la Vivienda (Ley 12/2023 de 24 de mayo) desarrolla por primera vez el derecho constitucional a una vivienda digna, adecuada y asequible, incluyéndose medidas como la calificación indefinida de la vivienda protegida, que garantiza un periodo mínimo de 30 años, así como una reserva del suelo destinada a la vivienda en alquiler asequible. Asimismo, incorpora ventajas fiscales que promueven este tipo de alquiler y evitan la vivienda vacía, y añade más garantías en la compra y al alquiler de vivienda, especialmente en hogares vulnerables. En rasgos generales, esta ley adopta entre sus objetivos principales la consecución de una homogeneización en los niveles de gobierno que contribuya al desarrollo de una política de vivienda asequible capaz de prevenir y solucionar las desigualdades sociales y estructurales.

Dado el incremento considerable del sinhogarismo en los últimos años en un contexto mundial de crisis económica, social y sanitaria, los gobiernos están definiendo un nuevo modelo de actuación bajo la denominación de "Housing First", que pretende alcanzar el pleno desarrollo humano en hogares dignos y adecuados (Méndez Juez, 2023). Menos de la mitad de los países de la Organización para la Cooperación y el Desarrollo Económicos (OCDE) han adoptado estrategias nacionales para combatirlo. España sí reconoce un compromiso internacional con esta lucha, aspecto que queda reflejado en la Declaración de Lisboa sobre la Plataforma Europea para Combatir el Sinhogarismo en 2021, y en los Objetivos de Desarrollo Sostenible números 1, 3 y 11 de la Agenda 2030. Cuando hablamos de sinhogarismo nos referimos no sólo a la negación del derecho a la vivienda, sino a la negación del derecho al empleo, la salud o a la inclusión social (Lebrusán, 2023). Por tanto, entendemos que el incumplimiento por parte de los gobiernos democráticos de sus obligaciones acordadas tras los pactos internacionales es una violación de un derecho fundamental; que interfiere en otros derechos básicos como el derecho a vivir en seguridad, paz y dignidad, o el derecho al goce de una plena salud e inserción social.

5. *Conclusiones*

A lo largo de este capítulo se ha establecido el marco existente en las políticas, regulación y derecho a la vivienda, destacando la regulación del derecho a la vivienda en el marco internacional, la respuesta institucional en España y la Unión Europea y el derecho a la vivienda en España.

Así, la nueva Ley de Vivienda aprobada en España, la "Ley 12/2023, de 24 de mayo, por el derecho a la vivienda", se encuentra íntimamente vinculada con los principios del Pilar Europeo de derechos sociales. En particular, y siguiendo lo establecido por la citada ley, la Agenda Urbana Española, en sintonía con estas agendas y los objetivos de desarrollo sostenible establecidos por la Agenda 2030, aboga por la implementación de medidas y políticas que respalden el progresivo cumplimiento del derecho de todas las personas a tener una vivienda digna y adecuada a precios asequibles. Esta agenda se esfuerza por combatir cualquier forma de discriminación y violencia, así como prevenir los desalojos forzosos arbitrarios. Además, se centra en las necesidades de las personas sin hogar, aquellos en situaciones de vulnerabilidad, grupos con bajos ingresos y personas con discapacidad. Al mismo tiempo, promueve la participación y colaboración de las comunidades y todas las partes interesadas. Estas nuevas agendas, tanto a nivel nacional como internacional, subrayan la importancia de que los Estados y las diferentes instancias de la Administración Pública reconozcan la función social de la tierra y de la vivienda, y se comprometan a promover una amplia variedad de opciones de vivienda y formas de tenencia, con un enfoque centrado en las necesidades de las personas. Todo ello enmarcado en una visión inclusiva de los asentamientos humanos.

La nueva ley de vivienda pretende dar respuesta a los nuevos desafíos existentes en la materia, siendo la primera ley en regular este derecho fundamental, bajo el marco regulatorio de la Unión Europea. Así que nos encontramos con un desafío notorio que sentará las bases de protección futuras en un tema ya de por sí complejo y de difícil solución.

6. *Referencias*

Alexy, R. (1993). *Teoría de los derechos fundamentales*. Editorial Centro de Estudios Constitucionales.

Asamblea General de las Naciones Unidas (1948). *Declaración Universal de Derechos Humanos,* 10 de diciembre de 1948, 217 A (III), disponible en https://www.refworld.org.es/docid/47a080e32.html

Asamblea General de las Naciones Unidas (1951). *Convención sobre el Estatuto de los Refugiados,* de 28 julio 1951, vol. 189. Disponible en https://www.refworld.org.es/docid/47160e532.html

Asamblea General de las Naciones Unidas (1966). *Pacto Internacional de Derechos Económicos, Sociales y Culturales. Adoptado y abierto a la firma, ratificación y adhesión por la Asamblea General en su resolución 2200 A (XXI),* de 16 de diciembre de 1966, Serie de Tratados, vol. 993. Disponible en https://www.refworld.org.es/docid/4c0f50bc2.html

Asamblea General de las Naciones Unidas (1966). *Pacto Internacional de Derechos Civiles y Políticos. Adoptado y abierto a la firma, ratificación y adhesión por la Asamblea General en su resolución 2200 A (XXI),* de 16 de diciembre de 1966, Serie de Tratados, vol. 999. Disponible en: https://www.refworld.org.es/docid/5c92b8584.html

Asamblea General de las Naciones Unidas (1979). *Convención sobre la eliminación de todas las formas de discriminación contra la mujer,* de 18 diciembre de 1979. Disponible en https://www.refworld.org.es/docid/5bf30d844.html

Comité de Derechos Económicos, Sociales y Culturales (1991). *El derecho a una vivienda adecuada. Observación general* Nº 4. Disponible en https://www.refworld.org.es/docid/5d7fc37b5.html

Comité de Derechos Económicos, Sociales y Culturales (1997). *El derecho a una vivienda adecuada (art. 11. pár. 1): Los desalojos forzosos. Observación general* Nº 7. Disponible en https://www.refworld.org.es/docid/5d7fbd4ba.html

Comité de Derechos Económicos, Sociales y Culturales (2000). *Observación general Nº 14: El derecho al disfrute del más alto nivel posible de salud (artículo 12 del Pacto Internacional de Derechos Económicos, Sociales y Culturales).* Disponible en https://www.refworld.org.es/docid/47ebcc492.html

Comité de Derechos Económicos, Sociales y Culturales de las Naciones Unidas (2012). *Examen de los informes presentados por los Estados parte en virtud de los artículos 16 y 17 del Pacto: Observaciones finales del Comité de Derechos Económicos, Sociales y Culturales,* de 6 junio de 2012, E/C.12/ESP/CO/5. Disponible en https://www.refworld.org.es/docid/5065b7492.html

Conferencia General de la Organización Internacional del Trabajo (2012). *Recomendación sobre los pisos de protección social (núm. 202).* Disponible en https://www.ilo.org/dyn/normlex/es/f?p=NORMLEXPUB:12100:0::NO::P12100_INSTRUMENT_ID:3065524

Conferencia General de la Organización Internacional del Trabajo (1958). *Recomendación sobre las plantaciones (núm. 110).* Disponible en https://www.ilo.org/dyn/normlex/es/f?p=NORMLEXPUB:12100:0::NO::P12100_ILO_CODE:R110

Conferencia General de la Organización Internacional del Trabajo (1989). *Convenio sobre pueblos indígenas y tribales (núm. 169).* Disponible en https://www.ilo.org/dyn/normlex/es/f?p=NORMLEXPUB:12100:0::NO::P12100_ILO_CODE:C169

Conferencia General de la Organización Internacional del Trabajo (1985). *Convenio sobre los servicios de salud en el trabajo (núm. 161).* Disponible en https://www.ilo.org/dyn/normlex/es/f?p=NORMLEXPUB:12100:0::NO::P12100_INSTRUMENT_ID:312306

Conferencia General de la Organización Internacional del Trabajo (1962). *Convenio sobre política social (normas y objetivos básicos) (núm. 117).* Disponible en https://www.ilo.org/dyn/normlex/es/f?p=NORMLEXPUB:12100:0::NO::P12100_ILO_CODE:C117

Constitución Española de 1978. *Boletín Oficial del Estado*, 311, de 29/12/1978.

Fons I Fernández, M. V. (2022). Derecho a la vivienda y emergencia habitacional en España: el rol de las Comunidades Autónomas. *Revista de Investigações Constitucionais,* 9, 579-618.

Garrido Gómez, M. I. (2022). *Análisis e implicaciones de los derechos sociales.* Editorial Dykinson.

Lambea Llop, N. (2020). *Propuesta de un modelo de provisión y gestión de vivienda social en clave europea* (Tesis Doctoral, Universitat Rovira i Virgili). Disponible en https://www.tdx.cat/handle/10803/668975#page=1

Lebrusán Murillo, I. (2023). Derecho a la vivienda en los países del sur de Europa: entre el compromiso internacional y la realidad de la exclusión residencial. *Revista Parlamentaria de la Asamblea de Madrid*, 44, 17-61.

Ley 12/2023, de 24 de mayo, por el derecho a la vivienda. Boletín Oficial del Estado, 124, de 25/05/2023

Ley 4/2013, de 4 de junio, de medidas de flexibilización y fomento del mercado del alquiler de viviendas. *Boletín Oficial del Estado*, 134, de 5 de junio de 2013.

Méndez Juez, M. (2023). Sinhogarismo y derecho de acceso a la vivienda en España: definición, problemática y respuesta parlamentaria. *Espaço Jurídico Journal of Law*, *24*(1), 105-124.

Muñoz Pérez, D. (2019). *Reconstrucción del derecho a la vivienda en España: una nueva perspectiva constitucional.* Wolters Kluwer.

Naciones Unidas (2023). *Normas internacionales sobre el derecho a la vivienda. Relator Especial sobre el derecho a una vivienda adecuada.* Disponible en https://www.ohchr.org/es/special-procedures/sr-housing/international-standards-right-housing

Piedra Cristóbal, J. y Arredondo Quijada, R. (2017). Hogar dulce hogar. Una aproximación al fenómeno de la exclusión residencial. *Azarbe: Revista Internacional de Trabajo Social y Bienestar,* 6, 17-25.

Real Decreto 42/2022, de 18 de enero, por el que se regula el Bono Alquiler Joven y el Plan Estatal para el acceso a la vivienda 2022-2025. *Boletín Oficial del Estado*, 16, de 19 de enero de 2022.

Real Decreto-ley 11/2020, de 31 de marzo, por el que se adoptan medidas urgentes complementarias en el ámbito social y económico para hacer frente al COVID-19. *Boletín Oficial del Estado,* 91, de 1 de abril de 2020.

Real Decreto-ley 7/2019, de 1 de marzo, de medidas urgentes en materia de vivienda y alquiler. *Boletín Oficial del Estado*, 55, de 5 de marzo de 2019.

Unión Europea (1961). *Carta Social Europea, de 18 octubre de 1961.* Disponible en https://www.refworld.org.es/docid/5d7fc5cbd.html

Unión Europea (1965*). Convención Internacional sobre la Eliminación de todas las Formas de Discriminación Racial*, de 21 diciembre 1965. Disponible en https://www.refworld.org.es/docid/5d7fbcf02.html

Unión Europea (1990). *Convención Internacional sobre la Protección de los Derechos de Todos los Trabajadores Migratorios y de sus Familiares*, de 18 diciembre 1990. Disponible en https://www.refworld.org.es/docid/5d7fbcf55.html

Unión Europea (1996). *Carta Social Europea, de 18 octubre de 1961.* Disponible en https://rm.coe.int/168047e013

Unión Europea (2006). *Convención sobre los Derechos de las Personas con Discapacidad,* de 13 diciembre de 2006. Disponible en https://www.refworld.org.es/docid/5d7fbf13a.html

Unión Europea (2012*). Carta de los Derechos Fundamentales de la Unión Europea,* de 26 octubre 2012. Disponible en https://www.refworld.org.es/docid/5c6c40d04.html

Capítulo 3
ESTRATEGIAS EUROPEAS EN MATERIA DE VIVIENDA

Ana Millán Jiménez
Departamento de Sociología, Universidad de Murcia
María Isabel Sánchez-Mora Molina
Departamento de Sociología, Universidad de Murcia
María Belén García-Palma
Departamento de Sociología, Universidad de Murcia

1. *Marco legal del derecho a la vivienda en Europa*

La vivienda es un derecho universal fundamental para una vida digna y autónoma. Las bases internacionales del derecho a la vivienda pueden encontrarse en la Declaración Universal de los Derechos Humanos de 1948, estableciendo ésta la vivienda como un elemento esencial para garantizar un nivel de vida adecuado en el artículo 25.1: "Toda persona tiene derecho a un nivel de vida adecuado que le asegure, así como a su familia, la salud y el bienestar, y en especial la alimentación, el vestido, la vivienda, la asistencia médica y los servicios sociales necesarios; [...]".

Este derecho a una vivienda digna estaría incluido entre los identificados como derechos de segunda generación, pero no sugiere la disponibilidad de un alojamiento que subjetivamente se considere adecuado o se desee, sino que implica una obligación positiva para que los Estados provean la disponibilidad de un espacio habitacional, dotado de los servicios básicos y a un precio accesible (Drigo, 2020). Lo que se refleja en el marco legal de referencia.

El planteamiento sobre el derecho a la vivienda digna se verá posteriormente reforzado en el Pacto Internacional de Derechos Económicos, Sociales y Culturales de la Naciones Unidas de 1966 (art. 11) que, a su vez, se verá fortalecido con las observaciones generales número 4 (1991) sobre el derecho a la vivienda adecuada y la número 7 (1997) sobre los desalojos forzosos (Escuela Popular Europea por el Derecho a la Vivienda, 2023[1]). En el primer caso, el Comité de las Naciones Unidas de Derechos Económicos, Sociales y Culturales, como órgano responsable de la supervisión del cumplimiento del pacto, estableció que el derecho a

[1] Marco Legal del Derecho a Vivienda (https://popular-education-rights.eu/es/)

una "vivienda adecuada" se refiere al derecho a vivir en seguridad, paz y dignidad. Por tanto, los estados firmantes del pacto han de reconocer, promover y garantizar el derecho a un nivel de vida adecuado, el cual incluye el derecho a la vivienda (Lambea Llop, 2020).

No obstante, estos instrumentos jurídicos de ámbito internacional no establecen el derecho a exigir a los estados que construyan viviendas para toda la población ni el derecho a la propiedad, sino que cada estado:

> ... ponga las medidas necesarias para prevenir la falta de un techo, prohibir los desalojos forzosos y la discriminación, garantizar la seguridad en la tenencia, centrarse en los grupos más vulnerables y excluidos socialmente y garantizar que todas las personas dispongan de una vivienda adecuada a sus necesidades. (Lambea Llop, 2020: 33)

Este escenario jurídico internacional tuvo su traslación al ámbito europeo con el Convenio Europeo de Derechos Humanos, aprobado por el Consejo de Europa en 1950 y, especialmente en materia de vivienda, la Carta Social Europea de 1961 y revisada en 1996. El artículo 31 de la Carta Social Europea revisada establece el derecho a la vivienda en los siguientes términos (Consejo de Europa, 1996: 44):

Para garantizar el ejercicio efectivo del derecho a la vivienda, las Partes se comprometen a adoptar medidas destinadas:

1. A favorecer el acceso a la vivienda de un nivel suficiente;
2. A prevenir y paliar la situación de carencia de hogar con vistas a eliminar progresivamente dicha situación;
3. A hacer asequible el precio de las viviendas a las personas que no dispongan de recursos suficientes.

Sin embargo, la Carta Social Europea no impone a los Estados un vínculo de resultados, sino que adopten medidas de carácter concreto para tal fin (Drigo, 2020). Por tanto, a pesar de existir un proceso para vigilar el cumplimiento de la carta mediante la presentación de informes nacionales de los estados al Comité Europeo de Derechos Sociales, carece de acción judicial en el ámbito internacional, lo que deteriora la protección del derecho a la vivienda (Lambea Llop, 2020).

Cabe advertir que España no ratificó la Carta Social Europea (revisada) hasta recientemente, lo cual fue publicado en el Boletín Oficial del Estado el 11 de junio de 2021. En este recorrido legal, cabe hacer de nuevo una parada en la Carta de los Derechos Fundamentales de la Unión Europea, donde en su artículo 34.3 relativo a "Seguridad social y ayuda social" establece que:

> Con el fin de combatir la exclusión social y la pobreza, la Unión reconoce y respeta el derecho a una ayuda social y a una ayuda de vivienda para ga-

> rantizar una existencia digna a todos aquellos que no dispongan de recursos suficientes, según las modalidades establecidas por el Derechos comunitario y las legislaciones y prácticas nacionales. (Parlamento Europeo, Consejo de Europa y Comisión Europea, 2000: 16)

Más recientemente, el "Pilar europeo de derechos sociales" firmado en 2017 por el Parlamento Europeo, el Consejo de la Unión Europea y la Comisión Europea, en el capítulo referido a protección e inclusión social recoge como principio 19 el derecho a la vivienda y servicios para las personas sin hogar (Comisión Europea, 2017: 21), indicando:

a. Deberá proporcionarse a las personas necesitadas acceso a viviendas sociales o ayudas a la vivienda de buena calidad.
b. Las personas vulnerables tienen derecho a una asistencia y una protección adecuadas frente a un desalojo forzoso.
c. Deberán facilitarse a las personas sin hogar un alojamiento y los servicios adecuados con el fin de promoverla inclusión social.

Existe, por tanto, todo un cuerpo normativo en el ámbito de los países de la Unión que protege el derecho a la vivienda en su dimensión social, dada su vinculación directa con la cohesión social. Ahora bien, la vivienda no es propiamente una competencia de la UE y son los estados miembros los que han de diseñar, implementar y garantizar este derecho a través de sus respectivos marcos constitucionales y normativos (Lambea Llop, 2020), los cuales además han de incorporar la ratificación de las normas europeas para que les sean de aplicación. Sin embargo, el reconocimiento a este derecho adquiere entidad en la medida en que se vea reflejado en políticas sociales eficaces que afronten la realidad material del acceso a la vivienda digna.

2. *Política de vivienda social y de lucha contra el sinhogarismo en la Unión Europea*

El contexto de integración geopolítica es un elemento fundamental para el análisis y la caracterización de las diferentes políticas, entre ellas, las de cohesión e integración social en las que cabe enmarcar la política de vivienda social. En este contexto, se puede marcar un punto de referencia en el Consejo Europeo de Lisboa, en marzo de 2000. En dicho consejo la Unión se fija el objetivo estratégico de convertirse en la economía basada en el conocimiento de referencia a nivel mundial, capaz de crecer económicamente de manera sostenible con altas dosis de empleo de calidad y con mayor cohesión social. Para su logro, se promueven distintas estrategias globales, entre ellas la modernización del modelo social europeo mediante la inversión en capital humano y la lucha contra la exclusión social. De manera más concreta el Consejo Europeo (2002) insta a las instituciones europeas a "incluir la promoción de la integración en las políticas de empleo, educación, formación, sanidad y vivienda de los Estados miembros, completándola a escala comunitaria mediante acciones con cargo a los fondos estructurales, dentro del actual marco presupuestario". De este modo se reconoce la necesidad de una vivienda adecuada para la cohesión social y, por tanto, como un ámbito de intervención pública y social.

A partir de este momento se orienta la política social de la Unión Europea a una mayor coordinación de los modelos de protección social, dotando también de una mayor integración a la política de vivienda y su papel en la satisfacción de necesidades. No obstante, a pesar de estas intenciones existe una diversidad de modelos de gestión en cada estado en materia de política de vivienda social, lo que ha provocado constantes variaciones de este ámbito de intervención a nivel europeo (Juan Toset, 2012).

Así pues, tal y como señalan Marbán Gallego y Rodríguez Cabrero (2020), la demanda de estrategias integradas de política social y contra el sinhogarismo es una demanda constante de organizaciones no gubernamentales y de las propias instituciones europeas durante la última década lo que se plasma en numerosas iniciativas. Ampliando las recogidas por los autores, caben destacar las siguientes iniciativas en el contexto europeo:

- Informe Conjunto sobre Protección Social e Inclusión Social, Comisión Europea, 2010.
- Conferencia Europea sobre Sinhogarismo, 2010.
- Resolución del Parlamento Europeo, 2011 y 2014, sobre una estrategia de la UE para personas sin hogar.
- Resolución del Parlamento Europeo, 2013, sobre la vivienda social en la Unión Europea.
- Paquete de Inversión Social de la UE, Comisión Europea, 2013.

Más recientemente, en 2021, el Parlamento Europeo aprueba una resolución sobre el acceso a una vivienda digna y asequible para todos. En la misma se destaca, entre otras cuestiones, que el acceso a una vivienda social es un derecho fundamental, así como que una vivienda adecuada y segura es un instrumento fundamental para lograr la justicia y cohesión social. Asimismo, se reconoce la existencia de un número creciente de personas de renta baja y media con dificultades de acceso a la vivienda, a la vez que no mejora el número de viviendas disponibles para estas personas, afectando especialmente a familias monoparentales, numerosas y al colectivo juvenil y, además, el aumento del número de personas sin hogar. Por todo ello, insta a la Comisión y a los Estados miembros a una serie de medidas para asegurar el derecho a una vivienda adecuada y eficiente desde el punto de vista energético y salubre; luchar contra el problema de las personas sin hogar y contra la discriminación; un enfoque integrado en materia de vivienda social, pública y asequible; asegurar la tenencia y unos mercados de vivienda inclusivos e invertir en viviendas sociales públicas y eficientes desde el punto de vista energético.

El desarrollo de las estrategias mencionadas conllevaría la puesta en práctica de numerosas acciones políticas como: estrategias y programas específicos, dotaciones presupuestarias y apoyo financiero, aprobación de normas y reglamentaciones, establecimiento de procedimientos de control e infracción, colaboraciones intergubernamentales e interadministrativas, programas e incentivos, investigación y disponibilidad de información, etc. De manera más concreta, las políticas de lucha contra el sinhogarismo en el contexto europeo son muy diversas, a pesar de cierto avance en un número cada vez mayor de países en el desarrollo de estrategias integrales de ámbito nacional o regional (Marbán Gallego y Rodríguez Cabrero, 2020).

A nivel nacional, se pueden identificar algunos rasgos comunes en las políticas contra el sinhogarismo. Por un lado, la participación de diversos grupos de interés públicos y privados en el diseño de estas políticas y el protagonismo de las instituciones locales en la prestación de servicios. Y, por otro, la consolidación progresiva del enfoque Housing First para la atención a personas sin hogar (Marbán Gallego y Rodríguez Cabrero, 2020). Este enfoque sitúa la disponibilidad de la vivienda como primer elemento de la intervención social, frente al modelo dominante denominado "en escalera", que alude una sucesión de etapas y subsanación de otras carencias para superar la exclusión residencial mediante una vivienda estable, por ejemplo, mediante albergues.

En definitiva, la política europea en materia de vivienda social ha avanzado en la definición de objetivos y estrategias, pero no tanto en la materialización de estas políticas que, además, se han visto muy afectadas en periodos como el de la crisis económica a partir de 2008 o, posteriormente, con la situación de pandemia sanitaria.

3. *Distintas estrategias nacionales*

Una vez establecido el marco legal y la política de vivienda en la lucha contra el sinhogarismo en la Unión Europea, vamos a revisar, de manera más concreta, las estrategias establecidas en los distintos países en materia de vivienda, entre ellos España, bajo el paraguas común de Europa. Para ello y con la finalidad de poder comparar distintas maneras de entender el concepto de ciudadanía y de abordar las garantías de los derechos sociales tendentes a la consecución del bienestar social, vamos a analizar las estrategias de grupos de países europeos que reúnen rasgos similares a la hora de establecer esas políticas de bienestar y, por ende, de vivienda.

En este sentido, resulta interesante averiguar los planteamientos comunes de las distintas estrategias nacionales, derivados de las disposiciones y directrices europeas, en los grupos de países escogidos y las diferencias que con seguridad podremos apreciar en sus distintas políticas, según los distintos modelos de Estado del Bienestar que se fueron estableciendo en Europa, después de la II Guerra Mundial, basados en "La estructura empírica y social sobre la que se ha configurado el aval para el disfrute de los derechos y las políticas sociales" (Clemente Soler et al., 2022: 67). Entendiendo así, que el estado del Bienestar es el complemento que asegura la justicia social, ante un mercado que, si bien, es necesario para permitir al ciudadano acceder al bien común, también genera desigualdad.

Algunas de los planteamientos básicos de esos elementos comunes en lo que a política de vivienda se refiere y, a los que hemos hecho mención, se recogen en la Carta Social Europea (1961), como bien se ha dicho en el apartado anterior, que al ser revisada en 1996, en su Artículo 91, estipula "La fundación del Derecho a la Vivienda", para impulsar no sólo el acceso a la vivienda sino a viviendas con estándares adecuados y no sólo para reducir el sinhogarismo sino para prevenir su aparición y conseguir precios asequibles a la hora de acceder a la vivienda.

Existen, además, unos requisitos ineludibles, para controlar las actuaciones de los "Estados Parte", de manera que, en primer lugar, cada uno de ellos debe presentar un informe anual sobre sus actuaciones, que es evaluado por un Comité Especial formado por actores políticos y sociales, dotado de atribuciones para hacer las recomendaciones pertinentes, si los informes no son satisfactorios. En segundo lugar, existe un "procedimiento de quejas colectivas" desde 1998, para los Estados que lo han aceptado.

Existen, por supuesto, otros muchos hitos importantes a nivel europeo, que han quedado recogidos en el apartado anterior sobre el marco legislativo y las políticas de vivienda, entre los que destaca por su influencia reciente la Resolución del Parlamento Europeo de 21 de enero de 2021, en los que se ha hecho hincapié en la vivienda como factor, no sólo de bienestar, sino de dignidad para las personas y que, por motivos de extensión, no podemos analizar. Destacamos, por ejemplo, el "Informe Andrea sobre

Vivienda y Política Regional", en el que el Parlamento Europeo, estableció en el Artículo 3, lo siguiente: "Se pide la implementación, a nivel europeo, de una serie de indicadores de calidad que definan el concepto de vivienda adecuada".

No obstante, partiendo de esta base común, existen importantes diferencias entre los países que conforman la Unión Europea a la hora de establecer sus respectivas políticas de vivienda, así como de ejecutarlas. Existen diferencias, tanto en la literalidad de las políticas, como en el porcentaje del PIB, empleado para financiar esas políticas como a la hora de ponerlas en práctica o gestionarlas.

Ciertamente, existen unas normas mínimas aplicables a la vivienda, en la legislación de todos los Estados de la Unión europea, tales como una mayor o menor oferta de viviendas sociales para el alquiler, sobre todo en los años de auge del Estado del Bienestar (1950-1980) a excepción de Bélgica y los países mediterráneos y en la misma línea y en el mismo momento, un control de los alquileres del sector privado (tendencia que ha disminuido desde 1960 en los países del Noroeste europeo).

Aun así, el tema de la vivienda sigue siendo un verdadero problema en los dos, países europeos, porque (Juan Toset, 2012: 456):

> (...) sigue siendo habitual no reconocer la vivienda como un servicio social a pesar de que, cada vez más, se trate de una necesidad social no satisfecha por el mercado para una parte de la población cada vez mayor y con perfiles tradicionalmente no asociados a los recursos sociales de carácter asistencial.

En este sentido, es necesario tener en cuenta los cambios en la demanda de la modalidad de vivienda, ya que se aprecia un declive en la demanda de viviendas familiares, como consecuencia de los cambios surgidos en los tipos de familia actuales. Unido, todo ello, a un crecimiento desorbitado de los precios de la vivienda en todos los países de la Unión Europea. Lo que ha hecho que el gasto dedicado a la vivienda se haya disparado en la misma medida, lo que supone que para muchas personas sea una gran dificultad e incluso, una imposibilidad, el acceso a la vivienda.

No obstante, a pesar de todas estas líneas comunes tanto positivas como negativas, se ha podido constatar un mayor interés por la calidad de la vivienda y las ayudas individuales, conforme ha ido subiendo el nivel de vida. También, a pesar de todas estas líneas comunes, es fácil apreciar las diferencias en materia de vivienda, del mismo modo que se aprecian las diferencias en los niveles de vida y en las actuaciones en cuanto a las políticas sociales, en general, de los distintos países.

Teniendo en cuenta todo lo anterior, podríamos analizar estas políticas señalando cuatro grupos de países:

Por un lado, el grupo formado por Los países Bajos, Suecia y el Reino Unido (en la actualidad fuera de la Unión Europea) caracterizados por una fuerte intervención del Estado. Con un extenso parque de viviendas en alquiler y que dedican más del 3% a la política de vivienda.

En este grupo, merece la pena destacar la amplia oferta de viviendas sociales en Los Países Bajos. Modalidad ésta, de gran tradición desde el siglo XIX, cuando empiezan a surgir los problemas de pobreza fruto de la industrialización. Además, cabe señalar la singularidad de que la existencia de viviendas sociales se establece por Ley y entra en la negociación con las constructoras que deben dedicar una de cada tres viviendas a este uso social, con el fin, de no expulsar a los más vulnerables de las ciudades hacia las afueras, lo que aún les sería más costoso. "La vivienda social asegura un techo a sectores vulnerables y tan disímiles como los estudiantes o los ancianos, así como a las familias con salarios mínimos" (Alonso y Aparicio Lardíes, 2019*:* 3).

Por su parte, Austria, Francia, Dinamarca y Alemania, han mantenido amplios sectores de viviendas privadas de alquiler y emplean entre el 1 o 2% del PIB. En lo que se refiere a Francia, es interesante hacer referencia a la Ley DALO (Droitaulogementopposable) cuya finalidad es "designar al Estado como garante y responsable de la vivienda, a través de un recurso amable (sin litigio) que la persona sin domicilio deposita en una comisión de mediación o, en segunda instancia en un contencioso administrativo" (Eleta-De Filippis, 2011*:* 2). Esta Ley ha generado grandes expectativas, aunque no está exenta de polémica y no ha resultado ser todo lo eficaz que se esperaba.

En lo que se refiere a Italia, Finlandia, Irlanda, Bélgica y Luxemburgo, aunque son un grupo diverso, los une el hecho de que todos ellos disponen de amplios sectores de viviendas en propiedad y, por el contrario, pequeños sectores de vivienda social para alquilar. El gasto en vivienda es del 1%, más o menos. En este grupo, podemos señalar la importancia de las cooperativas italianas que desde el siglo XIX, en distintas modalidades, luchan por reconvertir el sector de la vivienda en un país en el que el 80% de las viviendas las ocupan sus propietarios y el 75% de las personas que viven en alquiler tienen unos ingresos inferiores a 20.000 euros de los que gastan más del 50%, en vivienda. En la actualidad, son sobre todo cooperativas de rehabilitación y recuperación de viviendas patrimoniales públicas. Como señala Guerra (2008: 1): "Hay muchas cooperativas de vivienda en Italia cuya vocación "social" es garantizar a todos los que viven en suelo italiano, locales o inmigrantes, el acceso a una vivienda digna y económica".

Portugal, España y Grecia, tienen grandes sectores de vivienda privada ocupada por sus respectivos propietarios, escasos sectores dedicados al alquiler de viviendas sociales y viviendas privadas en alquiler de baja calidad. El gasto derivado a las políticas de vivienda no llega al 1%. A continuación, dedicaremos un apartado al caso de España.

En definitiva, el problema de la vivienda en Europa en siglo XXI, podemos decir que arrastra actuaciones positivas y negativas de los distintos Estados a lo largo del tiempo que, sin duda se han visto modificadas y, relativamente homogeneizadas, por la normativa europea, además de las resoluciones de Naciones Unidas. Numerosos tratados y resoluciones recogen y establecen la necesidad de proporcionar una vivienda digna y de calidad (acceso al agua potable, saneamiento, energía, etc.).

Según los expertos que hemos consultado para elaborar este estudio, uno de los problemas que se produce es la falta de sintonía del Estado y el mercado como potenciales socios a la hora de generar un parque de viviendas, sociales, en la mayoría de los países (hemos visto, como esta actuación ha sido exitosa en el caso de Holanda). También, según estas opiniones autorizadas, a nivel internacional es destacable el hecho de que crecen los fondos de inversión que están adquiriendo una enorme cantidad de suelo en lugares estratégicos, generando unos niveles de competencia difíciles de asumir por el mercado de la vivienda.

Y, como novedad, en la actualidad, también están surgiendo nuevas modalidades, algunas de ellas con apoyo comunitario, para jóvenes y personas mayores, también para personas sin hogar. Además del llamado "cohausing, modalidad que está siendo promovida, tanto desde el ámbito privado o cooperativo, como desde el ámbito estatal, en algunos países.

4. *El caso de España*

Si algo ha quedado reflejado en los epígrafes anteriores es que las políticas de vivienda de los estados miembros, en relación con la oferta de viviendas familiares, o a personas con ingresos bajos o a quienes se encuentran en riesgo de exclusión social, es que las vías hacia la vivienda de calidad son muy diversas, y que tanto los niveles como las modalidades de apoyo son, en general, bajos y demasiado escasos.

No obstante, puede observarse una cierta coincidencia[2] o tendencias similares en la mayor parte de las políticas llevadas a cabo en las últimas

---

2 https://www.europarl.europa.eu/workingpapers/soci/w14/summary_es.htm

décadas. Líneas de trabajo compartidas que convergen en los siguientes aspectos:

a) Reglamentación de las normas mínimas aplicables a la vivienda,
b) Control de los alquileres del sector privado (tendencia descendente en el noroeste de Europa desde 1960),
c) Oferta de vivienda sociales de alquiler, especialmente en el periodo de 1950 a 1980 (excepto en los países mediterráneos y Bélgica),
d) Sucesivos desplazamientos del centro de atención hacia la calidad de la vivienda y las ayudas individuales, a medida que se reducían las carestías de petróleo y los recursos.

Sin embargo, y aceptando la existencia de esas directrices europeas, el caso de España es algo peculiar, en tanto que tiene la singularidad de que, al igual que sucede en Portugal o Grecia, cuenta con sectores particularmente grandes de viviendas ocupadas por sus propietarios, y en consecuencia pocas viviendas sociales de alquiler. Alquileres que, por otra parte, suelen ser de baja calidad y en declive. A esa situación hay que sumar, como ya se ha indicado anteriormente, la exigua inversión del Estado en política de vivienda. Todo ello sitúa a España en una situación concreta y específica, poco ventajosa, y que sobre todo provoca una ralentización de las medidas para frenar la exclusión residencial y el sinhogarismo.

En España, los esfuerzos se han concentrado fundamentalmente en proporcionar y facilitar ayudas para permitir a las familias comprar un hogar, en detrimento del alquiler. En este contexto, el porcentaje del gasto en vivienda dentro del gasto total del bienestar ha sido (y sigue siendo) tradicionalmente bajo, y, por ende, el papel de la vivienda de alquiler social es absolutamente marginal, y queda reservado, al menos en teoría, a las familias más pobres y marginadas. Para empezar, y sirva como indicador de la poca relevancia que se le ha concedido a estos temas, el concepto de vivienda social no está claramente precisado, de manera que no se sabe exactamente qué engloba. No cabe duda de que se hace imprescindible esa unificación de criterios. Sin esa concreción se hace muy difícil gestionar estos temas dentro del propio estado e incluso en cada comunidad autónoma.

Lo que en realidad caracteriza la situación de España es una considerable movilización de recursos y de redes familiares, que, junto con las ayudas públicas para la compra de la vivienda, han permitido alcanzar altas tasas de propiedad privada (especialmente en lo que a la vivienda principal refiere). En nuestro país tenemos una de los niveles más altos de titulares de Europa (ya en 2001, el 82,2% de las familias ostentaban la propiedad de su vivienda), en detrimento de viviendas en régimen de alquiler privado y, desde luego, en viviendas de alquiler social. Si en los años 50 España era un país de arrendatarios a principios del siglo 21, se había convertido en uno de los países europeos con el porcentaje más alto de personas residentes en una vivienda de su propiedad (Juan Toset, 2012). Hay coincidencia en considerar esa característica como un problema para la ejecución de buenas prácticas en las políticas de vivienda:

> *La principal característica de la política de vivienda en España ha sido el acceso al régimen de propiedad para una amplia capa de población, independientemente de su nivel de renta. Ello no está aislado de la utilización de las ayudas públicas para dinamizar el sector de la construcción, entendido como motor de arrastre de buena parte de la economía española. Este reiterado apoyo a la vivienda en propiedad ha provocado un déficit endémico en el sector del alquiler tanto público como privado, menoscabando las posibilidades de utilizar la provisión de vivienda como eje fundamental de un débil y limitado estado del bienestar en España (A6, experto/a académico/a).*
>
> *La limitación de la vivienda social, así como el reducido parque de vivienda en alquiler, son dos de las limitaciones actuales e históricas de la vivienda en España (A8, experto/a académico/a).*
>
> *A mi juicio, la principal debilidad de las políticas de vivienda, tanto a nivel nacional como autonómico, es la escasísima inversión pública en vivienda social, especialmente en alquiler. Los datos de Eurostat nos sitúan muy por debajo de la media europea en esta cuestión (A12, experto/a académico/a).*

El Plan Estatal de Vivienda 2005-2008 trató de dar un impulso al alquiler, pero su potencial impacto quedó limitado por el estallido de la burbuja inmobiliaria y el comienzo de la crisis económica. Como en otros países europeos, que también apostaron claramente por este tipo de políticas, el mercado del alquiler español ha tendido hacia la desregulación. En las últimas décadas del siglo pasado se experimentó un marcado descenso del alquiler como forma de tenencia. Noruega, Dinamarca y Finlandia comparten con España ese mismo proceso. Inglaterra sería el único país donde, a pesar de la desregulación del sector, el alquiler se mantendría como opción o necesidad residencial, especialmente en la ciudad de Londres.

Para entender esta evolución en las políticas de vivienda, y las consiguientes consecuencias que han llegado a nuestros días, tales como la degradación de barrios periféricos, las características de la población residente en estos parques de viviendas públicas o la escasez de oferta de viviendas sociales para personas con escasos o nulos recursos económicos, es importante prestar atención a los modelos de gestión y regulación de la política social de vivienda.

Siguiendo a Lachambre (Trilla, 2001), en la perspectiva histórica sobre los modelos de gestión de las políticas de vivienda, se pueden observar varias estrategias diferenciadas dentro de los estados miembros. Una de ellas refiere al denominado "sector político" donde los parques sociales de vivienda se han abstraído de las realidades económicas en las diferentes etapas financieras. Su finalidad ha sido ofrecer una vivienda de alquiler siguiendo criterios estrictamente políticos, no económicos, fijando los precios de una forma arbitraria, pactada entre las partes, o con una visión política. Así, las cuantías de las rentas exigidas por el gobierno se encuentran, en la mayoría de las ocasiones, muy por debajo de la media del mercado y quedan fijados al margen de los ingresos familiares. Este es el modelo en el que se sitúa España, lo que ha provocado que se disponga de un bajísimo parque de vivienda social en alquiler, a pesar de que se reconozca como una medida estructural de prevención del sinhogarismo.

Como ya se ha mencionado en los epígrafes anteriores, las estrategias de lucha contra la exclusión residencial en Europa son muy dispares, aunque cada vez más países están desarrollando estrategias integrales de ámbito nacional o regional, tal y como sucede en España. Aquí se ha apostado por prácticas concretas (aún minoritarias), como por ejemplo el enfoque Housing First, convirtiéndolas en ejes vertebradores del apoyo a las personas sin hogar. No obstante, algo muy significativo es que seguimos sin ratificar la Carta Social Europea Revisada que recoge, entre otros, el derecho a la vivienda en su artículo 31; ni tampoco se ha asumido el Protocolo de Reclamaciones Colectivas. Ambos considerados mecanismos de rendición de cuentas en el marco del Consejo de Europa.

Por otra parte, es cierto que la vivienda social puede ofrecerse por una diversidad de agentes. En la mayoría de los países miembros, la administración central también es responsable de la financiación y sólo en unos pocos, las autoridades regionales desempeñan un importante papel en la planificación, coordinación y regulación de la provisión de servicios y, aunque en menor medida, en la financiación de dichos servicios. Este es el caso de España, donde la vivienda social se ofrece mayoritariamente por la administración pública, ya sea a nivel estatal, regional o local, bien directamente o bien a través de entidades y empresas públicas. Además, se ofrece principalmente en propiedad asequible, y no en alquiler, tal y como se hace en gran parte de Europa. Únicamente, Grecia, Chipre y España, mantienen ese sistema de oferta, que, en algunos casos, no deja de considerarse perjudicial para las políticas públicas de vivienda.

> *A mi juicio, la principal debilidad de las políticas de vivienda, tanto a nivel nacional como autonómico, es la escasísima inversión pública en vivienda social, especialmente en alquiler. Los datos de Eurostat nos sitúan muy por debajo de la media europea en esta cuestión (A12, experto/a académico/a).*

En cualquier caso, sea como fuere, es importante precisar que de momento resulta muy difícil determinar cuál es la financiación destinada a esas medidas, aunque parece evidente que, a tenor de los resultados, es insuficiente y no demasiado adecuada.

Otro de los aspectos que caracterizan la casuística española con relación a la vivienda en general, y que afecta a la exclusión residencial en particular, es el tema del alquiler turístico, porque está influyendo al alza en el precio de los alquileres, a la vez que supone una cierta mercantilización de la vida del barrio y una desprotección de la vivienda asequible.

Ante esta situación se intenta la regulación de los alojamientos turísticos en diferentes ciudades europeas y españolas. Ámsterdam fue la pionera en la regulación del alquiler temporal, acordando con Airbnb que su actividad se enmarcaría en la categoría de alquiler vacacional entre particulares, iniciativa que han seguido otras ciudades con gran afluencia turística. No obstante, la cuestión no está resuelta ya que abre la polémica entre el derecho a la vivienda y las plataformas como Airbnb, que albergan ofertas de alojamiento turístico en cierto modo ilegales con relación a la normativa. Algunos de nuestros especialistas entrevistados aluden a esta problemática dentro de la peculiaridad de la situación en España:

> *En España, la situación es muy diferente en un pueblo con población decreciente que en una zona tensionada por el turismo urbano. El alquiler social no va a solucionar nada en, al menos, un lustro, por los plazos inherentes a la construcción (...) Ya los he señalado al referirme a las debilidades generales. Añadiría la falta de voluntad para entender que el mercado turístico no puede competir con el de los trabajadores, es necesario segmentarlos... (A1, experto/a académico/a).*

En definitiva, el análisis sobre las políticas sociales contra el sinhogarismo en España plantea cuestiones de importancia para el diseño y efectividad de las políticas públicas. En primer lugar, y es algo primordial, no está claro cuál es el lugar social e institucional del sinhogarismo. Hasta ahora viene ocupando un espacio casi marginal en las políticas sociales, situándose en la frontera entre lo visible y lo invisible. Algo que se agrava con la tensión entre el auge de las políticas y estrategias contra la exclusión de un alojamiento o vivienda y el estancamiento, e incluso retroceso, en el desarrollo de las políticas de vivienda social.

A la vez es destacable la falta de estrategias integradas entre los distintos niveles de la administración (local, autonómica y nacional), lo que no solo afecta a la eficacia de dichas estrategias, sino también a la equidad territorial en el alcance y calidad de la provisión de servicios para personas sin hogar. A lo que se unen otros factores organizativos que también son perjudiciales, como la limitada información estadística y de bases de datos, o la escasez y baja cualificación de los recursos humanos dedicados a la resolución de esta problemática. Lo cual vuelve a evidenciar la poca atención que se presta a todo ello. Aspectos y deficiencias que se denuncian en las respuestas obtenidas de los técnicos especialistas en la materia.

> *Ante la falta de datos estadísticos actualizados que describan la complejidad del problema de vivienda, hay que ampliar los datos disponibles en materia de vivienda y evaluar mediante indicadores concretos las estrategias (A15, experto/a académico/a).*
>
> *Una última debilidad tiene que ver con la falta de voluntad de cooperación inter e intra administrativa. Ni la estatal con la autonómicas ni las consejerías de la CARM entre sí. Así es imposible hacer políticas de largo recorrido (T2, experto/a de la intervención social).*

En definitiva, y, para terminar, parece evidente que en el caso de España queda aún mucho camino por recorrer y muchos aspectos por mejorar, si realmente se quiere conseguir buenas políticas de vivienda que corrijan la exclusión residencial y el sinhogarismo.

5. *Conclusiones*

El derecho a la vivienda digna es un derecho universal, recogido en diferentes normas nacionales e internacionales, pero de compleja materialización. Desde el ámbito legislativo y político de la Unión Europea se ha ido consolidando un compendio de análisis sobre la vulneración de este derecho para cada vez un mayor número de personas, así como de recomendaciones para afrontar esta situación que, como destacan los mismos, se encuentra directamente vinculada con la justicia y la cohesión social económica y social.

Pero el devenir político y económico de cada uno de los países miembros ha generado también una diversidad de estrategias, modelos y niveles de intervención. Esta diversidad nacional no ha impedido llegar a un acuerdo de principios sobre los objetivos y la necesaria intervención política de esta realidad, pero sí ha dificultado una política sobre vivienda social con identidad propia en la Unión Europea, de la que se van dando algunos avances.

Por tanto, resulta evidente que el problema de la vivienda en Europa en siglo XXI, no está resuelto. Arrastra actuaciones positivas y negativas de los distintos Estados a lo largo del tiempo que, sin duda, se han visto modificadas y relativamente homogeneizadas por la normativa europea, además de las resoluciones de Naciones Unidas. Una vez más, hay que insistir en los numerosos tratados y resoluciones que recogen y establecen la necesidad de proporcionar una vivienda digna y de calidad (acceso al agua potable, saneamiento, energía etc.).

Sin embargo, y pese a todo ello, aún no existe una correcta sintonía entre el Estado y el mercado como potenciales socios a la hora de generar un parque de viviendas sociales, en la mayoría de los países. También se observa que crecen los fondos de inversión que están adquiriendo una enorme cantidad de suelo en lugares estratégicos, generando así unos niveles de competencia difíciles de asumir por el mercado de la vivienda.

Centrándonos en el caso de España, es obvio que la vivienda se considera más como un activo inmobiliario con el que invertir o especular, que como un satisfactor de necesidades y un Derecho Humano. No es que nuestro país no cuente con una política pública de vivienda, sino que en realidad se trata de una política fiscal o de fomento económico, pero desde luego no es una política social. El sistema público de vivienda implementado en España no ha tenido una estrategia ni una fundamentación en derechos humanos, sino que se ha centrado en el desarrollo de una política económica inmobiliaria que dinamizara la economía del país.

En este contexto, la primera reflexión que debemos hacer es la necesidad de contar con políticas que logren transformar algo que hasta la fecha se percibía mayoritariamente como un producto financiero en un derecho garantizado para todos. Cuestión que urge aún más si tenemos en cuenta que nos movemos en un entorno de escasez de vivienda asequible y con desigualdades crecientes.

En cualquier caso, es importante puntualizar que las estrategias de vivienda no pueden desarrollarse sin compromiso político estable y presupuesto suficiente. Según el artículo 2.1 del Pacto Internacional Derechos Económicos, Sociales y Culturales (PIDESC), firmado y ratificado por España, se precisa que los Estados miembros deben comprometerse a adoptar medidas hasta el máximo de los recursos de que disponga, para lograr progresivamente por todos los medios apropiados, la plena efectividad de los derechos reconocidos en el Pacto. Es más, en 2008, España firmó un nuevo instrumento internacional de rendición de cuentas llamado Protocolo Facultativo del PIDESC que entró en vigor en 2013. Protocolo que prevé un sistema de comunicaciones individuales o colectivas a Naciones Unidas en caso de vulneración de los derechos recogidos en el PIDESC, siempre que previamente se haya intentado en los tribunales internos la reparación de esa vulneración.

En definitiva, urge un aumento del parque de vivienda social en España. Este requerimiento se ha convertido en una necesidad apremiante, que ya se refleja en los cambios de legislación (estatal y autonómica) continuos, que tienen como objetivo resolver tanto el acceso como la pérdida de la vivienda de la población.

Es preciso concebir un modelo de provisión y gestión de las políticas sociales de vivienda, que corrijan la exclusión residencial y el sinhogarismo, con la participación correcta y coordinada de las diferentes administraciones y que, además, tenga en cuenta las exigencias de estabilidad presupuestaria y de sostenibilidad financiera impuestas a España por la Unión Europea.

6. *Referencias*

Alonso, J. y Aparicio Lardies, S. (2019). *El éxito de las viviendas sociales en Holanda.* Gaceta Holandesa.

Clemente Soler, J. A., García-Palma, M. B., Hernández Pedreño, M., Manzanera Román, S., Morales Yago, F. J., Sánchez-Mora Molina, M. I., Serrano Rodríguez, I. (2022). *Sociología de la Empresa y las Organizaciones.* Editum.

Comisión Europea (2017). Pilar europeo de derechos sociales. Oficina de Publicaciones. https://data.europa.eu/doi/10.2792/506887

Consejo de Europa (1950). Convenio Europeo de Derechos Humanos. https://www.echr.coe.int/documents/d/echr/convention_spa

Consejo de Europa (1996). Carta Social Europea (revisada). https://rm.coe.int/168047e013

Consejo Europeo (2000). Consejo Europeo. Conclusiones de la Presidencia. Consejo Europeo de Lisboa. 23 y 24 de marzo. https://www.europarl.europa.eu/summits/lis1_es.htm

Drigo, C. (2020). La protección de los derechos fundamentales en el espacio europeo y los diversos estándares posibles de protección: el caso del reconocimiento de la dimensión social del derecho a la vivienda por parte del TEDH. *Anales de derecho,* 1, 1-24.

Eleta-De Filippis, R. (2011). El derecho a la vivienda en Francia: la ley DALO (Droit Au LogementOpposable) Actores y Prácticas: Una Observación de Terreno. *Derecho y cambio social*, 8(28), 1-10.

Eurostat (2018). *Distribution of population by tenure status, type of household and income group*–EU-SILC survey http://ec.europa.eu/eurostat/statistics-explained/index.php/Housing_statistics#Type_of_dwelling

Guerra, M. (2008). Cooperativas de Vivienda en Italia. De las Cooperativas Históricas a la Autorrecuperación. *Ciudades, Territorios, Gobernanza.* Collection Passerelle, 1. https://www.citego.org/bdf_fiche-document-2418_es.html

Juan Toset, E. M. (2012). La política de vivienda en Europa. Consideraciones desde la perspectiva de los Servicios Sociales de interés general. *Cuadernos de Trabajo Social.* 25 (2), 451-459.

Lambea Llop, N. (2020). *Propuesta de un modelo de provisión y gestión de vivienda social en clave europea.* [Tesis Doctoral, Universitat Rovira i Virgili]. https://www.tdx.cat/handle/10803/668975

Marbán Gallego, V. y Rodríguez Cabrero, G. (2020). Las políticas sociales de lucha contra el sinhogarismo en la Unión Europea y en España: alcance, efectividad y principales limitaciones y prioridades. *Zerbitzuan.* 72, 5-18.

Naciones Unidas (1966). Pacto Internacional de Derechos Económicos, Sociales y Culturales de la Naciones Unidas. Adoptado y abierto a la firma, ratificación y adhesión por la Asamblea General en su resolución 2200 A (XXI), de 16 de diciembre de 1996. https://www.ohchr.org/es/instruments-mechanisms/instruments/international-covenant-economic-social-and-cultural-rights

Observatorio de vivienda y suelo (2017). *Boletín especial: Alquiler residencial*, Ministerio de Fomento, 5. https://www.fomento.gob.es/MFOM.CP.Web/handlers/pdfhandler.ashx?idpub=BAW049

Parlamento Europeo, Consejo de Europa y Comisión Europea (2000). Carta de los Derechos Fundamentales de la Unión Europea. Diario oficial de las comunidades europeas (2000/C 364/01). https://www.europarl. europa.eu/charter/pdf/text_es.pdf

Parlamento Europeo (2007). Informe sobre la política de vivienda y la política regional. Informe A6-0090/2007. https://www.europarl.europa.eu/doceo/document/A-6-2007-0090_ES.html#_section1

Trilla, C. (2001). *La política de vivienda en una perspectiva europea comparada*, Fundación La Caixa. Colección Estudios Sociales, 9. http://obrasocial.lacaixa.es/StaticFiles/StaticFiles/3409195ca52ef010VgnVCM1000000e8cf10aRCRD/es/es09_inx_es.pdf

Capítulo 4

POLÍTICA DE VIVIENDA EN ESPAÑA: NORMATIVA, PLANES Y AYUDAS

ESTHER CLAVERO MIRA
Departamento de Sociología, Universidad de Murcia
PIEDAD MIÑARRO CASAU
Departamento de Sociología, Universidad de Murcia
ÁNGEL J. OLAZ CAPITÁN
Departamento de Sociología, Universidad de Murcia

1. *Introducción*

El presente capítulo tiene por objeto estudiar el carácter regulador existente en el ordenamiento jurídico español en materia de vivienda, así como analizar la evolución de los instrumentos normativos, planes de vivienda y progreso de las políticas de subvenciones y ayudas empleadas a este respecto.

En este texto se analizará cómo la legislación de ámbito habitacional en España ha intentado adaptarse a los diferentes contextos socioeconómicos y cómo su éxito no ha sido del todo el esperado. Y es que el crecimiento asociado a la prosperidad y vinculado a la vivienda tiene diferentes vertientes; por un lado, la prosperidad social asociada ineluctablemente al derecho de la ciudadanía a disfrutar de un bien social básico como es la vivienda digna, y por otro, el conjunto de normas que han permitido a los actores privados observar el desarrollo urbanístico como un nicho de crecimiento económico más allá de las políticas sociales de bienestar. Esta ha sido de alguna manera la batalla librada entre los organismos públicos defensores de este derecho y las políticas neoliberales paradójicamente abaladas por los mismos organismos y que han permitido la especulación.

En España estas contradicciones sistémicas se han convertido en una problemática estructural que se agudiza cada vez que deviene un momento de crisis, como ha ocurrido en las últimas décadas con la Gran Recesión de 2008, la crisis sociosanitaria provocada por la COVID-19, la inflación o la guerra de Ucrania. El panorama actual en materia de vivienda para millones de familias ha dejado de manifiesto que las políticas públicas no siempre tienen el éxito deseado, y que los intereses de los actores privados se imponen. Las sucesivas crisis vividas en España han provocado que se aprueben medidas, como leyes y planes de vivienda, para intentar alcanzar el equilibrio deseado entre el mercado del alquiler y el de la tenencia en propiedad de viviendas en nuestro país, así como lograr un equilibrio territorial entre las diferentes comunidades autónomas, hoy inexistente.

Todo apunta, como se desprende del análisis que prosigue, a la existencia de una falta de coherencia entre las políticas de planeamiento urbanístico, de responsabilidad fundamentalmente local, y el resto de las políticas públicas de vivienda.

2. *Normativa y política de vivienda en España*

Las leyes van cambiando a lo largo del tiempo, reflejando en cada momento las políticas más adecuadas y acordes a los cambios generados por los nuevos contextos. Sin embargo, en materia de vivienda estas premisas no siempre se cumplen y las políticas de vivienda no terminan resolviendo los problemas reales y ejerciendo el impacto deseado.

Es habitual que las políticas de vivienda queden reflejadas en los marcos normativos nacionales, autonómicos y municipales, asumiendo las diferentes directrices y recomendaciones europeas en esta materia. En este sentido es importante destacar que en España las competencias en materia de vivienda se reparten entre los diferentes niveles de la Administración Pública: Estado, Comunidades autónomas y Entidades locales.

Por un lado, el Estado marca las directrices y recomendaciones al resto de administraciones de orden inferior. Por otro, las comunidades autónomas son quienes detentan las competencias en materia de vivienda y disponen los instrumentos para llevar a cabo estas políticas definidas en los Planes Estatales de Vivienda, así mismo las comunidades autónomas tienen entre sus competencias el desarrollo de la Política de Suelo. Y, por último, las entidades locales asumen las competencias de la política urbanística (disposición de suelo) junto con las comunidades autónomas, que deben informar favorablemente las actuaciones locales en materia urbanística a través del desarrollo de los Planes Generales de Ordenación Urbanística (PGOU).

La Unión Europea (UE) es quien marca las directrices a sus Estados miembros en materia de vivienda a través de diferentes directivas y recomendaciones como medio para combatir la exclusión social y perseguir el cumplimiento de acceso a uno de los bienes de primera necesidad como así recoge el artículo 25 de La Declaración Universal de los Derechos Humanos (1948): “Toda persona tiene derecho a un nivel de vida adecuado que le asegure, así como a su familia, la salud y el bienestar, y en especial la alimentación, el vestido, la vivienda, la asistencia médica y los servicios sociales necesarios [...]”.

A este respecto, y tras un escandaloso caso de vulneración del derecho a la vivienda de una familia con hijos menores que llevaba más de una década solicitando una vivienda social[1] en la Comunidad de Madrid, dada su clara situación de vulnerabilidad, el Comité de Derechos Económicos, Sociales y Culturales del Consejo Económico y Social de Naciones Unidas emitió un Dictamen el 20 de junio de 2017, en el que llamaba la atención y formulaba recomendaciones al Gobierno de España, instando a que la legislación española en materia de vivienda y el resto de leyes fuesen coherentes con las obligaciones del Pacto Internacional de Derechos Económicos, Sociales y Culturales de 1966. Así, en el propio preámbulo del Real Decreto-ley 7/2019, de medidas urgentes en materia de vivienda y alquiler, se reconoce:

> En este sentido, cabe recordar el Dictamen del Comité de Derechos Económicos, Sociales y Culturales del Consejo Económico y Social de Naciones Unidas, adoptado el 20 de junio de 2017 en el que, entre otros aspectos, instaba al Gobierno de España a asegurar que su legislación y su aplicación sea conforme con las obligaciones establecidas en el Pacto Internacional de Derechos Económicos, Sociales y Culturales. Y, en particular, señalaba la obligación de adoptar las medidas necesarias para superar los problemas de falta de coordinación entre las decisiones judiciales y las acciones de los servicios sociales en los procedimientos de desahucio de la vivienda habitual cuando afecta a hogares especialmente vulnerables.

A la Declaración Universal de los Derechos Humanos le han seguido toda una serie de hitos importantes referidos a la vivienda como un derecho básico de toda persona, entre los que cabría destacar los siguientes (cuadro 1):

Cuadro 1. Hitos relevantes referidos a la Vivienda como derecho básico

Norma	Mandato
Declaración de la Conferencia de Naciones Unidas sobre Asentamientos Humanos de Vancouver (1976)	La vivienda y los servicios adecuados constituyen un derecho humano básico de toda persona que impone a los gobiernos la obligación de asegurar su obtención por todos los habitantes.
Pacto Internacional de los Derechos Económicos, Sociales y Culturales (1976) ratificado por España (1977)	Reconocimiento del derecho de toda persona a un nivel de vida adecuado para sí y su familia, incluso alimentación, vestido y vivienda adecuados, y a una mejora continua de las condiciones de existencia (art. 11).

---

1 "España desoye un dictamen de la ONU que le insta a evitar desahucios de familias vulnerables", eldiario.es, 21 de noviembre de 2017.

Norma	Mandato
El Tratado de la Unión Europea (TUE) (1993)	Hace alusión en su artículo 3 a la lucha contra la exclusión social y la discriminación, fomentando la justicia y la protección social, así como la protección de los ciudadanos.
Carta Social Europea de 1961 revisada en 1996	Favorecer el acceso a la vivienda de calidad suficiente; prevenir y paliar la situación de carencia de hogar con vistas a eliminar progresivamente dicha situación; y hacer asequible el precio de la vivienda a las personas que no dispongan de recursos suficientes
Carta de los Derechos Fundamentales de la Unión Europea (2000)	Con el fin de combatir la exclusión social y la pobreza, la Unión reconoce y respeta el derecho a una ayuda social y a una ayuda de vivienda para garantizar una existencia digna a todos aquellos que no dispongan de recursos suficientes, siguiendo el Derecho comunitario y las legislaciones y prácticas nacionales (art. 34.3).
Pilar Europeo de derechos sociales (2017)	En su artículo 19 sobre vivienda y asistencia para personas sin hogar incorpora la vivienda como un derecho social esencial de los sistemas de bienestar europeo, y considera qué: a. Deberá proporcionarse a las personas necesitadas acceso a viviendas sociales o ayudas a la vivienda de buena calidad. b. Las personas vulnerables tienen derecho a una asistencia y una protección adecuadas frente a un desalojo forzoso. c. Deberán facilitarse a las personas sin hogar un alojamiento y los servicios adecuados con el fin de promover su inclusión social.

Fuente: Elaboración propia.

Por otro lado, los Objetivos de Desarrollo Sostenible (ODS), aprobados en 2015 por todos los Estados Miembros de las Naciones Unidas, ofrecen indicaciones y logros a alcanzar en las nuevas sociedades, convirtiéndose en el nuevo norte de la brújula que deben perseguir las políticas públicas.

Respecto al acceso a la vivienda de calidad se refiere, en particular, el ODS 11 sobre ciudades y comunidades sostenibles, para "lograr que las ciudades y los asentamientos humanos sean inclusivos, seguros, resilientes y sostenibles". Por otro lado, el ODS 3 persigue "garantizar una vida sana y promover el bienestar de todos y a todas las edades". Pero no es hasta 2018 cuando la OMS marca unas claras directrices sobre vivienda y salud a través de las "Recomendaciones para promover una vivienda saludable para un futuro sostenible y equitativo".

Todas estas declaraciones, tratados, directrices y recomendaciones dejan clara constancia de la tendencia a considerar y proteger la vivienda como un bien básico de las personas en las normas institucionales. Ahora bien, cabría preguntarse si estas directrices convertidas en la mayoría de las ocasiones en normas estatales acaban siendo eficaces.

2.1. Las políticas de vivienda en España

La intervención del Estado en el mercado de la vivienda precisaría de un estudio de gran alcance. En este sentido, este apartado expondrá brevemente lo que han supuesto las políticas de vivienda en los últimos años, y fundamentalmente tras el fuerte impacto económico y social que conllevó la crisis de la "burbuja inmobiliaria" y que se encargó de recordar a todos los estamentos sociales la necesidad de reformular el modelo existente hasta el momento.

El carácter regulador en materia de vivienda en el marco español está relacionado con múltiples dimensiones como son los alquileres, la fiscalidad, la financiación, los servicios sociales y la oferta de suelo para su uso. Partíamos en este capítulo de la premisa fundamental de que la vivienda, junto a la educación y la sanidad son derechos incontestables para el bienestar de las personas y, necesarios para la cohesión social que precisan las democracias occidentales. Además, son derechos fundamentales plasmados en la mayoría de las constituciones de los países europeos y en la norma fundamental del Estado español, la Constitución Española de 1978 (CE en adelante).

En concreto, el derecho a una vivienda digna tiene su referencia en el artículo 47 del Título I, haciendo referencia a que: "Todos los españoles tienen derecho a disfrutar de una vivienda digna y adecuada", y añade además que "Los poderes públicos promoverán las condiciones necesarias y establecerán las normas pertinentes para hacer efectivo este derecho, regulando la utilización del suelo de acuerdo con el interés general para impedir la especulación".

No obstante, las políticas habitacionales en España tienen una característica evidente, y "es la posición predominante del mercado y el rol marginal que juega el sector público, centrado casi exclusivamente en facilitar el acceso a la propiedad" (Paleo y Quintiá, 2020: 9), junto con un carácter continuista basado en el mantenimiento del impulso a un acceso a la vivienda en propiedad (Leal y Martínez, 2017). Uno de los hitos más importantes en la promoción de la adquisición de viviendas fue la normativa enfocada a promover la Vivienda de Protección Oficial (VPO), pues fomentaba "el interés de los españoles por adquirir una vivienda en propiedad, que, a la vez que proporcionaba la satisfacción personal del adquiriente, animaba al trabajo y proporcionaba beneficios a la Administración pública" (Sánchez-Mora et al., 2013: 57). También, cuando en 1985 los alquileres dejan de estar regulados por la Ley de arrendamientos urbanos de 1964, abandonando los conocidos alquileres de renta antigua, para regularse por el polémico decreto conocido como Decreto Boyer[2] (1985) que, por primera vez en décadas, hizo tambalease el mercado de los alquileres, cuya estabilidad no se recupera de nuevo hasta la entrada en vigor de la Ley de Arrendamientos Urbanos de 1994[3].

La Gran Recesión vivida en el siglo XXI implicó una crisis económica y financiera con pocos precedentes a escala mundial, y cuyo comienzo se data en 2007 si bien, su fin, sigue siendo cuestionable. Esta gran crisis obligó a los poderes públicos a replantearse las políticas hasta ahora existentes en materia de vivienda. Ante esta situación que "pilló" a muchas familias con un alto nivel de endeudamiento y morosidad, el Estado español pensó que era más oportuno promover políticas de acceso a la vivienda en alquiler que en propiedad. Esto supuso el diseño de nuevas medidas, como "la valoración del precio del suelo, el cambio en la fiscalidad de la vivienda, el despliegue de incentivos a los inquilinos y arrendadores, la confección de una nueva ley de arrendamientos urbanos y el impulso a la producción de viviendas públicas y de rehabilitación del parque existente" (Leal y Martínez, 2017: 25).

En 2013, el agravamiento de los efectos de la crisis sobre la vulnerabilidad económica y social de un gran número de familias que muestran dificultades para acceder a una vivienda siguen aumentando, y España se sigue situando como uno de los países de la UE con menor parque de viviendas en alquiler, y con un elevado número de viviendas en propiedad vacías. Esta situación supone que se impulse la Ley de medidas de flexibilización y fomento del mercado del alquiler de viviendas, cuyo objeto es colaborar para aumentar y hacer competitivo el mercado de viviendas en alquiler, haciéndolo atractivo a aquellos propietarios que tienen viviendas vacías. Como indica el preámbulo de la propia Ley se pretende: "Flexibilizar el mercado del alquiler para lograr la necesaria dinamización del mismo, por medio de la búsqueda del necesario equilibrio entre las necesidades de vivienda en alquiler y las garantías que deben ofrecerse a los arrendadores para su puesta a disposición del mercado arrendaticio".

---

2 Real Decreto-ley 2/1985, de 30 de abril, sobre Medidas de Política Económica.

3 Ley 29/1994, de 24 de noviembre, de Arrendamientos Urbanos.

En tal sentido se modifican aspectos fundamentales de la ley anterior, permitiendo a arrendadores y arrendatarios adaptarse con mayor facilidad a posibles cambios en sus circunstancias personales.

Siguiendo en la misma sintonía, en 2015 se aprueba el Texto refundido de la Ley de Suelo y Rehabilitación Urbana, modificado el 15 de junio de 2022. Este texto legal pretende disponer el suelo para posibilitar el cumplimiento de los derechos constitucionales relativos al suelo, así como facilitar:

> La rehabilitación de los edificios y a la regeneración y renovación de los tejidos urbanos existentes, cuando sean necesarias para asegurar a los ciudadanos una adecuada calidad de vida y la efectividad de su derecho a disfrutar de una vivienda digna y adecuada (art. 1).

Tras la situación de abusos en el sistema financiero e hipotecario, el Estado se ve obligado a aprobar un gran número de iniciativas para regular los problemas sociales derivados de las ejecuciones hipotecarias y la vivienda. En esta línea se aprueba el Real Decreto-ley 1/2017 de medidas urgentes de protección de consumidores en materia de cláusulas suelo con el objeto como dice su artículo 1 de establecer "medidas que faciliten la devolución de las cantidades indebidamente satisfechas por el consumidor a las entidades de crédito en aplicación de determinadas cláusulas suelo contenidas en contratos de préstamo o crédito garantizados con hipoteca inmobiliaria".

Si bien, esta medida no tuvo los efectos esperados, ni en cuanto al incremento del mercado de viviendas en alquiler, ni en cuanto a la moderación de los precios. En el año 2017, atendiendo a datos de Eurostat, como indica la propia Ley, más del 42% de los hogares destinaban más del 40% de sus ingresos al pago del alquiler, situándose 17 puntos porcentuales por encima del valor medio de la UE.

Ante estos datos, en marzo de 2019, se sigue considerando el acceso a la vivienda en alquiler un problema sin resolver en nuestro país, y se considera urgente reforzar la cooperación con las Administraciones territoriales para adoptar nuevas medidas que contribuyan, como indica el mismo preámbulo del Real Decreto-ley de medidas urgentes en materia de vivienda y alquiler, a: "Mejorar el marco normativo para aumentar la oferta de vivienda en alquiler, equilibrando la posición jurídica del propietario y el inquilino en la relación arrendaticia, estableciendo los necesarios estímulos económicos y fiscales, y teniendo la meta de garantizar el ejercicio del derecho constitucional a la vivienda".

El 11 de marzo de 2020, la Organización Mundial de la Salud declaraba la pandemia por el COVID-19. Esta situación obliga al gobierno a adoptar medidas urgentes para amortiguar el impacto de esta crisis sanitaria que inevitablemente se extiende a los ámbitos económico y social. Así, el 12 de marzo de 2019, el Consejo de ministros, adopta medidas urgentes para hacer frente a la propagación de la pandemia, en el ámbito del transporte y en el ámbito de la vivienda, con el objeto de proteger a las familias y a los colectivos más vulnerables de la sociedad española, comprometiéndose a ampliar el parque de vivienda social, y a articular por parte de las Administraciones toda una serie de ayudas económicas al alquiler. Este Real Decreto-ley de reactivación económica frente a COVID-19, transportes y vivienda determina lo siguiente en tres artículos consecutivos:

> Artículo 31. Especialidades del derecho de superficie o concesión demanial para la promoción del alquiler asequible o social mediante la colaboración entre Administraciones Públicas y la iniciativa privada.
>
> Artículo 32. Disposición de remanentes de fondos transferidos por el Estado a las comunidades autónomas y a las ciudades de Ceuta y Melilla para la ejecución del Plan Estatal de Vivienda 2018-2021.
>
> Artículo 33. Mantenimiento de la condición de convenidos de los préstamos concedidos al amparo de los sucesivos planes estatales de vivienda, aunque se acojan a las moratorias reguladas por la pandemia del COVID-19.

Por último, con la aprobación de la Ley 12/2023, de 24 de mayo, por el derecho a la vivienda, se pretende un nuevo intento para ayudar a aquellos colectivos con más dificultades de acceso a la vivienda, potenciando dos medidas fundamentales: la limitación del precio del alquiler, así como el impulso de las viviendas públicas. El preámbulo de esta Ley la muestra como "la primera ley estatal reguladora del derecho a la vivienda desde la aprobación de la Constitución, si bien, no puede decirse que el Estado haya estado ausente en las políticas de vivienda", pero reconocen, a su vez, que las políticas han estado más orientadas al fomento de la propiedad, y es que, no es hasta el Plan Estatal de Vivienda y Rehabilitación 2009-2012, regulado por el Real Decreto 2066/2008, de 12 de diciembre cuando comienza a fomentarse la rehabilitación y el alquiler.

Las sucesivas crisis vividas en España desde la primera década del siglo XX han hecho que se aprueben medidas no solo para el fomento del alquiler asequible, sino también para proteger a los deudores hipotecarios que han tenido que dejar de atender los créditos hipotecarios para la adquisición de su vivienda, entre estas medidas se encuentra el Real Decreto-ley de medidas de protección de deudores hipotecarios sin recursos de 2012 modificado el 23 de noviembre de 2022 y aprobándose el Código de Buenas Prácticas para aliviar la subida de los tipos de interés, entre otros.

2.2. Algunas reflexiones sobre las políticas públicas de vivienda

Tras décadas de planes de vivienda, y leyes de promoción del alquiler, se reconoce una falta de impulso y un permanente desequilibrio entre el mercado del alquiler, y el de la propiedad de viviendas en nuestro país, a lo que se suma la insuficiencia de parques públicos de vivienda en alquiler, y el desequilibrio territorial entre las diferentes comunidades autónomas que conforman España.

En este sentido Alcalá (2005) considera que estas situaciones contradictorias han sido posibles por la falta de coherencia con las políticas de regulación del suelo que han permitido la especulación y su explotación como instrumento de desarrollo económico. Más concretamente, se señala como culpables de estas incoherencias en las políticas de vivienda al planteamiento urbanístico local, pues este es uno de los escasos elementos recaudatorios de los que disponen las entidades locales:

> Así pues, como estrategia general, los nuevos espacios residenciales responden a la lógica de maximizar la actividad y los beneficios del negocio inmobiliario, con la connivencia de los poderes políticos locales, en el marco de una estrategia de competencia interterritorial para "exprimir" en el territorio municipal, las plusvalías que se puedan generar con la expansión urbanizadora. (Vinuesa y Porras, 2017: 105)

Y es que los tratados internacionales y las directrices europeas indican a los Estados miembros como deben guiar sus políticas a través de sus gobiernos nacionales, regionales y locales para que la ciudadanía europea pueda disfrutar de este derecho básico. Sin embargo, no en pocas ocasiones las políticas de vivienda se han diseñado dentro del ámbito de desarrollo económico, en lugar de diseñarse pensando en el marco de la política social.

3. *Planes y política de vivienda en España*

Hablar de Planes y Política de Vivienda es un concepto de tal dimensión que quizás por ello es necesario poner el foco de atención en aspectos más concretos para alcanzar a ver sus diferentes representaciones. Mediante este proceso de agregación es más perceptible ponderar en el conjunto de su extensión.

Aunque no existe una única definición de política de vivienda y en concreto de la urbana —término que ha de ser empleado casi de manera obligada en plural— tal y como señala Sanfeliu (2020), sin embargo, parece factible entenderlo como aquel conjunto de medidas y acciones, gestionadas y desarrolladas por un gobierno local con el propósito de incidir en aquello que en cada momento se entiende como problemático o necesario para la ciudad.

En este sentido, diferentes estudios han mostrado la gran variabilidad y dispersión de las políticas urbanas que en función de aspectos tales como el contexto geográfico, marco institucional, situación política y social y, características de los actores locales (Iglesias et al., 2011) contribuyen a dimensionar su contenido, alcance y dimensión. Al fin y al cabo, las verdaderas protagonistas son las ciudades con independencia de su tamaño que, de un modo u otro, revelan los cambios políticos, sociales, demográficos, económicos y hasta ideológicos que se han producido en las últimas décadas convirtiéndolas en actores principales de los Planes y Políticas de vivienda en el conjunto del territorio.

De un modo u otro, y según Escudero (2023) —citando a Hayden (2004)—, el crecimiento ha sido asociado desde hace tiempo a la prosperidad, motivando que las regiones emprendedoras privilegien el desarrollo urbanístico orientado al crecimiento y liderado por el mercado, por encima de políticas públicas de bienestar y distributivas muy en sintonía con políticas neoliberales (Swyngedouw et al., 2002).

Estos aspectos unidos a la presencia de actores privados donde los propietarios del suelo, constructores, promotores, inversores y entidades financiadoras bajo la alargada sombra de la Administración Local, Autonómica o Estatal forman parte del particular mosaico que compone una imagen de los planes y políticas que se han justificado recurrentemente en la sola y más que criticable creencia de que con tal de generar empleo (Brandis, 2018) era motivo más que suficiente para llevarlas a cabo sin reparar en otro tipo de efectos perversos asociados a la exclusión residencial en colectivos tales como personas mayores, población extranjera, población gitana y personas sin hogar.

3.1. El caso español

En España, desde que se promulgara la Constitución del 78, dando lugar a la aprobación de 17 estatutos de autonomía, cerca de 50 años después existen en la actualidad 17 leyes de ordenación del territorio, con diferentes particularidades en lo referente a instrumentos específicos de planificación a escala regional y subregional (Cruz y Madurga, 2019), llegando incluso a introducir en su legislación autonómica herramientas y procesos de carácter singular para acometer actuaciones de interés supralocal sin tener que someterse al sistema de planes urbanísticos (Escudero,

2023). Aun con todo existen, en opinión de Calderón y García (2017), aspectos comunes que permiten generar un marco explicativo común del urbanismo municipal desplegado en el país desde la llegada de los primeros ayuntamientos democráticos en 1979.

Este decidido afán del sector público por facilitar al sector privado todas las facilidades puestas a su alcance favorecieron el crecimiento desmedido de la construcción dando lugar a un parque de viviendas que acompañado de una serie de cuestiones de mercado dio lugar a una burbuja inmobiliaria (Carpio y López, 2021) afectando al suelo planeado y urbanizado, multiplicando los equipamientos, infraestructuras y la movilidad, un hecho este último que ha singularizado al caso español (Cañizares y Rodríguez, 2020).

El crecimiento basado en el desarrollo de políticas neoliberales dio lugar a la ya mencionada burbuja inmobiliaria y su posterior ruina (Galache, 2022) desplegada en la década que abarcó de 1998 a 2008, provocando importantes consecuencias territoriales (Górgolas, 2019), como señala Romero (2019) dando lugar a una "geografía del despilfarro". Ya en el 2008 y como resultado de la Gran Recesión, España pasó del boom al crash (Gil et al., 2016) motivando que el hasta entonces modelo de crecimiento urbanístico expansivo permitiera aflorar los efectos territoriales y sociales de la crisis. Es entre el 2008 y el 2013 cuando a la sombra de la crisis, tras el desplome del sector de la construcción, unido al alto desempleo y el aumento de las desigualdades sociales, se desarrolló en la UE un discurso construido sobre la idea de austeridad. Recortes presupuestarios, profundización en el desarrollo de políticas neoliberales y reorientación de políticas relacionadas con el Estado del Bienestar, muchas veces a costa de los gobiernos regionales y locales (Martí-Costa y Tomàs, 2016) revelan el momento convulso de ese período y que según Díaz-Orueta et al. (2018) aun hoy en día son evidentes en nuestro país.

Esta crisis de gran calado motivó replantearse el modelo anterior, surgiendo un discurso focalizado hacia el "urbanismo urbano" orientado a explotar las plusvalías de los espacios mejor localizados, los centrales (de nuevo lo urbanita se coinvierte en polo de atención de los planes y políticas de vivienda). Ejemplo de ello es la Ley 8/2013 también conocida coloquialmente por la "Ley de las 3 R" (rehabilitación, regeneración y renovación urbanas). Tras este crack, las nuevas estrategias inmobiliarias parecen abandonar las grandes operaciones localizadas en la periferia para dirigirse al desarrollo de proyectos menos complejos volcadas hacia el interior de la ciudad a través de la rehabilitación o renovación del parque de viviendas, lo que permitirá desarrollar cambios funcionales y en el perfil socioeconómico de la población favoreciendo la movilidad y la denominada gentrificación física y simbólica (García-Herrera, 2018).

En suma, las políticas y planes de vivienda han derivado hacia el espacio de lo urbano con políticas urbanísticas desarrolladas desde la Administración hasta el momento actual. Estas políticas han jugado y de hecho juegan un papel clave en la comprensión de los procesos de urbanización, de igual modo que en las representaciones sobre lo urbano y la ciudad que se producen en cada momento (Capel, 2013) y que forman parte del imaginario colectivo (Morin, 2005), sin olvidar los contextos políticos, sociales y económicos de cada momento (Díez y Monclús, 2017; López de Lucio, 1993).

3.2. Evolución de los Planes de Vivienda

Haciendo un breve repaso de los planes de vivienda de este siglo ha de mencionarse el de 1998-2001 (Cachorro, 1998), que anticipa alguna de las principales líneas que más tarde se fueron desarrollando sucesivamente; 2002-2005 (Tinaut, 2000; De Mesa, 2002), que apostó por el proteccionismo sobre los grupos de población más vulnerables y que más tarde se trasladó a los Planes de 2005-2008 (Ruiz, 2005; Castanyer, 2006; Tinaut, 2006; Sibina, 2008) y 2009-2012 (Iglesias, 2009). Hasta llegar al 2013-2016 (Guillén, 2014), donde se abordaron programas claves el de subsidiación de préstamos convenidos; ayuda al alquiler de vivienda; fomento del parque público de vivienda en alquiler; fomento de la rehabilitación edificatoria y fomento de la regeneración y renovación urbanas.

Algo después, y con la llegada del Plan 2018-2021, éste se estructura en 9 ambiciosos programas. Son los siguientes: 1. Subsidiación de préstamos convenidos; 2. Ayudas al alquiler de vivienda; 3. Ayudas a las personas en situación de desahucio o lanzamiento de su vivienda habitual; 4: Fomento del parque de vivienda en alquiler; 5. Fomento de la mejora de la eficiencia energética y sostenibilidad en viviendas; 6. Fomento de la conservación, de la mejora de la seguridad de utilización y de la accesibilidad en viviendas; 7. Fomento de la regeneración y renovación urbana y rural; 8. Ayuda a los jóvenes y 9. Fomento de viviendas para personas mayores y personas con discapacidad. Este plan intenta consolidar los planteamientos anteriores con especial atención al alquiler y a la rehabilitación. También es de reseñar la incorporación de un paquete importante de ayudas para la dinamización del sector del alquiler y el apoyo a colectivos sociales como es el caso de los menores de 35 años, los mayores de 65, las personas discapacitadas o las personas en situación de desahucio (Guillén, 2019)

En el momento actual y como resultado, en muy buena parte del estadio evolutivo anterior, el Plan Estatal para el Acceso a la Vivienda 2022-2025 tiene como objetivos a corto plazo: 1. Facilitar el acceso a la vivienda a los ciudadanos con menos recursos mediante ayudas directas al alquiler a aquellos arrendatarios con menos recursos; 2. Facilitar el acceso a la vivienda o a soluciones habitacionales a las personas víctimas de violencia de género, objeto de desahucio de su vivienda habitual, sin hogar y a otras personas especialmente vulnerables (incluidos supuestos de vulnerabilidad sobrevenida) merced a ayudas directas al alquiler y gastos de suministros y comunidad de hasta el 100% de la renta del alquiler y de dichos gastos; 3. Facilitar el acceso a la vivienda de los jóvenes con mayores ayudas al alquiler y ayudas a la adquisición de vivienda en municipios o núcleos de población de pequeño tamaño; 4. Fomentar la oferta de vivienda en alquiler con ayudas a los arrendadores para el pago de un seguro de protección de la renta arrendaticia y 5. Colaborar a los objetivos del reto demográfico mediante ayudas a los jóvenes para la adquisición de vivienda habitual y permanente en población de menos de 10.000 habitantes.

Estos objetivos claramente ambiciosos y de base social se complementan con otros a medio plazo. Son los que siguen: 1. Incrementar la oferta de vivienda en alquiler social mediante el impulso del parque público de vivienda estableciendo ayudas para la adquisición de viviendas; 2. Incrementar la oferta de vivienda en alquiler asequible para las personas mayores o con discapacidad, mediante ayudas a la promoción de viviendas con diseño, instalaciones y servicios que respondan a sus especiales circunstancias, con alquiler asequible con rentas limitadas y para arrendatarios con ingresos limitados; 3. Incrementar la oferta de alojamientos y viviendas en alquiler, impulsando la promoción de alojamientos temporales, de modalidades residenciales tipo cohousing[4], de viviendas intergeneracionales y otras similares; 4. Incrementar la oferta de vivienda en alquiler social impulsando la puesta a disposición de viviendas de la SAREB y de entidades públicas a las comunidades autónomas y entidades locales; 5. Incrementar la oferta de vivienda en alquiler asequible o social mediante la puesta a disposición de las comunidades autónomas y entidades locales

---

4 Cohousing responde a un tipo de comunidad orientada a establecer mecanismos de cohesión entre la vida privada de la persona y la vida común en comunidad. Genéricamente se encuentra formada por un conjunto de viviendas privadas de menor dimensión a lo acostumbrado en favor de una más completa dotación de servicios comunes. Está dirigida y gestionada por sus propios miembros según el modelo que ellos han prefijado mismos deciden conforme a sus necesidades actuales y previsiblemente futuras.

Son, por tanto, una serie de planteamientos que de algún modo tratan de darle un sentido social a un derecho vital del individuo a la vivienda lo que no está exento de las lógicas e intereses del ámbito privado más sensibilizado hacia el crecimiento económico.

3.3. El futuro inmediato y algunas reflexiones sobre los planes de vivienda

El futuro ya está aquí. Vaquer (2018) señala que lo deseable en materia de vivienda es que se desarrollen sistemas de planificación territorial y que cumplan una labor pública y social hacia la justicia territorial.

Este bienintencionado deseo no exento de complicaciones debe ir aparejado de un conjunto de actuaciones y en concreto en un ámbito más cercano y controlable como es el vinculado al medio urbano. En este sentido Bellet (2020) se interroga acerca de un conjunto de cuestiones que permitirían realizar un desarrollo acorde con una nueva forma de entender y concebir un ecosistema donde las personas se ponen en el foco de los planes y políticas de vivienda. Desde esta perspectiva y en nuestra apreciación sobre aquellos aspectos más relevantes se citan las siguientes:

- Las nuevas políticas no pueden concebirse sin contar con los que se podrían llamar "ayuntamientos del cambio" como garantes de un proceso de humanización del espacio vital para la ciudadanía como acreditan las intervenciones y trabajos desarrollados por Paisaje Transversal (2018) y LaCol (2018).
- Las políticas al tornarse más plurales y complejas deben acometer todos aquellos aspectos sociales, culturales, medioambientales sin olvidar el componente urbanístico. Solo de este modo y bajo una atenta mirada multidisciplinar es posible desarrollarlas de un modo efectivo en el corto y medio plazo.
- Las intervenciones han de establecerse considerando criterios transversales (Bellet, 2020) espaciales/territoriales (dinamización de barrios vulnerables, regeneración de centros históricos, etc.), criterios temáticos (género, exclusión, inmigración, etc.), franjas de edad (jóvenes, personas mayores, etc.), o se dirigen a colectivos específicos (familias monoparentales, discapacitados, etc.).
- La imbricación de la ciudadanía en la gestión de lo público es vital por cuanto es el elemento transformador de un modelo donde la regeneración del espacio permitirá al asentamiento y desarrollo de un tejido social en permanente cambio y sometido a continua evolución.

Se trata, en suma, de realizar una construcción colectiva de las decisiones urbanas (Jornet, 2023) para recuperar el espacio público como espacio civico (Blancafort y Reus, 2023) como reto a alcanzar. Este es el objetivo y la oportunidad.

4. *Ayudas y subvenciones de vivienda en España*

En España existe una problemática estructural y sistémica relacionada con la falta de vivienda asequible. Esta situación se ha agudizado en las últimas décadas, como se ha dicho. La escasa dotación de viviendas de promoción pública y el aumento de los precios para la compra o alquiler, frente a la disminución de la capacidad adquisitiva de la población, son dos problemas interrelacionados que acentúan las dificultades de acceso a la vivienda y visibilizan la principal consecuencia para colectivos especialmente vulnerables, la exclusión residencial.

La exclusión residencial es un concepto muy amplio que se refiere tanto a la situación en la que un individuo o familia se encuentran por habitar en una vivienda inadecuada: vivir en condiciones de hacinamiento, en una vivienda en mal estado, sin servicios básicos, o en riesgo de perder su hogar debido a la incapacidad para pagar la renta o la hipoteca, así como al sinhogarismo o exclusión social extrema, que supone no tener acceso a una vivienda debido a factores económicos, sociales o legales.

Al respecto, según la Fundación FOESSA (2022: 499), en España, la exclusión residencial se ha incrementado en los últimos tres años, afectando ya a uno de cada cinco hogares. De otro lado, los datos del INE (2022), recogidos en la Encuesta sobre Personas Sin Hogar, señalan que en España hay 28.552 personas sin hogar, de las cuales 7.276 están en situación de calle, 11.498 en albergues y centros y 9.778 en pisos y pensiones para personas sin hogar y apunta a que este número podría ser aún mayor si se tienen en cuenta aquellas que están al margen del sistema. Esta encuesta también refleja una brecha de género, edad y etnia ya que cada vez es más frecuente en mujeres, personas jóvenes y personas de origen extranjero, con crecimientos del 47,4%, el 35,4% y el 36,1%, respectivamente. Además, alerta de que el número de las personas que llevan menos de un mes en situación de sinhogarismo se ha incrementado en un 68,6% desde 2012; siendo el incremento porcentual mayor en la población femenina.

Ante esta problemática, garantizar el acceso y mantenimiento de la vivienda es un factor determinante para evitar la exclusión social y residencial, tal y como indican Piedra y Arredondo (2017), pues esta cumple importantes funciones sociales, entre las que destacan las siguientes: 1. Permite reproducir las instituciones familiares, refuerza lazos afectivos, proporciona seguridad jurídica y emocional, crea vecindad, fortalece la salud y la higiene; 2. Permite que cada persona construya su propia independencia y autonomía, el espacio se personaliza para convertirlo en algo íntimo; 3. Es un espacio de consumo, de ocio, de conocimiento a través de los medios de comunicación; 4. Espacio de socialización de normas y roles sociales, de aprendizaje de roles y estructuras sociales; 5. Es un espacio educativo y social básico, en el que se aprende a convivir en sociedad respetando normas sociales comunes; 6. Es un elemento fundamental para que cualquier persona pueda integrarse en la sociedad.

Por todo ello, el acceso a una vivienda digna para toda la población debe configurarse como una de las políticas clave del estado de bienestar. En España existe un marco normativo y político que compromete al país a garantizar el derecho de todos los ciudadanos a una vivienda digna y adecuada.

A nivel europeo, el Principio 19 del Pilar Europeo de Derechos Sociales y las Resoluciones del Parlamento Europeo de 24 de noviembre de 2020, y de 21 de enero de 2021, instan a los estados miembros adoptar el principio de "la vivienda, primero" e instaurar las medidas oportunas para abordar los elevados porcentajes de personas en situación de sinhogarismo en la UE. Igualmente, la Declaración de Lisboa sobre la Plataforma Europea para combatir el sinhogarismo, firmada por España, alude a la necesidad de la prevención, provisión de servicios, financiación y apoyo a las personas afectadas, mediante la implicación de todos los actores sociales que tengan relevancia en la implementación de las políticas que se adopten al respecto, siendo el horizonte temporal marcado para ello 2030.

A nivel estatal, la CE en su artículo 47 establece la obligación de los poderes públicos de promover las condiciones necesarias para hacer efectivo este derecho. Los estatutos de autonomía de las comunidades autónomas también contienen competencias en materia de vivienda y servicios sociales, siendo la regulación de las ayudas a la vivienda una competencia compartida entre el Estado y las autonomías.

Bajo este marco el Ministerio de Transportes, Movilidad y Agenda Urbana (MITMA), ha articulado diferentes políticas en materia de vivienda[5]. En España, la principal normativa que regula las ayudas a la vivienda es el Plan Estatal de Vivienda, que establece las líneas generales de actuación y las medidas específicas en este ámbito, pero cada comunidad autónoma

---

5 Se pueden consultar en: https://www.mitma.gob.es/vivienda#Ayudas_a_la_vivienda.

cuenta con su propia normativa y programas de ayudas a la vivienda, que se adaptan a las necesidades y características de cada territorio. Estos programas pueden complementar las ayudas del Plan Estatal de Vivienda o establecer medidas específicas.

En 2023, entre las principales medidas vigentes relacionadas con ayudas y subvenciones a la vivienda en España y que favorecen el acceso a la vivienda, se encuentran las siguientes: Real Decreto 42/2022, de 18 de enero, por el que se regula el Bono Alquiler Joven que se constituye como ayuda adicional para el impulso al acceso a la vivienda y en su caso a la emancipación de los jóvenes y el Plan Estatal para el acceso a la vivienda 2022-2025, cuyo objeto es facilitar el acceso a la vivienda mediante ayudas al alquiler a los ciudadanos vulnerables así como el incremento del parque público de vivienda y del parque de vivienda en alquiler asequible o social, también en entornos rurales; Real Decreto 853/2021, de 5 de octubre, por el que se regulan los programas de ayuda en materia de rehabilitación residencial y vivienda social del Plan de Recuperación, Transformación y Resiliencia; Real Decreto-ley 19/2021, de 5 de octubre, de medidas urgentes para impulsar la actividad de rehabilitación edificatoria en el contexto del Plan de Recuperación, Transformación y Resiliencia, entendida la rehabilitación en términos de sostenibilidad y mejora de la eficiencia energética de nuestras viviendas y de sus entornos tanto urbanos como rurales.

En último lugar y relacionado directamente con la exclusión residencial y el sinhogarismo, la Resolución de 20 de enero de 2023 publica el Acuerdo Marco del Consejo Territorial de Servicios Sociales y del Sistema para la Autonomía y Atención a la Dependencia para dar solución al sinhogarismo, impulsado por la Estrategia nacional para la lucha contra el sinhogarismo en España 2023-2030. En dicho acuerdo se incluye medidas para la prevención del sinhogarismo, el acceso a la vivienda y la atención a las personas que ya se encuentran en dicha situación teniendo como referencia los grupos más necesitados y vulnerables en base a la clasificación ETHOS[6]: Personas en situación de calle; Personas en albergues de emergencia; Personas en albergues para personas sin hogar; Personas en alojamientos con apoyos de larga duración.

---

[6] ETHOS (European Typology on Homelessness and Housing Exclusion), una propuesta de la Federación Europea de Asociaciones Nacionales que trabajan con Personas Sin Hogar (FEANTSA, en sus siglas en inglés). https://www.feantsa.org/en/toolkit/2005/04/01/ethos-typology-on-homelessness-and-housing-exclusion?bcParent=27.

Para llevar a cabo dichas medidas el acuerdo fija tres objetivos generales: 1. Erradicar el sinhogarismo de calle en 2030; 2. Prevenir las situaciones de calle y 3. Revertir la institucionalización y se compromete a: 1. Participar en el diseño, la implementación y evaluación de la Estrategia Nacional; 2. Crear instrumentos y mecanismos de coordinación y cooperación entre los servicios sociales y los departamentos de vivienda; 3. Desarrollar un sistema de prevención orientado a la detección, atención temprana y reducción de las consecuencias del sinhogarismo; 4. Transformar progresivamente el sistema de atención a personas sin hogar dando respuesta a las situaciones que no puedan prevenirse, ofreciendo soluciones personalizadas e integrales, orientadas a la vivienda y con enfoque de desinstitucionalización; 5. Impulsar la formación de los profesionales de atención a las personas sin hogar con el fin de transformar el modelo de intervención; 6. Asignar suficientes recursos económicos a la transformación del sistema y fomentar el acceso a una vivienda asequible y de calidad para personas que están sin hogar y otros perfiles en riesgo, mediante el impulso de la vivienda social y de promoción pública; 7. Generar conocimiento sobre la realidad del sinhogarismo e incorporar los aprendizajes obtenidos de la innovación y los proyectos experimentales en las políticas públicas en cada territorio; 8. Sensibilizar a la ciudadanía acerca de la necesidad de una actuación pública de erradicación del sinhogarismo y luchar contra los delitos de odio que sufren las personas que están sin hogar (aporofobia).

De otro lado, como se ha señalado en el epígrafe anterior, el Plan Estatal para el Acceso a la Vivienda 2022-2025 establece un conjunto de medidas impulsadas por el Gobierno de España para mejorar el acceso y la calidad de la vivienda en el país durante los próximos años.

Entre las principales ayudas incluidas en el Plan Estatal de Vivienda 2022-2025 se encuentran las siguientes: 1. Ayudas al alquiler: destinadas a aquellas personas que tienen dificultades para pagar el alquiler de su vivienda. La ayuda puede cubrir hasta el 50% del alquiler durante un máximo de 12 meses; 2. Ayudas a la rehabilitación de viviendas: destinadas a mejorar la calidad y la accesibilidad de las viviendas existentes. La ayuda puede cubrir hasta el 40% del coste de la rehabilitación; 3. Ayudas a la compra de viviendas: destinadas a aquellas personas que quieren comprar su primera vivienda. La ayuda puede cubrir hasta el 20% del precio de compra; 4. Programas de vivienda social: destinados a la construcción de viviendas sociales para personas en situación de vulnerabilidad económica o social.

Además, el plan contempla medidas específicas para mejorar la situación de las personas mayores y de las personas con discapacidad en el acceso a la vivienda.

Respecto a las ayudas para el acceso a una vivienda digna, si bien todos los programas y medidas que configuran el Plan Estatal son necesarios y pueden contribuir a solucionar la exclusión residencial, las ayudas que recogen el Programa 2, ayudas al alquiler, los programas 3 y 4, destinados a colectivos especialmente vulnerables y el programa 5, que ayuda a las personas jóvenes y contribuye a al reto demográfico, cobran especial relevancia respecto a la misma por el objeto y los beneficiarios a los que van destinado. Dichos programas y ayudas se muestran en la tabla A1 del Anexo a este capítulo.

En síntesis, se podría concluir afirmando que la exclusión residencial en España es un problema social, estructural y multidimensional, que requiere de políticas integrales para abordar su origen y cuya solución pasa por el incremento de financiación y ayudas en materia de vivienda, prestando especial atención a los colectivos más vulnerables y en riesgo de exclusión social.

5. *Conclusiones*

El extenso desarrollo normativo europeo, nacional y regional apunta a la vivienda como derecho social fundamental, y las leyes deben cumplir una función reguladora del mercado para remover todos los obstáculos que dificultan alcanzar ese derecho fundamental del Estado social. Es evidente que existe una tendencia creciente al deterioro de la vivienda como derecho básico, a su mercantilización y a la ineficacia de las leyes aprobadas. En el Informe de la Relatora Especial de Naciones Unidas sobre una vivienda adecuada como elemento integrante del derecho a un nivel de vida adecuado y sobre el derecho de no discriminación a este respecto (Naciones Unidas, 2019: 3), se constataba que en torno a:

> 1.800 millones de personas carecen de una vivienda adecuada, y el número de personas que viven en asentamientos informales ha superado ya los 1.000 millones. Se estima que 15 millones de personas son desalojadas por la fuerza cada año y que aproximadamente 150 millones de personas se encuentran sin hogar.

En este sentido, las políticas de vivienda en España no se pueden calificar como exitosas pues no han cumplido los cometidos para los que fueron diseñadas; función social, uso racional del territorio atendiendo a las necesidades demográficas y de los hogares... Por el contrario, las políticas urbanísticas y de vivienda han derivado en la consecución de beneficios económicos y recaudatorios por parte de diferentes agentes sociales y económicos.

En este marco, la exclusión residencial en España sigue considerándose un problema social, estructural y que requiere de un abordaje multidimensional, con el fin de que las políticas públicas que afecten a cualquiera de sus dimensiones estén coordinadas y presten especial atención a los colectivos más vulnerables.

De igual modo, se precisa de sistemas de planificación territorial que cumplan una labor pública y social hacia el equilibrio y la justicia territorial en materia habitacional, donde los derechos de las personas se protejan por encima de los intereses del mercado, y se sitúen realmente en el centro de los planes y las políticas de vivienda.

6. *Referencias*

Alcalá Cortés, L. (2005). La crisis de la vivienda. *Documentación social*, 138, 81-100.

Bellet Sanfeliu, C. (2020). Municipal planning policies in Spain: 40 years of democratic city councils (1979-2019). Boletín de la Asociación de Geógrafos Españoles, 85, 2877, 1-38. https://doi.org/10.21138/bage.2877

Blancafort, J y Reus, P. (2023). Urbanismo táctico para recuperar el espacio cívico. En Ortiz, P. y Blancafort, J. (coord.). *Desafíos sociales y urbanos en el horizonte 2030* (285-304). Tirant Lo Blanch.

Brandis García, D. (2018). Grandes proyectos urbanos y desarrollos residenciales: del urbanismo de mercado a un nuevo modelo para Madrid. *Ciudad y Territorio Estudios Territoriales*, 50(198), 731-747.

Cachorro Rodríguez, E. (1998). El nuevo plan de vivienda 1998-2001. *Gestión: revista de economía*, 6, 23-26.

Calderón Calderón, B. y García Cuesta, J. L. (2017). Legislación urbanística y planeamiento urbano en España, 1998-2015. Del despilfarro a la sostenibilidad. *Scripta Nova*, 21, 570. https://doi.org/10.1344/sn2017.21.19429

Cañizares, M. C. y Rodríguez, M. A. (2014). Ciudad Real y "El Reino de Don Quijote": un megaproyecto urbanístico paralizado por la crisis. XII Coloquio y Trabajos de Campo del Grupo de Geografía Urbana (AGE). Madrid, 11-14 de junio.

Carpio Pinedo, J. y López Baeza, J. (2021). La producción de identidad de los nuevos desarrollos urbanos a través del place-based social big data: los crecimientos del área metropolitana de Madrid durante la burbuja inmobiliaria (1990-2012*). Eure*, 47(140).

Castanyer García, J. (2006). El plan de vivienda 2005-2008: Un paso más en las políticas de vivienda timoratas. *Crítica, Año* 56, 939, 42-45.

Cruz Mera, A. de la y Madurga Chornet, M. I. (2019). Los instrumentos de Ordenación del Territorio en España. Estudio comparado de la legislación y los instrumentos vigentes. *Ciudad y Territorio Estudios Territoriales*, 51(199), 175-200.

Capel, H. (2013). *La morfología de las ciudades. III Agentes urbanos y mercado inmobiliario*. Serbal.

De Mesa Gárate, L. (2002). El nuevo Plan de Vivienda y Suelo 2002-2005: Retos de la situación actual y soluciones aportadas, *Análisis local*, 40, 43-60.

Díaz-Orueta, F., Lourés Seoane, M. L., y Pradel-Miquel, M. (2018). Transformando los modelos de crecimiento y cohesión: cambios en la gobernanza de Barcelona y Madrid. *Eure*, 44(131), 173-91.

Díez, C. y Monclús, J. (2017). Visiones urbanas. De la cultura del plan al urbanismo paisajístico. Abada editores.

Escudero-Gómez, L.A. (2023). Construir cualquier cosa en cualquier lugar: los Proyectos de Singular Interés en la región de Castilla-La Mancha (España). *Eure*, 49(147), 1-24.

Fundación FOESSA (2022). *Evolución de la cohesión social y consecuencias de la COVID-19 en España*. Fundación FOESSA.

Galache, A. (2022). *Cadáveres inmobiliarios: el nuevo lenguaje de la ruina contemporánea*. Proyecto Fin de Grado. E.T.S. Arquitectura (UPM).

García-Herrera, L. M. (2018). Mercantilización del espacio urbano bajo la lógica neoliberal: gentrificación y redefinición de los espacios públicos en España. *En Naturaleza, territorio y ciudad en un mundo global* (858-877). Universidad Autónoma de Madrid y AGE.

Gil Alonso, F., Bayona Carrasco, J. y Pujadas Rúbies, I. (2016). From boom to crash: Spanish urban areas in a decade of change (2001-2011). *European Urban and Regional Studies*, 23(2), 198-216.

Górgolas Martín, P. (2017). Burbujas inmobiliarias y planeamiento urbano en España: "una amistad peligrosa". *Cuadernos de Investigación Urbanística*, (111), 1-65.

Guillén Navarro, N. A. (2014). El Plan de Vivienda 2013-2016: el renacer de la vivienda de alquiler en España. *Ciudad y Territorio Estudios Territoriales*, 46(182), 591-606.

Guillén Navarro, N.A. (2019). La nueva política de vivienda en España y su incidencia en el Plan 2018-2021 *R.V.A.P*, 115, 53-102.

Hayden, D. (2004). A field guide to sprawl. Norton & Company.

Iglesias González, F. (2009). El Nuevo Plan de Vivienda 2009-2012 y sus efectos sobre el urbanismo; en especial, las reservas de suelo para vivienda protegida. *Revista de urbanismo y edificación*, 19. 45-72.

Iglesias, M., Martí-Costa M., Tomàs, M. y Subirats, J. (eds.) (2011). Políticas urbanas en España. Grandes ciudades, actores y gobiernos locales. Icaria.

INE (2022). Encuesta sobre Personas Sin Hogar 2022. INE.

Jornet, S. (2023). La construcción colectiva de las decisiones urbanas. En Ortiz, P. y Blancafort, J. (coords.), *Desafíos sociales y urbanos en el horizonte 2030* (243-267). Tirant Lo Blanch.

LaCol, Arquitectura cooperativa (2018). *Construir en col·lectiu. Participació en arquitectura i urbanisme*. Pol·len Edicions.

Leal Maldonado, J. y Martínez del Olmo, A. (2017). Tendencias recientes de la política de vivienda en España. *Cuadernos de Relaciones Laborales*, 35(1),15-41.

López de Lucio, R. (1993). El ensimismamiento en el 'Urbanismo Urbano' como respuesta a las limitaciones del planeamiento territorial. *Ciudades*, 1, 61-66.

Martí-Costa, M. y Tomàs Fornés, M. (2016). Crisis y evolución de la gobernanza urbana en España. *Ciudad y Territorio Estudios Territoriales*, *48*(188), 187-200.

Naciones Unidas (2019). *Informe de la Relatora Especial sobre una vivienda adecuada como elemento integrante del derecho a un nivel de vida adecuado y sobre el derecho de no discriminación a este respecto*. A/HRC/43/43

Sánchez-Mora, M. I., Clavero, E. y Manzanera, S. (2013). Políticas de vivienda en España y la Región de Murcia. En M. Hernández Pedreño (coord.). *Vivienda y exclusión residencial* (53-77). Editum.

Morin, E. (2005). El paradigma perdido. Ensayo de bioantropología. Kairós.

Paleo, N. y Quintiá, A. (2020). Las políticas de vivienda desde una perspectiva multinivel: Un análisis comparado de la legislación autonómica. En N. Paleo (coord.) *Políticas y derecho a la vivienda, Gente sin casa y casas sin gente* (309-349). Tirant lo Blanch.

Paisaje Transversal (2018). *Escuchar y transformar la ciudad. Urbanismo colaborativo y participación ciudadana*. Catarata.

Piedra Cristóbal, J. y Arredondo Quijada, R. (2017). Hogar dulce hogar. Una aproximación al fenómeno de la exclusión residencial. *AZARBE, Revista Internacional de Trabajo Social y Bienestar*, (6), 17-25.

Romero González, J. (coord.) (2019). *Geografía del despilfarro en España*. Universitat de València.

Ruiz Arbe, F. (2005). Novedades del Plan de Vivienda Estatal 2005-2008 (Real Decreto 801/2005). *Observatorio inmobiliario y de la construcción*, 1, 14-17.

Sanfeliu, C.B. (2017). Proyectos y grandes operaciones urbanas. En *Naturaleza, territorio y ciudad en un mundo global* (1249-1265). Universidad Autónoma de Madrid y AGE.

Sibina, D. (2008). Planes de vivienda y actuaciones susceptibles de ser protegidas. En J. Ponce y D. Sibina (coord.), *El derecho de la vivienda en el siglo XXI: sus relaciones con la ordenación del territorio y el urbanismo: con un análisis específico de la Ley catalana 18/2007, de 28 de diciembre, del derecho a la vivienda, en su contexto español, europeo e internacional*. Marcial Pons.

Swyngedouw, E., Moulaert, F. y Rodríguez, A. (2002). Neoliberal urbanization in Europe: large-scale urban development projects and the new urban policy. *Antipode*, 34(3), 542-577.

Tinaut Elorza, J.J. (2000). La política de fomento del alquiler en los planes estatales de vivienda de los noventa. *Ciudad y territorio Estudios territoriales*, 32(124), 505-518.

Tinaut Elorza, J.J. (2006). Desarrollos recientes de la política estatal de vivienda en España: el plan 2005-2008. *Papeles de economía española*, 109, 273-290.

Vaquer Caballería, M. (2018). La potestas diabólica. Los retos y las debilidades del planeamiento urbanístico en el Derecho español. *Planur-e*, (12), 1-12.

Vinuesa Angulo, J. y Porras Alfaro, D. (2017). La dimensión territorial de la crisis de la vivienda y el despilfarro inmobiliario residencial. *Cuadernos de relaciones laborales*, *35*(1), 101.

Tabla A1. Programas de ayuda para el acceso a una vivienda digna

Programa 2: Programa de ayuda al alquiler de vivienda	Objeto	Ayudas para el disfrute de una vivienda en régimen de alquiler o de cesión de uso.
	Beneficiarios	Personas arrendatarias.
	Tipo de vivienda	Vivienda habitual y permanente.
	Límite de ingresos de la unidad de convivencia	3 IPREM.
		4 IPREM familia numerosa general, personas con discapacidad y víctimas de terrorismo.
		5 IPREM familia numerosa especial y personas con discapacidad severa.
	Cuantía de la ayuda	Ayuda hasta el 50% de la renta del alquiler.
	Alquiler máximo	Límite del alquiler con carácter general hasta 600€/mes o hasta 300€/mes para alquiler de habitación (hasta 900€ en determinados supuestos previo acuerdo de la Comisión de Seguimiento MITMA-CCAA, o hasta 450€ en alquiler de habitación para determinados supuestos previo acuerdo de la Comisión de Seguimiento MIMTA-CCAA).
	Plazo	Hasta 5 años.

Programa 3: Programa de ayuda a las víctimas de violencia de género, personas objeto de desahucio de su vivienda habitual, personas sin hogar y otras personas especialmente vulnerables	Objeto	Facilitar solución habitacional inmediata para víctimas de violencia de género, personas objeto de desahucio de su vivienda habitual, personas sin hogar y otras personas especialmente vulnerables.
	Beneficiarios	Víctimas de violencia de género, personas que hayan sido objeto de desahucio, personas sin hogar y otras personas especialmente vulnerables.
	Cuantía de la ayuda	Ayuda directa al alquiler de hasta 600€/mes (900€ en determinados supuestos previo acuerdo de la Comisión de Seguimiento MITMA-CCAA).
		Ayuda directa para gastos de mantenimiento, comunidad y suministros básicos de hasta 200€/mes (hasta el 100% de los gastos).
	Solución habitacional	Vivienda pública o privada adecuada a las circunstancias: tamaño, servicios, accesibilidad y localización.
		En defecto de vivienda, extensible provisionalmente a cualquier alojamiento o dotación residencial que salvaguarde el derecho a intimidad y libertad de tránsito.
	Plazo	Hasta 5 años.

Programa 4: Programa de ayuda a las personas arrendatarias en situación de vulnerabilidad sobrevenida	Beneficiarios	Personas arrendatarias de vivienda habitual en el supuesto de vulnerabilidad sobrevenida.
	Cuantía de la ayuda/Requisitos	Ayuda directa al alquiler de hasta 900€/mes (hasta el 100% de la renta)
		Vulnerabilidad sobrevenida en los 2 años anteriores a la solicitud de la ayuda
		Tras devenir vulnerable:
		Límite de ingresos unidad de convivencia 3 IPREM
		Reducción de los ingresos: Mínimo 20%
		Esfuerzo para el pago de la renta arrendaticia >30% de los ingresos netos de la unidad de convivencia.
	Límite de ingresos (Antes de devenir vulnerable)	5 IPREM.
		5,5 IPREM familia numerosa general y personas con discapacidad y víctima de terrorismo.
		6 IPREM familia numerosa especial y personas con discapacidad severa.
	Plazo	Hasta 2 años.

Programa 5: Programa de ayuda a las personas jóvenes y para contribuir al reto demográfico	Programa 5.1 Ayuda al Alquiler	Beneficiarios	Jóvenes de hasta 35 años (incluidos).
		Tipo de vivienda	Vivienda habitual y permanente.
		Límite de ingresos de la unidad de convivencia	3 IPREM.
			4 IPREM personas con discapacidad.
			5 IPREM personas con discapacidad severa.
		Límite de alquiler	Alquiler hasta 600€/mes.
			Hasta 300€/mes para alquiler de habitación (hasta 900€ en determinados supuestos previo acuerdo de la Comisión de Seguimiento MITMA-CCAA, o hasta 450€ en alquiler de habitación para determinados supuestos previo acuerdo de la Comisión de Seguimiento MIMTA-CCAA)
		Cuantía de la ayuda	Límite de la ayuda hasta 60% renta mensual.
			Compatible con Bono Alquiler Joven: En este caso la ayuda es de hasta el 40% de la diferencia entre el alquiler de la vivienda y la ayuda del Bono Alquiler Joven, con el límite conjunto (suma de la ayuda del Bono Alquiler Joven y de este programa de ayuda) del 75% de la renta del alquiler.
		Plazo	Hasta 5 años.

	Programa 5.2 Ayuda a la compra en municipios o núcleos de población igual o inferior a 10.000 habitantes	Beneficiarios	Jóvenes de hasta 35 años (incluidos).
		Tipo de vivienda	Vivienda habitual y permanente.
		Límite de ingresos de la unidad de convivencia	3 IPREM.
			4 IPREM personas con discapacidad.
			5 IPREM personas con discapacidad severa.
		Cuantía de la ayuda/Requisitos	Hasta 10.300€ con límite del 20% del precio de adquisición.
			Precio de adquisición inferior a 120.000 €.
			Domicilio habitual y permanente durante un mínimo de 5 años.
			Municipios o núcleos de población igual o inferior a 10.000 habitantes.

Fuente: Elaboración propia a partir de datos del MITMA.

Capítulo 5

EL MERCADO DE LA VIVIENDA EN ESPAÑA: EVOLUCIÓN Y PERSPECTIVAS

Ana Belén Fernández Casado
Departamento de Sociología, Universidad de Murcia
Ángel J. Olaz Capitán
Departamento de Sociología, Universidad de Murcia

1. *Introducción*

El "sinhogarismo" responde a un amplio abanico de situaciones ligadas a la exclusión residencial, que afecta a unas veinticinco mil personas en España, de las que alrededor de 10.000 viven literalmente en la calle. La población sin hogar se ha "juvenalizado" y se ha incorporado un numeroso contingente de inmigrantes, absorbiendo a una franja de "trabajadores pobres" ligados a un mercado laboral precario. Para frenar esta situación es necesario que las Administraciones Públicas actúen de forma coordinada, promoviendo la diversificación de una red específica de recursos sociales y soluciones vinculadas al acceso y mantenimiento de la vivienda (Cabrera y Rubio, 2009).

En el presente capítulo se plantea la evolución del parque de vivienda a lo largo del tiempo y en distintos territorios de ámbito nacional. Para ello, se hará referencia al estudio realizado por el Observatorio de Vivienda y Suelo en 2022, atendiendo a las transacciones de vivienda, la actividad edificatoria y la rehabilitación residencial, precios en el mercado de la vivienda y alquiler, así como lo relativo a préstamos hipotecarios y accesibilidad económica para la adquisición de la vivienda. Además, se revisan aspectos relacionados con el precio, la renta y el esfuerzo económico y su evolución.

Seguidamente, se analizará el impacto que tienen sobre los colectivos "sinhogaristas" en cuanto a los aspectos económicos que les afectan y el tipo de centros que les atienden, tanto de titularidad pública como privada, a través de la Encuesta de personas sin hogar y de la Encuesta sobre centros y servicios de atención a personas sin hogar. A continuación, se realiza un análisis de los recursos humanos con los que cuentan estos centros para llevar a cabo los proyectos que han de poner en marcha, destacando el gran número de voluntarios dedicados a colaborar a tiempo parcial con diferentes entidades. Es relevante conocer a su vez, el gasto anual que tienen estos centros y su forma de financiación y se pondrá de manifiesto el equipamiento con el que cuentan estos centros y los servicios que ofrecen.

Las razones para abandonar el alojamiento son también objeto de análisis, teniendo en cuenta las cuestiones familiares, laborales, formativas o sociales que influyen en su situación actual como personas "sin hogar". Se hará cuenta de los principales ingresos que reciben y las enfermedades o hábitos de vida relacionados con su salud, más frecuentes. Finalmente, se hace un breve repaso a la forma en la que se atienden a diferentes colectivos para cubrir sus necesidades básicas, desde servicios sociales o desde algunas organizaciones no gubernamentales a través de proyectos o diferentes estudios como los realizados, por ejemplo, por Cruz Roja, Hogar Sí de la Fundación Rais, Cáritas, la Fundación Secretariado Gitano y la Fundación FOESSA. Para concluir, se destacan las principales aportaciones del capítulo que ayudan a conocer mejor la realidad de las personas "sin hogar".

2. *Mercado de la vivienda en España*

2.1. Evolución del parque de la vivienda

En el siempre complejo análisis evolutivo del parque de la vivienda siempre hay dos certezas que moderan este tipo de estudios, por una parte la evidencia de que el análisis de la situación actual es el resultado de un conjunto de aspectos que discurren en el tiempo y, por otro lado, en lo referente a cuestiones formales el espacio del que se dispone para condensar los datos e informaciones relativas al ámbito de estudio. En este intento conciliatorio espacio-temporal las siguientes líneas recogen algunas de las principales cifras que permitirán situar el parque de la vivienda en contexto tomando como referencia el estudio del Observatorio de Vivienda y Suelo (2022).

Según este observatorio, con los últimos datos disponibles, en el segundo trimestre (2T) de 2022 se aprecia una evidente recuperación de la actividad inmobiliaria. Las escrituras realizadas fueron de 197.762, con especial atención a las transacciones de vivienda usada con un incremento interanual del 11%, lo que supera el nivel de actividad previo a la pandemia y la mayor cifra de actividad trimestral desde el año 2007 momento en el que se sitúa el "crack inmobiliario".

En cuanto a la actividad edificatoria, sin embargo, el presupuesto total de ejecución de los visados de dirección de obra, en este 2T de 2022, se redujo un 9% respecto del mismo trimestre del año anterior y el importe de ejecución de obra nueva residencial también, en torno a un 6%, hasta los 2.595,98 millones de euros.

Mención aparte merecen el capítulo de rehabilitación residencial en el que se empieza a recuperar la actividad a partir del 4T del año 2020 hasta llegar al 2022 con cifras de ejecución superiores a las de la pandemia, cifrándose en este 2T a 465,89 millones de euros (15% del total de la edificación). En materia de precios de la vivienda de los últimos años y tras la reducción experimentada en 2020, en el 2T de 2022 el precio de la vivienda libre tuvo un incremento interanual del 5.5%, situándose en 1.741 €/m^2 (el mayor valor trimestral desde 2011).

En referencia al importante capítulo del mercado del alquiler desde el máximo registrado a comienzos de 2017, que se situó en el 4.3%, hasta el último dato proporcionado por el Banco de España en 2022 la rentabilidad cae al 3.7%. En estos últimos cinco años se observa una progresiva caída de la rentabilidad.

Por otro lado, los préstamos hipotecarios para adquisición de vivienda ascendieron en el 2T de 2022 con cifras récord, cifrándose en un total de 120.355 hipotecas, esto es, un incremento interanual del 14% y la mayor cifra de los últimos años, con una media de 146.703 euros hipotecados por vivienda. Finalmente, en este breve repaso a las cifras, en materia de accesibilidad económica para la adquisición de vivienda, tal y como se verá más adelante se ha registrado un incremento constante en los últimos cinco años, hasta alcanzar los 8,2 años, con un 33,6% de la renta disponible para los hogares en el 2T de 2022.

Como señala Torres (2022) pese al deterioro de la renta de los hogares, derivada de procesos inflacionistas, el mercado de la vivienda ha experimentado un incremento de las transacciones superior al 20% en lo que va de año y de los precios del 8%. Este tipo de comportamientos ciertamente atípicos se explican debido al atractivo que supone la vivienda concebida como valor seguro ante nuevas alzas en el IPC, en parte motivado por el forzoso ahorro acumulado durante el período pandémico y también a las buenas condiciones de acceso a la financiación por parte del sistema financiero. Esta apreciación no es ajena a la cultura de nuestro país en la que la vivienda en propiedad es una de las grandes aspiraciones de los individuos y no tanto el régimen de alquiler que más propio de otros países de nuestro entorno. Un dato lo atestigua, mientras que en España la proporción de vivienda en propiedad-en alquiler es de 69.8%-30.2% la media de la UE27 se cifra en 69.8%-30,2% respectivamente (Ríos, 2021).

A la vista de esta secuencia queda por ver hasta qué punto en próximos ejercicios nuevos giros en materia de política monetaria, fiscal y de rentas que modularían la demanda, los precios y, en su caso, los niveles de actividad, también sometidos a las incertidumbres políticas generadas por cambios derivados en las elecciones municipales y a nivel nacional, no ajenas tampoco a nuevos escenarios macroeconómicos sometidos a tensiones relacionadas con conflictos bélicos, energéticos y otros tantos relacionadas con cambios en geoestratégicos por parte de las grandes potencias existentes y emergentes en un contexto de incertidumbre y globalización de los mercados.

2.2. Aspectos relacionados con el precio, la renta y el esfuerzo económico

El acceso al mercado de la vivienda viene condicionado, cuando no determinado, por un conjunto de factores de orden económico, social, político y legislativo que de algún modo moderan el impulso hacia su alquiler o compra.

Sea de un modo u otro, lo cierto es que todo aquello que no se puede medir, no es fácil gestionarlo de cara al análisis y, en su caso, al diagnóstico de esta realidad. Es por ello que intentar realizar un ejercicio de aproximación cuantitativa a estos elementos pueden contribuir a entender qué está sucediendo con la vivienda y quizás por ello estudiar aunque sea someramente, pero siempre de un modo preferente, como el precio, la renta y, sobre todo, el esfuerzo que ha de realizarse son elementos clave en la evolución que el parque de viviendas está experimentando en los últimos años. Las siguientes líneas dan cuenta de ello.

2.2.1. *El precio de la vivienda*

Según el INE (2023) el Índice de Precios de Vivienda (IPV) —base 2015— con datos referidos al 4T de 2022 indican que la tasa de variación anual del Índice de Precios de Vivienda disminuye en 2.1 puntos y situándose en el 5.5% y un 0.8% respecto al trimestre anterior del mismo año. De un modo más concreto y atendiendo al tipo de vivienda, la tasa anual de la vivienda nueva desciende en 0.6 puntos hasta situarse en el 6.2% y la de segunda mano en 2.5 puntos, también por debajo, hasta cifrarse en el 5.3% nuevamente con respecto al trimestre anterior.

En cuanto a la evolución trimestral de los precios de vivienda siguiendo al INE (2023) la variación trimestral del IPV general en el 4T es del –0.8% lo que significa la primera tasa trimestral negativa desde el 4T de 2020 que también arrojó este mismo porcentaje, después de diferentes crecimientos entre en todos los trimestres de esta serie bianual. Estos pequeños decrecimientos de carácter trimestral y posiblemente de orden coyuntural, sin embargo no parecen influir en la línea alcista que con carácter anual refleja el Cuadro 1 relativa al índice general de precios por CC.AA. donde los mayores crecimientos trimestrales y anuales se registran solo en 3 de las 19 agrupaciones (Canarias, Comunidad Foral de Navarra y Melilla).

Cuadro 1. Índice general de precios de la vivienda por CC.AA., 2022

CC.AA.	Indice	% Variacion	
		Trimestral	Anual
Andalucía	138.6	-0.1	6.5
Aragón	132.4	-0.7	4.3
Asturias, Principado de	126.9	-0.4	4.6
Ballears, Illes	158.3	-1.1	5.9
Canarias	139.1	0.5	8.1
Cantabría	138.5	0.3	8.6
Castilla y León	126.3	-1.3	4.1
Castilla-La Mancha	118.5	-1.6	4.0
Cataluña	152.6	-1.2	5.5
Comunitat Valenciana	131.8	-0.2	5.1
Extremadura	114.9	-1.3	2.8
Galicia	128.2	-0.6	4.5
Madrid, Comunidad de	157.8	-1.4	4.9
Murcia, Región de	129.5	-1.1	4.8
Navarra, Comunidad Foral de	126.9	0.7	7.2
País Vasco	132.1	-1.6	4.9
Rioja, La	130.2	-1.9	5.4
Ceuta	158.4	1.8	8.0
Melilla	154.0	0.7	8.0

Fuente: INE (2023).

Mientras que los mayores crecimientos anuales se registran en Cantabria (8.6%) y Canarias (8.1%) los menores se acusan en Extremadura (2.8%), Castilla y León (4.1) y Castilla-La Mancha (4.0), ambas zonas tradicionalmente señaladas como poca densidad de población y en algún caso con cierta tendencia hacia la despoblación en la llamada España Vaciada con densidades de población entre 10 y 50 habitantes por Km^2 (Gil, 2019).

2.2.2. *La renta*

Según datos proporcionados por el Observatorio de Vivienda y Suelo (2022) la renta bruta disponible de los hogares entre el T1 de 2017 hasta el T2 de 2022 presenta un comportamiento estacional en el que los T2 y T4 de cada año se caracterizan por ciertos repuntes. Dentro de esta homogeneidad el último dato disponible referido al 2T de 2022 se cifra en 223.727 millones de euros, lo que representa un aumento de la renta bruta disponible del 5.2% sobre el mismo trimestre de 2021 (Cuadro 2).

Cuadro 2. Evolución de la renta bruta disponible y endeudamiento de hogares (2017 T1-2022 T2)

Año	Trimestre	Renta bruta disponible de hogares (Millones €)	Variación Anual (%)	Endeudamiento de hogares (% PIB)	Variación Trimestral (%)
2017	T1	161.835	2.4	67.8	-
	T2	199.989	3.6	67.9	1.0
	T3	165.470	2.4	66.3	0.9
	T4	195.659	4.1	65.8	0.9
2018	T1	166.774	3.1	65.0	0.9
	T2	204.005	2.0	65.3	1.0
	T3	170.862	3.3	64.1	0.9
	T4	201.913	3.2	63.5	0.9
2019	T1	175.330	5.1	62.8	0.9
	T2	218.466	7.1	63.3	1.0
	T3	177.607	3.9	61.9	0.9
	T4	209.509	3.8	61.8	0.9
2020	T1	180.225	2.8	61.5	0.9
	T2	200.181	-8.4	65.4	1.0
	T3	180.507	1.6	65.8	1.1
	T4	204.758	-2.3	67.6	1.0

Año	Trimestre	Renta bruta disponible de hogares (Millones €)	Variación Anual (%)	Endeudamiento de hogares (% PIB)	Variación Trimestral (%)
2021	T1	178.639	-0.9	67.7	1.0
	T2	212.695	6.3	n.d.	1.0
	T3	183.578	1.7	n.d.	n.d.
	T4	214.406	4.7	n.d.	n.d.
2022	T1	183.930	3.0	n.d.	n.d.
	T2	223.727	5.2	n.d.	n.d.

Fuente: Elaboración propia a partir de Ministerio de Transportes. Movilidad y Agenda Urbana (2022)

Analizando la serie histórica de la renta bruta disponible de hogares que abarca desde 2017 (T1) a 2022 (T2) ésta se traduce en un 38.2% lo que sugiere un importante crecimiento para un período tan corto de tiempo que, sin embargo, no afecta al endeudamiento de los hogares permaneciendo prácticamente constante con una media del 64.9 (según datos disponibles) y una variación trimestral entorno del 1.0 sobre el trimestre anterior.

2.2.3. *El esfuerzo económico*

La relación precio vivienda/renta del hogar que mide el número de años necesarios para comprar una vivienda conforme a la renta disponible del hogar. se ha incrementado durante los últimos cinco años que comprende la serie histórica, según los datos disponibles que figuran en el Cuadro 3, ya que de los cerca de 7 años que suponía la compra de una vivienda a primeros de 2017 (T1) hasta los más de 8 de 2022 (T1 y T2) es una cifra que considerar y que en términos porcentuales representa un incremento del 20.7%.

En cuanto al esfuerzo económico anual sin deducciones a lo largo de 2017 estuvo en cifras próximas al 30%. Desde este momento, este indicador se ha ido incrementando hasta alcanzar el 33.6%. lo que significa que las economías domésticas además de invertir un mayor número de años en poseer una vivienda también deben realizar un mayor esfuerzo anual para detraer del presupuesto familiar una mayor cuantía para atender los pagos de la hipoteca. afectando lógicamente a otras variables como son el consumo. ahorro y posibles inversiones. todo ello con independencia de que la tasa de esfuerzo sobre trimestre anterior (%) pueda ser en algún caso afectada negativamente.

Sea de un modo o de otro las cada vez mayores dificultades no ya solo para poder acceder a la vivienda y en concreto en propiedad, además de lo complejo que puede ser verse dificultado por atender en tiempo y forma los pagos que han de realizarse mensualmente a las entidades financieras y en un contexto alcista de los tipos de interés puede terminar afectando a otras variables macroeconómicas como el empleo, la inversión y en definitiva el crecimiento económico.

Cuadro 3. Evolución relación precio de la vivienda/renta del hogar y esfuerzo anual sin deducciones (2017 T1-2022 T2)

Año	Trimestre	Relación precio vivienda/renta del hogar (en años)	Esfuerzo anual sin deducciones (%)	Tasa esfuerzo sobre trimestre anterior (%)
2017	T1	6.8	30.6	-
	T2	6.8	30.5	-0.3
	T3	6.8	30.8	1.0
	T4	6.9	30.8	0.0
2018	T1	7.0	31.3	1.6
	T2	7.1	31.6	1.0
	T3	7.1	31.8	0.6
	T4	7.2	32.2	1.3
2019	T1	7.2	32.7	1.6
	T2	7.2	32.3	-1.2
	T3	7.2	31.6	-2.2
	T4	7.2	30.9	-2.2
2020	T1	7.2	31.4	1.6
	T2	7.4	31.6	0.6
	T3	7.5	31.9	0.9
	T4	7.5	31.7	-0.6
2021	T1	7.7	31.8	0.3
	T2	7.7	31.5	-0.9
	T3	7.8	31.8	1.0
	T4	8.0	32.1	0.9
2022	T1	8.1	32.9	2.5
	T2	8.2	33.6	2.1

Fuente: Elaboración propia a partir de Observatorio de Vivienda y Suelo (2022) y Banco de España (2023)

Del resultado de estos datos queda por analizar el impacto que sobre otros colectivos denominados "sinhogaristas" como son los jóvenes; personas mayores; población extranjera; población gitana y personas sin hogar las singularidades que ellos experimentan desde una perspectiva económica en relación con la vivienda.

2.3. Aspectos económicos relacionados con colectivos "sinhogaristas"

Si resulta difícil explicar la existencia de decenas de millones que viven sin techo, más complicado resulta aún entender cómo es posible que en medio de la abundancia más aparatosa, se produzcan situaciones de pobreza y exclusión tan extremas como las que muestran con su presencia misma, inquietante y fastidiosa para las mentes bien pensantes, las personas sin hogar que duermen sobre el banco de un parque. el recodo de un portal o los subterráneos del metro de una metrópoli del Norte enriquecido. Como en otros problemas sociales, el dinero ahorrado previamente en actuaciones preventivas, hoy por hoy inexistentes. se multiplica con creces cuando se han de poner en marcha programas específicos de alcance. captación y recuperación psicosocial de quienes han hecho de las calles su hogar (Cabrera, 2004: 12-16).

Según el INE (2022), un total de 28.552 personas sin hogar son atendidas en centros asistenciales de alojamiento y restauración en 2022, un 24.5% más que en 2012, con 22.938 personas sin hogar. y antes de la crisis financiera, en 2005, era de 21.900 personas. En 2022 el 28.8% de ellas se quedó sin hogar por la necesidad de empezar de cero tras llegar desde otro país y el 26.8% porque perdió el trabajo.

A continuación. a través de la Encuesta de personas sin hogar y de la Encuesta sobre centros y servicios de atención a personas sin hogar que publica el Instituto Nacional de Estadística (en adelante INE), se van a analizar los aspectos económicos relacionados con los colectivos sinhogaristas.

La Encuesta de personas sin hogar entiende el concepto como aquella que es mayor de edad (18 años o más), que acude a centros que ofrecen servicios de alojamiento o restauración ubicados en núcleos mayores de 20.000 habitantes, y que en la última semana haya sido usuario de alguno de éstos. Es decir. que excluye a menores de edad en posible situación de sinhogarismo o a personas que habiten municipios pequeños (García y Cabrera, 2022: 8).

En el año 2020, el INE, recoge que había un total de 1.019 centros de atención para personas sin hogar en todo el territorio nacional. De ellos,

252 (un 25%) eran de titularidad pública y 767 (un 75%) eran de titularidad privada, lo cual denota el peso de las iniciativas y actividades propias del Tercer Sector en los servicios asistenciales. Este hecho lo destacan autores como Cabrero (2005, en García y Cabrera, 2022: 9), que advierten ya desde comienzos de siglo que la limitación en la oferta de servicios públicos derivó en una falta de provisión de ciertos servicios asistenciales para poblaciones en situaciones de exclusión social, que, en muchos casos, han tenido que ser dispensados por el Tercer Sector.

Tal como muestra el Cuadro 4, de los 1.019 centros de atención a personas sin hogar, el 16.4% estaba especializado en la atención a inmigrantes. Por su parte. el 7.0% estaba especializado en la atención a mujeres víctimas de violencia de género y el 76.6% restante no estaba especializado o atendían otra especialización. De los centros especializados en atención a inmigrantes, el 9.0% era de titularidad pública y el 91.0% privada. Otro dato para considerar, son los 728 centros se situaban en núcleos urbanos grandes, de más de 100.000 habitantes, o en capitales de provincia. Destaca, a su vez, cómo un 13% de los centros se sitúan en los núcleos urbanos más pequeños, de menos de 20.000 habitantes. El 29.3% del total de centros a nivel nacional, se sitúan en el País Vasco. Por otro lado, el 88% de todos los centros no superan los 500.000€ de gasto anual, e incluso un 40% de los mismos tiene un gasto inferior a 100.000€.

Frente a las 14.050 personas atendidas en 2012, los centros de alojamiento para personas sin hogar de España acogieron a una media de 17.772 personas diariamente durante el año 2020, de las que 4.793 eran mujeres. La ocupación media alcanzó el 86.2% en 2020, cifra inferior al 89.0% de 2018. Las prestaciones orientadas a la inserción social de los usuarios, como Taller de inserción (17.8%), Taller ocupacional (18.7%), Atención jurídica (33.6%) o Atención psicológica (42.8%) tuvieron una presencia menor en la oferta de los centros.

Cuadro 4. Centros según especialización y titularidad en 2020

Especialización del centro	Total		Titularidad Pública		Titularidad Privada	
	Centros	%	Centros	%	Centros	%
Mujeres víctimas de violencia de género	71	7.0	42	59.2	29	40.8
Inmigrantes	167	16.4	15	9.0	152	91.0
Otra especialización/ninguna	781	76.6	195	25.0	586	75.0
Total	1.019	100	252	24.7	767	75.3

Fuente: INE (2020). Encuesta de centros y servicios de atención a las personas sin hogar.

El 34.5% de los centros que atienden a personas sin hogar declaró que su actividad principal era proporcionar alojamiento en pisos o apartamentos, el 28.9% se consideró como centro de acogida y el 10.9% como albergue/centro de acogida nocturno. Además, el 9.7% indicó que era comedor social, el 7.5% centro de día/taller ocupacional. el 3.1% se consideró como residencia y el 5.3% restante declaró otro tipo de actividad distinta de las anteriores.

2.3.1. *Recursos humanos*

Según el INE (2020), el número medio de personas que trabajaron en 2020 en los centros de atención a personas sin hogar fue de 17.521, tal como refleja el Cuadro 5. El 42.7% eran trabajadores a tiempo completo (32.1% en 2018) y el 57.3% a tiempo parcial (67.9% en 2018). Atendiendo a su vinculación laboral, el 48.5% de los trabajadores era asalariado, el 44.5% voluntario y el 7.0% tenía otro tipo de vinculación (personal subcontratado, estudiante en prácticas, religioso...). Considerando simultáneamente el tipo de vinculación laboral y la dedicación, la mayor parte de los recursos humanos de los centros estuvo constituida por personal voluntario a tiempo parcial (40.0% del total) y por asalariados a tiempo completo (34.4%). El personal de dirección supuso el 5.5% del total, el personal técnico titulado (con funciones sanitarias o socioeducativas) el 29.6% y el personal auxiliar (sanitario, socioeducativo, administrativo y de servicios) el 64.9%.

Cuadro 5. Número medio de trabajadores en los centros de atención a personas sin hogar en 2020

Dedicación	Total		Asalariados		Voluntarios		Otra vinculación	
	N	%	N	%	N	%	N	%
Tiempo completo	7.488	42.7	6.035	34.4	788	4.5	665	3.8
Tiempo parcial	10.033	57.3	2.470	14.1	7.004	40.0	559	3.2
Total	17.521	100	8.505	48.5	7.792	44.5	1.224	7.0

Fuente: INE (2020). Encuesta de centros y servicios de atención a las personas sin hogar.

Como establecen García y Cabrera (2022: 9), resulta relevante observar el gran porcentaje de voluntarios que trabajaron en estos centros en el año 2020. De hecho, representan un 44.5% del total de trabajadores.

Esto puede explicar el gasto anual reducido de muchos de estos centros, que en muchos casos no tienen capacidad para afrontar contrataciones de personal. Con todo, se empiezan a observar unas primeras conclusiones tras el análisis de las principales características de los centros de atención para personas sin hogar en nuestro país. En primer lugar, hay una falta de profesionalización en los centros asistenciales, al recurrir de forma mayoritaria al trabajo voluntario. Por otro lado, se evidencia un reducido gasto en este tipo de servicios asistenciales, que corren a cargo, en gran parte, del sector privado y el Tercer Sector, encargados de llevar el peso de los centros de atención para personas sin hogar.

2.3.2. *Gasto de los centros y financiación*

El 39.7% de los centros tuvo un gasto anual igual o inferior a 100.000 euros durante 2020 (44.6% en 2018) y el 44.2% un gasto entre 100.001 y 500.000 euros (39.6% en 2018), lo que indica una disminución porcentual de 4.9 y de 4.6 respectivamente en dos años. El 15.8% de los centros tuvo un presupuesto superior al medio millón de euros. Se observan diferencias entre los centros públicos y privados en cuanto a los recursos financieros disponibles. En los públicos. el 41.3% tuvo gastos anuales iguales o inferiores a 100.000 euros, el 34.9% entre 100.001 y 500.000 euros y el 23.0% superó el medio millón de euros. En los privados, el 39.2% contó con un presupuesto de hasta 100.000 euros, el 47.2% entre 100.001 y 500.000 euros y el 13.5% tuvo gastos superiores al medio millón de euros (INE, 2020).

Según presenta la Encuesta sobre Centros y Servicios de Atención a personas sin hogar (INE, 2020). Los mayores gastos medios anuales por centro se registraron en la ciudad autónoma de Melilla (con cerca de 3.5 millones de euros), la ciudad autónoma de Ceuta (2.8 millones) y en Comunidad de Madrid (662.242). Por el contrario, Castilla y León (196.268 euros), Cantabria (200.343) y Galicia (218.956) presentaron los gastos medios por centro más bajos.

El 83.7% de los centros fueron financiados única o predominantemente por las Administraciones Públicas, lo que supone un leve aumento con respecto a 2018 cuyo porcentaje fue del 82.4%. Por su parte, el 7.4% de los centros se financió en su mayor parte con fondos propios, el 3.6% con fondos procedentes de instituciones privadas sin fines lucrativos, el 3.2% con donaciones particulares y el 0.7% por empresas. El 1.4% restante no tuvo una fuente de financiación predominante (INE, 2020).

2.3.3. *Equipamiento de los centros y servicios ofrecidos*

En lo que se refiere al equipamiento, el 49.1% de los centros de alojamiento colectivo disponía de habitaciones individuales y el 19.7% de habitaciones destinadas a familias. Además, en el 99.1% de estos centros se podían recargar aparatos electrónicos, en el 89.0% se podían recibir llamadas telefónicas y en el 83.6% se podía recibir correspondencia. Casi dos de cada tres centros (el 65.5%) tenían instalaciones adaptadas a personas con movilidad reducida. A uno de cada diez (10.1%) se podía acudir acompañado de alguna mascota (INE, 2020).

El número de centros que ofrecieron servicios de restauración (desayunos, comidas, cenas, bocadillos y bebidas calientes) fue de 475 en el año 2020, un 6.3% más que en 2018. Debido a las restricciones impuestas a causa de la COVID-19 hubo centros que redujeron aforos y sustituyeron los servicios que prestaban en los comedores por el reparto de tápers y bolsas de comidas para ser consumidos fuera de los locales. El número de servicios de reparto de alimentos no se contabilizan en la encuesta. De media al día se sirvieron dentro de los centros 13.904 desayunos, 18.524 comidas y 14.076 cenas. Todo ello supuso un total de 46.503 servicios diarios. un 4.3% menos que en 2018 (INE, 2020).

2.3.4. *Contexto social. económico y sanitario de los colectivos sin hogar*

Según la *Encuesta de personas sin hogar* (INE, 2022), las razones para abandonar el alojamiento antes de verse sin hogar han sido en su mayoría por tener que empezar de cero tras emigrar a otro país, con un 28.8%. porque perdieron el trabajo un 26.8% y porque les desahuciaron de la vivienda, con un 16.1%. En cuanto a la descendencia, 5 de cada 10 personas sin hogar tienen hijos. Las situaciones familiares más frecuentes vividas por las personas sin hogar hasta los 18 años han sido la falta de dinero (45.1%), el fallecimiento de algún miembro de la unidad familiar (37.1%) y el paro prolongado de algún miembro (27.3%).

En lo relativo a los estudios terminados. el 65.0% de la población sin hogar ha alcanzado un nivel de educación secundaria, el 23.8% de estudios primarios o inferiores y el 11.3% estudios superiores. Más de la mitad de las personas que manifiestan estar en desempleo dice que no está buscando empleo (52.3%). Las principales razones por las que no lo busca son por motivos de salud (42.5%) y por no tener papeles —autorización para trabajar— (21.8%) (INE, 2022).

En la población extranjera sin hogar se observa mayor peso en las edades más jóvenes. El 68.0% tiene menos de 45 años, frente al 34.3% de los españoles, donde predominan las personas mayores. Esta diferencia se acentúa en el grupo de edad de 18 a 29 años, donde la población extranjera supone un 32.5% frente al 9.8%. En cuanto al sexo, predominan tanto en la población extranjera como española los hombres sin hogar frente a las mujeres, con el 79.2% y 74.2% respectivamente (INE, 2022).

El 89.2% de las personas sin hogar pernocta todas las noches en el mismo lugar. El 40.3% ha dormido alguna noche en alojamientos colectivos (el 39.7% en un albergue o residencia, el 0.4% en centros de ayuda al refugiado y el 0.2% en centros de acogida a mujeres maltratadas). En cuanto a la duración, el 40.5% de las personas sin hogar lleva más de 3 años sin alojamiento propio. Entre los que se alojan en un piso ocupado, el 54.5% están en esta situación, así como los que viven en una pensión pagada por una ONG u organismo, que suponen el 48.2%. Otro 24.7% ha pernoctado en pisos o pensiones facilitados por una ONG u organismo y el 35.0% restante se ha alojado al margen de la red asistencial existente, bien en espacios públicos (15.8%), alojamientos de fortuna (9.7%) o en pisos ocupados (9.5%) (INE, 2022).

Un factor importante asociado a las situaciones de vulnerabilidad y exclusión social de las personas sin hogar es su exposición a las agresiones o delitos. El 50.3% de las personas sin hogar ha sido víctima de algún delito o agresión. Los delitos y agresiones más frecuentes han sido los insultos y amenazas, robos y agresiones (INE, 2022).

Las principales fuentes de ingresos de la población sin hogar son las prestaciones públicas (Renta Mínima de Inserción; Ingreso Mínimo Vital; Prestaciones por desempleo; Pensiones contributivas y no contributivas y otros tipos de Prestaciones y ayudas públicas) que son percibidas por el 32.6% de las personas. Otras fuentes de ingresos son el dinero que les da un familiar (6.9%), el que obtienen por su trabajo (6.7%) y el que les dan las ONG (6.5%). Hay un 29.9% de personas sin hogar que declaran no tener ninguna fuente de ingresos (INE, 2022).

El 37.4% de las personas sin hogar manifiesta tener alguna enfermedad crónica. Las mujeres (43.6%) en mayor medida que los hombres (35.5%). La más frecuente es el trastorno mental. que afecta al 9.4% de las personas sin hogar. Este tipo de enfermedad crónica está diagnosticado en el 9.1% de los hombres y en el 10.7% de las mujeres. También es importante destacar que el 20.5% tiene alguna discapacidad. El 19.5% tiene un grado de discapacidad igual o superior al 33%. Respecto a hábitos de vida relacionados con la salud, el 55.7% de las personas sin hogar señala que no consume alcohol y el 40.5% que lo hace ligera o moderadamente. Solo un 3.9% de personas manifiesta un consumo alto o excesivo de alcohol. Entre las mujeres hay más personas abstemias que entre los hombres. En relación con el consumo de drogas, el 57.7% dice que nunca ha consumido y el 42.3% que lo ha hecho alguna vez, aunque en el último mes solo lo hizo el 18.3%. La proporción de mujeres que han consumido alguna vez (30.3%) es menor que la de hombres (45.9%) (INE, 2022).

2.3.5. *Servicios sociales y Organizaciones No Gubernamentales*

Los servicios sociales dirigidos a personas sin hogar, especialmente vulnerables y excluidas o en riesgo de exclusión social, tienen como finalidad cubrir sus necesidades básicas. Las personas sin hogar solicitan principalmente, además de los servicios de alojamiento (62.7% de las personas) y comedor (65.8%), incluidos en la definición de persona sin hogar a efectos de esta encuesta, otros servicios sociales como los de información, orientación y acogida (47.4%) y los servicios de higiene (44.3%). Los servicios más concedidos a las personas sin hogar son los de comedor (64.2%). alojamiento (51.2%) y orientación, información y acogida (43.9%) (INE, 2022).

European Social Network (ESN) es la red independiente de servicios sociales públicos en Europa. En noviembre de 2015, el gobierno español aprobó la primera Estrategia Nacional Integral para Personas Sin Hogar 2015-2020 concebida para crear un marco integral de actuación a nivel nacional (Lara, 2020: 93).

Cataluña ha desarrollado una estrategia integrada para abordar la falta de vivienda. El programa supervisa el número de personas que viven en una serie de circunstancias. Esto incluye a las que se encuentran en centros para personas sin hogar, a las que están en la calle y pasan la noche en albergues, a las personas sin hogar con un programa de atención individual, a las que han recibido una vivienda social o que reciben apoyo una vez que se les ha proporcionado alojamiento. Galicia ha elaborado un plan para las personas sin hogar (2019-2023), financiado parcialmente con el Fondo Social Europeo (FSE) y con los impuestos sobre la renta. El plan (que sigue el modelo Housing First) ha desarrollado protocolos de cooperación entre las autoridades sanitarias y de vivienda tanto autonómicas como locales, que son responsables de ayudar a las personas necesitadas, y de la emergencia social. El plan se enfrenta a desafíos de ejecución debido a la necesidad de personal de apoyo y vivienda. El acceso a la vivienda de alquiler en el mercado privado resulta difícil para las personas con bajos ingresos, especialmente en las áreas urbanas, y la oferta pública de vivienda es limitada. Además, el modelo Housing First requiere una colaboración y un apoyo financiero estables durante largos periodos de tiempo, aunque los contratos con las ONG suelen ser anuales. Por lo tanto, se ha comprendido que se necesitan nuevas fórmulas de gestión de la financiación (Lara, 2020: 94). "Entre las recomendaciones realizadas se encuentra el desarrollo de la coordinación de los servicios sociales y de vivienda en las administraciones públicas, por ejemplo, integrando a los trabajadores sociales en los servicios de vivienda" (Lara, 2020: 117).

Según presenta la Encuesta sobre Centros y Servicios de Atención a personas sin hogar (INE, 2020), 20 centros en total en España aplican el modelo Housing First. Entre los centros que han puesto en marcha proyectos o estudios relacionados con el sinhogarismo, se encuentran Cruz Roja. Hogarsí.org de la Fundación Rais, Cáritas o la Fundación Secretariado Gitano, así como la Fundación FOESSA, que también dan luz a la problemática del sinhogarismo en España.

"Lehen Urratsa" es una expresión vasca que significa "el primer paso". No es casualidad que sea, también, el nombre que ha recibido un proyecto de Cruz Roja en País Vasco que persigue que las personas sin hogar adquieran autonomía y medios para insertarse en la sociedad. Una iniciativa que, en tan solo año y medio, ha logrado que de las 36 personas sinhogar atendidas inicialmente, 31 puedan vivir hoy de forma más o menos independiente y por su cuenta. La "Estrategia vasca para personas sin hogar 2018-2021" mira hacia el norte, donde nuestros vecinos aplican el modelo Housing First que nace en Canadá y EEUU, en el que se cambia el itinerario y la perspectiva de intervención, priorizando la vivienda. la atención centrada en las personas, la individualización de cada caso, la reducción de daños, la orientación a la recuperación, el compromiso activo sin coerción... etc. (Cruz Roja, 2020: 2).

"*Hábitat*" es la solución de vivienda con apoyo de Hogar Sí para las personas que viven en la calle y se encuentran en peor situación. Está basado en la metodología Housing First. que ofrece una respuesta innovadora al fenómeno del sinhogarismo y está orientado a su erradicación. Teniendo en cuenta las personas a las que se dirige el modelo Housing First (personas en situación de sinhogarismo extrema con especiales dificultades), existe un acuerdo muy importante a la hora tener en cuenta que el indicador clave de resultados debe considerar la estabilidad del alojamiento. La tasa de retención de alojamiento es por tanto el indicador clave tradicionalmente utilizado en la evaluación del modelo Housing First. En este caso. el porcentaje de retención de alojamiento se sitúa por encima del 95% en el colectivo de las personas usuarias del Programa Hábitat dieciocho meses después de su incorporación al programa. Es decir, el Programa Hábitat consigue proporcionar un alojamiento estable a las personas usuarias (Panadero et. al., 2022: 111).

En la Primera Encuesta elaborada por la Agencia Europea por los Derechos Fundamentales sobre la población gitana en el año 2011 evidencia que al menos 8 de cada 10 personas consultadas estaban en riesgo de pobreza y que, por término medio, menos de una de cada tres tenía un trabajo remunerado, mientras que casi la mitad habitaba en viviendas carentes de instalaciones básicas, como electricidad y cocina, inodoro, ducha o bañera en el interior de la casa (Gerigh, 2019: 93). En comparación con otros colectivos que subsisten en los márgenes de nuestra sociedad, la situación de la población gitana tiene un añadido específico de procesos como el antigitanismo, la segregación educativa y una política de realojamientos con concentraciones de gitanos, que reproducen su marginación (Gerigh, 2019: 125).

La *Encuesta sobre Integración y Necesidades Sociales* de la Fundación FOESSA (Ayala et al., 2022) mostraba cómo entre 2018 y 2021 se habían agravado algunas problemáticas, como ocurre con el porcentaje de hogares con situaciones de insalubridad (3.2 en 2018 frente al 7.2 en 2021); el de hogares en un entorno muy degradado (gueto, insalubre, falta de agua, olores, suciedad, etc.), que pasa del 0.8% en 2018 al 1.8% en 2021) o el de hogares con tenencia de la vivienda en precario, como puede ser cedida de forma gratuita por otras personas o instituciones, realquilada, etc. (del 3.7% en 2018 al 4.3% en 2021). Además, un 3.5% de hogares se sitúan en barrios conflictivos en los que hay situaciones de delincuencia, problemáticas asociadas a las drogas, prostitución o peleas. En total, en España hay un 20.6% de hogares en situación de exclusión residencial, un porcentaje que, debe recordarse, solo recoge hogares, por lo que no incluye a personas en situación de calle o en recursos alojativos para personas en situación de sin hogar o de protección a la mujer. En cuanto a las mujeres, es relevante el hecho de que los hogares sustentados por ellas se ven más afectados en la dimensión de la vivienda (23.6%), que en los casos en que el sustentador principal, esto es, la persona que más ingresos aporta al hogar es el hombre (18.9%) (Sánchez-Sierra, 2022: 20-21).

Los *Mapas sobre Vivienda y Comunidad Gitana en España* 2007 y 2015 aportan los principales datos sobre su situación actual con respecto a la vivienda. Definidos como “una herramienta básica para mejorar la información y el conocimiento de la población gitana en relación a la vivienda” (FSG, 2008: 5, en Marín, 2019: 200). Los mapas de los años 2007 y 2015 constituyen la principal investigación en torno a esta dimensión referida a la comunidad gitana. Con respecto al colectivo gitano, en 2015, Andalucía registra el mayor porcentaje de población gitana, con cerca del 37 % del total español, seguida de la Comunidad Valenciana (11.8%), Cataluña (11.1%) y la Comunidad de Madrid (8%). El protagonismo de estas regiones no ha variado sustancialmente a lo largo del tiempo con respecto a la situación descrita en ediciones anteriores de los mapas sobre vivienda y población gitana (Fundación Secretariado Gitano, 2016 en Gutiérrez et al., 2020: 22).

Por todo lo anterior, las medidas e iniciativas políticas correctivas desde el plano municipal al estatal han constituido políticas de alivio ante la urgente emergencia habitacional, destacando la necesidad de intervención de los poderes públicos en el mercado de la vivienda. para velar por el ejercicio del derecho a la vivienda. Las previsiones estimadas de déficits de viviendas públicas hacen de la reconsideración de la política de vivienda estatal una cuestión urgente en aras de atender las necesidades de las generaciones presentes y futuras en clave intergeneracional. La inestabilidad laboral unida a la precariedad de quien dispone de un trabajo reduce las posibilidades de acceder a una vivienda cuyos precios son inaccesibles (tanto en régimen de propiedad como de alquiler) (Caravantes y Romero, 2021: 28).

3. *Conclusiones*

La evolución y perspectivas del mercado de la vivienda en España es un fenómeno en proceso, sometido a un conjunto de escenarios que abarcan desde el ámbito local, nacional y hasta el internacional, si se considera el efecto moderador de las variables macroeconómicas y su impacto sobre el diseño, desarrollo e implantación en las políticas privadas y públicas —éstas últimas sometidas adicionalmente a los regulares vaivenes políticos— que condicionan y hasta determinan la actividad del mercado.

El sinhogarismo no escapa a este proceso darwiniano —permítase la expresión— en el que los colectivos más vulnerables acusan de un modo más intenso cualquier variación que puede producirse en sus condiciones de vida, por mínimas que fueran y, por tanto, en sus comportamientos.

El desarrollo de políticas neoliberales lejos de contribuir a una eficaz reactivación del mercado contribuyen a un desordenado y asimétrico crecimiento del mismo, en el que los diferentes actores implicados Administración (local, autonómica y nacional), entidades financiadoras, agentes sociales y colectivos vulnerables, con especial atención a aquellos alojados bajo el paraguas del sinhogarismo, deben sentarse a una misma mesa.

Cuestiones como la relación precio vivienda/renta del hogar que mide el número de años necesarios para comprar una vivienda conforme a la renta disponible del hogar, requiere de los ingresos íntegros de más de 8 años lo que unido a que la renta bruta disponible de hogares destinada a esta partida sea de un 33.6%, explica que las economías domésticas hayan de realizar un mayor esfuerzo anual para detraer del presupuesto familiar cuantiosos recursos con objeto de atender los pagos de la hipoteca. Lógicamente estos aspectos afectan en términos de demanda agregada a los niveles de consumo, ahorro y posibles inversiones en el sistema económico.

Si esta situación puede calificarse de comprometida para el conjunto de la ciudadanía, aún lo es más para el colectivo de personas vulnerables y, de un modo especial, para la población sin hogar donde las prestaciones públicas (Renta Mínima de Inserción; Ingreso Mínimo Vital; Prestaciones por desempleo; Pensiones contributivas y no contributivas, y otros tipos de Prestaciones y ayudas públicas) son solo percibidas por el 32.6%, sin olvidar que el 29.9% de personas sin hogar declaran no tener ninguna fuente de ingresos.

En este contexto y ante las limitaciones que supone en el momento actual, atender a las necesidades de las personas sin hogar por parte de la Administración y de las ONG, solo cabe un pacto de Estado en el que los interlocutores de un modo conciliatorio, generoso y resolutivo converjan en políticas sociales. Nadie puede asegurar que este proceso sea sencillo de gestionar, pero no es menos cierto que ante la claridad de un diagnóstico se impone medidas consensuadas de orden fiscal, legal, económicas, políticas y psicosociales orientadas a una mejor administración de los recursos y, lo que es más importante, al acceso y mantenimiento de la vivienda en condiciones dignas para la ciudadanía. Este es el reto pero también la oportunidad de demostrarlo.

4. *Referencias*

Ayala, L., Laparra, M. y Rodríguez, G. (coords.) (2022). *Evolución de la cohesión social y consecuencias de la covid-19 en España.* Fundación FOESSA.

Banco de España (2023). *Boletín Estadístico.* Marzo 2023. http://www.bde.es

Cabrera, P. (2004). La vida al raso. *Rev. Educación Social, 27,* 11-20.

Cabrera, P. y Rubio, M. J. (2009). Personas sin hogar en España: evolución y diseño de políticas públicas. *Rev. Temas para el debate, 174,* 27-30.

Cabrero. G. R. (2005). Los retos del Tercer Sector en España en el espacio social europeo: especial referencia a las organizaciones de acción social. *Revista española del tercer sector, (1)*, 63-94.

Caravantes López de Lerma. G.M. y Romero González. J. (2021). Public Housing and Welfare State in Spain: Balance and State of Affairs in the COVID-19 Time. *Boletín de la Asociación de Geógrafos Españoles* (91). https://doi.org/10.21138/bage.3152

Cruz Roja (2020). *Lehen Urratsa. Proyecto 2020.* Cruz Roja en el País Vasco.

Fundación Secretariado Gitano (FSG) (2008). *Mapa sobre Vivienda y Comunidad Gitana en España 2007.* FSG.

Fundación Secretariado Gitano (2016). *Estudio-Mapa sobre vivienda y población gitana. 2015. Informe septiembre de 2016.* Ministerio de Sanidad. Servicios Sociales e Igualdad.

García, C. y Cabrera, P. (2022). Sinhogarismo en España. Perfiles y determinantes de la percepción de la Renta Mínima de Inserción. *Papeles de Trabajo del Instituto de Estudios Fiscales, 8*, 1-28.

Gil, A. (2019). Las dos caras de la densidad de población en España. El Orden Mundial. EOM. https://elordenmundial.com/mapas-y-graficos/densidad-de-poblacion-en-espana/?utm_referrer=https%3A%2F%2Fwww.google.com%2F

Gutiérrez, M.; Haz, F. E.; Hernández, M. y Solórzano, G. (2020). La intervención con la población gitana en España y sus autonomías. *Zerbitzuan, 71*, 19-35. https://doi.org/10.5569/1134-7147.71.02

Gerigh, R. (2019). Dimensión económica en los procesos de exclusión de la población gitana en España. En M. Hernández Pedreño (dir) *Riesgo de exclusión de la población gitana en España e intervención social* (123-147). Observatorio de la Exclusión Social-Universidad de Murcia.

Instituto Nacional de Estadística (2020). *Nota de prensa. 29/09/2021. Encuesta de centros y servicios de atención a las personas sin hogar*. https://www.ine.es/prensa/ecapsh_2020.pdf

Instituto Nacional de Estadística (2022). *Nota de prensa. 19/10/2022. Encuesta de personas sin hogar.* https://www.ine.es/prensa/epsh_2022.pdf

Instituto Nacional de Estadística (2023). *Nota de prensa. 08/02/2023. Índice de Precios de Vivienda (IPV). Base 2015. Cuarto trimestre de 2022.* https://www.ine.es/daco/daco42/ipv/ipv0422.pdf

Lara Montero. A. (dir.) (2020*). Inversión en servicios sociales, inversión en Europa.* European Social Network.

Marín Martorell, A. (2019). Vivienda y población gitana en España (199-220). En M. Hernández Pedreño (dir) *Riesgo de exclusión de la población gitana en España e intervención social.* Observatorio de la Exclusión Social. Universidad de Murcia.

Ministerio de Transportes. Movilidad y Agenda Urbana. Observatorio de Vivienda y Suelo (2022). *Boletín núm.* 42. Segundo trimestre 2022. https://apps.fomento.gob.es/CVP/ Catálogo de publicaciones de la Administración General del Estado https://cpage.mpr.gob.es

Panadero, S., Martín, J. y Martínez, J. L. (2022). *Evaluación de la metodología Housing First en España. Soluciones al sinhogarismo*. Universidad de Complutense – RAIS Fundación. https://solucionesalsinhogarismo.org/wpcontent/uploads/2022/12/Housing_first_Informe_completo.pdf

Ríos, B. (2021). Más allá de España: cómo se regulan los precios del alquiler en Europa. *El economista. Sección de economía* 10/10/21. https://www.eleconomista.es/economia/noticias/11425314/10/21/Mas-alla-de-Espana-como-se-regula-los-precios-del-alquiler-en-Europa.html

Sánchez-Sierra, M. (coord.) (2022). *Un trabajo. una habitación y un gato. Las mujeres en situación de sin hogar en España atendidas por Cáritas*. Colección Estudios e Investigaciones. Fundación FOESSA.

Torres. R. (2022). El mercado de la vivienda ante el cambio de ciclo económico. *Cuadernos de Información económica, (290)*, 1-6. https://www.funcas.es/wp-content/uploads/2022/09/Torres_FINAL.pdf

Capítulo 6

POLÍTICAS AUTONÓMICAS DE VIVIENDA: NORMATIVA, PLANES Y AYUDAS EN PERSPECTIVA TERRITORIAL

Rosa María García Navarro
Departamento de Trabajo Social, Universidad de Murcia
Ángeles Marín Martorell
Área de Investigación del Observatorio de la Exclusión Social, Universidad de Murcia

1. *Introducción*

La legislación de vivienda en la Constitución Española se refiere al conjunto de normas y principios que regulan los aspectos relacionados con el acceso a una vivienda adecuada y los derechos y deberes de los ciudadanos y las autoridades en este ámbito. En España, la vivienda ha sido históricamente un tema de gran relevancia, y la Constitución de 1978 estableció bases fundamentales para su protección y regulación. El artículo 47 (C.E, 1978: 11) establece el "derecho de todos los españoles a disfrutar de una vivienda digna y adecuada". Este artículo reconoce el compromiso del Estado para promover las condiciones necesarias y establecer las normas pertinentes para hacer efectivo este derecho. Es importante destacar que el artículo 47 no otorga un derecho absoluto a una vivienda gratuita, sino que busca garantizar que se establezcan las condiciones para que cada persona tenga la oportunidad de acceder a una vivienda digna.

Además de este artículo, otros aspectos de la Constitución también influyen en la legislación de vivienda en España. Por ejemplo, el artículo 33 (C.E, 1978: 9) establece el "derecho a la propiedad privada (...)", y reconoce que "nadie puede ser privado de sus bienes y derechos sino por causa justificada de utilidad pública o interés social, mediante la correspondiente indemnización y de conformidad con lo dispuesto por la ley".

En términos prácticos, la legislación de vivienda en España ha evolucionado a lo largo de los años para abordar cuestiones como el acceso a la vivienda, los desahucios, los alquileres, la promoción de vivienda social y otros aspectos relacionados. Se han aprobado leyes específicas para regular el mercado de alquiler, así como para establecer medidas de protección a los ciudadanos en riesgo de desahucio.

A su vez, nuestra Carta Magna (CE, 1978: 30), establece en su artículo 148.1 que "las Comunidades Autónomas pueden asumir competencias en diversas materias, incluida la vivienda". En concreto, en su apartado 3ª se establece la "Ordenación del territorio, urbanismo y vivienda". Esto significa que las Comunidades Autónomas tienen la posibilidad de desarrollar, a través de sus diferentes Estatutos de Autonomía, normativas y políticas específicas en materia de vivienda dentro de los límites establecidos por la Constitución y las leyes estatales. Cada Comunidad Autónoma puede establecer sus propias regulaciones y medidas relacionadas con la vivienda, adaptadas a sus necesidades y circunstancias particulares.

Por otro lado, a nivel europeo el derecho a la vivienda y el reconocimiento de ésta como bien de primera necesidad, se recoge en la Declaración Universal de los Derechos Humanos de 1948, por primera vez (Rodríguez (2010: 142). Tres cuartos de siglo después, el problema de acceso a una vivienda sigue vigente.

El desarrollo legislativo en materia de vivienda en las Comunidades Autónomas de España, es de gran importancia debido a varios factores clave:

1. Diversidad de Situaciones: Cada Comunidad Autónoma puede tener realidades y necesidades diferentes en términos de vivienda. Al tener la capacidad de regular la vivienda a nivel local, se pueden abordar problemas y retos específicos que no serían iguales en todas las regiones del país.
2. Adaptación a la Realidad Local: Las Comunidades Autónomas pueden ajustar las políticas y regulaciones de vivienda según su contexto local, considerando aspectos como el mercado inmobiliario, las condiciones económicas y las demandas de la población.
3. Fomento de la Vivienda Asequible: Las Comunidades Autónomas pueden implementar medidas para promover la vivienda asequible y la vivienda social, que se adapten a las necesidades de su población y a las realidades de sus mercados inmobiliarios.
4. Prevención de Desahucios: La legislación autonómica puede incluir medidas para prevenir los desahucios y proteger a los ciudadanos en situaciones de vulnerabilidad. Esto puede incluir la regulación de los alquileres, los procesos de desahucio y la protección de los inquilinos.
5. Promoción de la Rehabilitación: Las Comunidades Autónomas pueden establecer incentivos y regulaciones para fomentar la rehabilitación de edificios y viviendas, contribuyendo así a la conservación del patrimonio urbano y mejorando la eficiencia energética.

6. Innovación y Experimentación: Al tener autonomía para legislar sobre vivienda, las Comunidades Autónomas pueden experimentar con enfoques nuevos y creativos para abordar los problemas de vivienda, lo que puede conducir a soluciones innovadoras y más efectivas.
7. Participación Ciudadana: La legislación de vivienda a nivel autonómico puede ser más accesible para la población local, lo que permite una mayor participación ciudadana en la formulación y revisión de políticas y regulaciones.
8. Control del Territorio: La regulación de la vivienda a nivel autonómico está estrechamente relacionada con la planificación territorial y urbanística, permitiendo a las Comunidades Autónomas influir en la forma en que se desarrollan sus ciudades y pueblos.

La legislación de vivienda en las Comunidades Autónomas es crucial para adaptar las políticas a las realidades locales y abordar de manera más efectiva los desafíos y necesidades específicas en el ámbito de la vivienda. A través de esta legislación, se puede trabajar en la creación de un entorno habitacional más justo, accesible y sostenible para los ciudadanos. El primer ejemplo lo encontramos en el año 2007, cuando Cataluña aprueba la primera Ley autonómica reguladora de política de vivienda (Ley 18/2007), con una marcada perspectiva holística sobre el derecho a la vivienda, frente a las necesidades propias del sector inmobiliario.

2. *Normativa y planes de vivienda*

La crisis económica y financiera que sufrió España en el año 2007, tuvo un profundo impacto en el mercado inmobiliario y en las políticas de vivienda en nuestro país. Las políticas públicas en materia de vivienda a nivel autonómico hasta esa fecha, se enmarcaban dentro de los Planes estatales de vivienda, orientados a fomentar la creación de viviendas de Protección Oficial en momentos de crisis del sector inmobiliario, en detrimento a la perspectiva de la ciudadanía, como un derecho a la vivienda (Clavell, 2023). En palabras de Rodríguez (2010: 127) “las decisiones tomadas a nivel político (…) desde la época del desarrollismo se ha utilizado la construcción residencial como motor económico”.

2.1. Boom inmobiliario y burbuja inmobiliaria (1997-2007)

Durante la década que precedió a la crisis, España experimentó un auge inmobiliario con un aumento en la construcción y un aumento en los precios de la vivienda. Este aumento estaba respaldado por un acceso relativamente fácil al crédito hipotecario y una creencia generalizada de que los precios de la vivienda seguirían aumentando. En palabras de José García Montalvo (García-Montalvo, 2007), estábamos ante "un tumor inmobiliario", del que se preveía fuera maligno, pero aún con ausencia de un diagnóstico definitivo.

Con el Impacto de la Crisis Económica, se desencadena:

1. Caída del Mercado Inmobiliario: A medida que la crisis financiera internacional se intensificó, los precios de la vivienda comenzaron a disminuir significativamente. La demanda de viviendas cayó drásticamente y muchas promociones inmobiliarias quedaron paralizadas por la falta de compradores y la dificultad de financiación.
2. Desempleo y Endeudamiento: La crisis económica resultó en un aumento del desempleo en España, lo que afectó negativamente la capacidad de muchas personas para pagar sus hipotecas. Además, muchas familias ya habían acumulado deudas considerables debido a la facilidad de acceso al crédito en años anteriores.

Todo ello impactó directamente sobre las Políticas de Vivienda:

- Atención a la Deuda Hipotecaria: La crisis puso de manifiesto la fragilidad del mercado hipotecario y la dificultad para cumplir con las obligaciones hipotecarias. Esto hizo que el gobierno adoptara medidas para hogares con deudas y prevenir desahucios.
- Políticas de Vivienda Social: La crisis también llevó a un aumento en la demanda de vivienda social y alquiler asequible. Las políticas gubernamentales comenzaron a enfocarse más en la promoción de viviendas de protección oficial y en el fomento del alquiler.
- Reestructuración del Sector Inmobiliario: Muchas empresas inmobiliarias se vieron afectadas por la crisis, lo que llevó a la necesidad de reestructurar el sector. Se tomaron medidas para intentar revitalizar la construcción y para abordar la gran cantidad de viviendas vacías que se habían construido en el auge inmobiliario.
- Cambio en la Mentalidad sobre la Propiedad: La crisis cambió la percepción de la vivienda como una inversión segura. Muchos españoles comenzaron a valorar más el alquiler y la asequibilidad de la vivienda en lugar de la propiedad como un objetivo primordial.

Lo que ha quedado en evidencia tras superar la crisis inmobiliaria es que, acceder a una vivienda, ya sea de alquiler o en propiedad "no puede quedar íntegramente abandonada al mercado como no lo están la sanidad, la educación, los servicios sociales u otros ámbitos prestacionales esenciales para el desarrollo de la vida de los ciudadanos". (Tejedor, 2012: 49).

2.2. Legislación autonómica en materia de vivienda

Las medidas gubernamentales se centraron en abordar la deuda hipotecaria, promover la vivienda social y ajustar el enfoque en políticas más realistas y sostenibles en el sector de la vivienda. Tanto a nivel estatal como autonómico, las administraciones se vieron obligadas a enfrentar las emergencias sociales que surgieron como resultado de los desahucios y la falta de vivienda asequible. "Entre los años 2008 y el 2017 se iniciaron en España un total de 755,875 procedimientos de ejecución hipotecaria" (Paleo y Quintiá, 2020: 309). Esto llevó a la implementación de medidas de protección para los ciudadanos en riesgo de perder sus hogares y al enfoque en políticas de vivienda social y alquiler asequible para abordar las necesidades más urgentes.

En base a ello, transitaremos por las diferentes legislaciones y planes de vivienda de cada comunidad autónoma, destacando las medidas y objetivos más relevantes. Las diferencias y similitudes que podamos encontrar, aportarán información en cuanto el nivel de promoción del derecho a la vivienda que cada autonomía implementa en sus planes y legislaciones.

Tal y como se recoge en la tabla A1, disponible en el Anexo de este capítulo, las comunidades autónomas en virtud de sus competencias, desarrollan e implementan las medidas previstas en el Plan Estatal de Vivienda 2022-2025. Las excepciones son Navarra y País Vasco que quedan excluidas de la aplicación de la Ley Estatal de Vivienda, debido a su régimen foral y que disponen de leyes de vivienda propias.

El catálogo de medidas en forma de ayudas, subvenciones, medidas fiscales y normativas, son extensas, si bien presentan similitudes en cuanto constituyen una trasposición de las medidas previstas en el Plan Estatal de Vivienda. No obstante, los períodos que abarcan los Planes de Vivienda de las comunidades autónomas que disponen de este instrumento son variados, siendo más extensos en cuanto al tiempo que el propio Plan Estatal de Vivienda; así el Plan Vive de Andalucía comprende el periodo 2020-2030, el Plan de Vivienda de Extremadura comprende los años 2022-2027, el Plan de Vivienda de Navarra abarca los años 2018-2028 y el Plan 2400 de Vivienda Protegida de Valencia se extiende hasta 2026.

Algunas como Extremadura, desarrollan medidas con financiación procedente de la Junta de Extremadura, exclusivamente. Debido a la idiosincrasia de su territorio, pone en marcha programas con financiación propia tales como el Programa de ayudas al promotor de vivienda protegida de nueva construcción, Programa de vivienda protegida autopromovida y el Programa de ayuda directa a la entrada para adquisición de vivienda.

En el caso de la Región de Murcia, entre sus medidas destaca una considerada pionera en España, que consiste en obtener el 100% de la financiación para la compra de la primera vivienda. El Aval Joven, está limitada a 35 años y cubre hasta el 20% del valor de la vivienda. También en esta región, se han llevado a cabo medidas de desprotección de vivienda social, pasando la vivienda a ser propiedad de las familias que la han ocupado durante 25 años. Estas medidas, junto al nuevo modelo de vivienda protegida de la región que pretende dar una mayor cuota de mercado del sector inmobiliario a las viviendas con algún tipo de regulación, reafirman y se orientan hacia la propiedad (Peñarrubia y Sanz, 2022).

Otro aspecto novedoso en los contenidos de las distintas medidas que se llevan a cabo a nivel territorial, lo encontramos en el País Vasco, que prevé la participación en la elaboración de los dos documentos que servirán de base a la política de vivienda a desarrollar (Plan Director 2021-2023 y Pacto Social por la Vivienda 2021-2036) y es que, el trabajo colaborativo y compartido ha sido su seña de identidad, facilitando la participación en su elaboración de agentes del sector, expertos y ciudadanía.

3. *Ayudas y subvenciones*

Dentro del catálogo de prestaciones de los planes de vivienda se recogen las distintas ayudas de alquiler que permiten a las personas, que han optado por este régimen de tenencia, poder mantenerse en su entorno habitual o, en el caso de los jóvenes, poder emanciparse. Así, el RD 42/2022 del 18 de enero que regula el bono de alquiler joven y el Plan Estatal para el acceso a la vivienda 2022-2025 recoge, entre otras medidas, ayudas directas para el alquiler a colectivos vulnerables y a los jóvenes, destinando no solo el bono de alquiler joven mencionado, sino ayudas específicas de alquiler atendiendo al criterio de edad. Porque, tal y como afirma Leal y Martínez (2021: 58) “estas ayudas solo son eficaces si se concentran en un segmento determinado de esos hogares porque una generalización actuaría de forma contradictoria al impulsar la elevación de los alquileres por cantidades similares a esas ayudas”.

Por ello, “las ayudas al alquiler tienen algunas aparentes ventajas y no pocos peligros a los que hay que prestar atención” (Burón, 2021: 21). Entre los problemas, además del mencionado anteriormente, esa inflación inducida, también se apunta a la posibilidad de que pueda haber fraude por un acuerdo entre propietario e inquilino, lo que para Burón (2021) implica crear un sistema administrativo fuerte de control y seguimiento; además al tratarse de medidas de carácter temporal y no permanentes en el tiempo, son importantes, pero han de aplicarse conjuntamente con otras medidas.

El Consejo Económico y Social de la Región de Murcia (Peñarrubia y Sanz, 2022) en su informe, postula que, en defensa de las políticas de acceso a la vivienda en propiedad, y en relación a las ayudas de alquiler dirigida a los jóvenes, cabe destacar que "la apuesta por la subvención del (...) alquiler puede suponer una ayuda a ciertos colectivos en un momento determinado, pero quizás se convierta en un problema a medio plazo (10-15 años) cuando la situación personal de estos colectivos cambie".

Sin embargo, según recoge el Consejo Económico y Social en su informe de 2017, la aplicación de las distintas medidas contempladas en el Plan de Vivienda, se llevan a cabo de manera desigual en el territorio, ya que su ejecución depende de las comunidades autónomas y de la financiación de ambas administraciones, precisando de la firma de convenios que sufren importantes retrasos, existiendo además prioridades de financiación distintas en cada administración.

Así, por ejemplo, el bono de alquiler joven ha experimentado esta desigual implantación, tal y como señala una noticia publicada el 20 de enero de 2023 por Newtral (García, 2023); tras un año de la entrada en vigor del RD 42/2022 que regula esta medida, solo 7 comunidades autónomas habían comenzado a pagar el bono de alquiler joven, en la casi totalidad el plazo está cerrado y en algunas continuaba abierto a mediados de año. El alcance de esta medida también podría ser cuestionable, puesto que existe un importante desequilibrio entre las personas jóvenes que lo solicitan y el número de solicitudes que pueden ser satisfechas. De este modo, en comunidades autónomas como Canarias, solo existe financiación para un 15% de las solicitudes presentadas; en Valencia para un 16%, Castilla La Mancha, 23% y Cataluña, 24%. En otro extremo se encuentra Aragón, por ejemplo, que puede hacer frente al 62% de las solicitudes presentadas.

4. *Reflexiones sobre las fortalezas y debilidades de los planes de vivienda*

No obstante, y a pesar de todos los planes y las medidas implantadas, el acceso a la vivienda continúa siendo complicado para determinados colectivos, sobre todo aquellos con las rentas más bajas. En España, en 2022, la tasa de riesgo de pobreza o de exclusión social es del 26% y un 11,6% tienen dificultades para hacer frente a gastos relacionados con la vivienda, entre los que se incluye el pago de la hipoteca o el del alquiler. Los jóvenes "empobrecidos" superan la tasa estatal alcanzando el 27,3%, lo que dificulta su emancipación. Según la Encuesta Continua de Hogares del INE para el año 2020, el 55% de los jóvenes con edades entre los 25 a los 29 años, continuaba viviendo con los padres, debiéndose a factores objetivos como la prolongación de la formación, la precariedad laboral y la dificultad de acceso a la vivienda (CES, 2002). Según el Observatorio de la Emancipación, la tasa de emancipación ha ido descendiendo en los últimos años situándose en torno a un 16,75%, estando muy por debajo de la tasa europea que alcanza el 26,5% para el año 2022. El 48% de los jóvenes continúa estudiando, las tasas de paro juvenil están en torno al 43,11% y los precios de la vivienda continúan creciendo (INE, 2022). Por otra parte, el Banco de España, alerta en su informe de que existe un claro desequilibrio entre la oferta y demanda de vivienda, complicando aún más la situación en el acceso a la vivienda, ya sea en propiedad o en alquiler, previendo que los precios seguirán altos en los próximos años. (San Juan, 2023).

Actualmente, se ha producido un incremento en el número de personas que optan por el alquiler; un 15,9% para el año 2021, frente al 13,5% de hogares que residían de alquiler en 2011 (INE, 2023). Aún a pesar de esta evolución alcista hacia el alquiler, la realidad española está muy lejos de alcanzar las cifras europeas que rondan el 30%. (Eurostat, 2021). A pesar de este incremento, debido principalmente a la preferencia de los jóvenes y los adultos jóvenes hacia este régimen de tenencia, España sigue siendo un país de propietarios (CES, 2022).

Esta tendencia hacia la propiedad no es fortuita, sino que "es el resultado de una continuada política de estímulo a la propiedad". (Pareja-Eastaway y Sánchez-Martínez, 2011: 49). Para algunos de los profesionales entrevistados, esta tendencia hacia la propiedad de la vivienda que se manifiesta en el conjunto del territorio español, no se considera negativo, sino que lo valoran como una fortaleza "en cuanto a su contribución a la estabilidad económica y social de las familias" (A1, experto académico). De hecho, la vivienda se convierte en muchos casos, en "la principal (y en la mayor parte de los casos la única) oportunidad de ahorro e inversión (enriquecimiento) para la mayoría de hogares" (Vinuesa et al, 2009: 506), así como la formación de un patrimonio y la consiguiente seguridad económica de las familias que optan por la propiedad (Muñoz, 2019). Sin embargo, para otros, este hecho es visto como una debilidad.

> *Ha provocado un déficit endémico en el sector del alquiler, tanto público como privado, menoscabando las posibilidades de utilizar la provisión de vivienda como eje fundamental de un débil y limitado Estado de Bienestar en España (A6, experto/a académico/a).*

Con este escenario, y con las posibilidades de compra de vivienda alejadas por la subida de precios y la dificultad de acceder a un préstamo, la opción del alquiler, y la mayoría de veces, alquiler compartido, es la única salida para que los jóvenes puedan iniciar su proyecto de vida y para el acceso a la vivienda del conjunto de la ciudadanía.

Algunos autores (Sosa, 2019; Tejedor, 2012; Vinuesa et al, 2009), apuntan hacia la rehabilitación y hacia la generación de un parque público de viviendas de alquiler, para hacer efectivo el derecho a la vivienda protegido constitucionalmente. Asimismo, para alguno de los profesionales entrevistados precisamente es la escasa inversión en vivienda social la principal debilidad de las políticas de vivienda en los ámbitos nacional y autonómico, considerando necesarios programas públicos de financiación.

> *Los programas públicos de financiación que permitan a los jóvenes acceder a la propiedad de la vivienda y una evaluación seria y seguimiento de las políticas adoptadas para calibrar su impacto real (A14, experto/a académico/a).*

En palabras de Burón,"Cualquier que, por su parte, afirme que se puede hacer una buena política pública de vivienda sin gastar dinero, de nuevo, se equivoca o miente" (Burón, 2021: 12).

5. *Referencias*

Burón, J. (2021). España: Misión vivienda. La contribución de Barcelona a la convergencia española con las buenas prácticas europeas. *Boletín Comisión Privado,* 28, 11-27. http://www.juecesdemocracia.es/2021/11/18/boletin-privado-numero-28-2021/

Clavell, D. (2023, 24 mayo). Legislación de las comunidades autónomas: ¿Cuál es el margen de actuación según el Tribunal Constitucional? https://onx.la/370ad.

BOE. (29 de diciembre de 1978). *Constitución Española*. Boletín Oficial del Estado, núm. 311, 1-40.

BOE. (27 de febrero de 2008). *Ley 18/2007, de 28 de diciembre, del derecho a la vivienda*. Boletín Oficial del Estado, núm. 50, 11653-11696.

Consejo Económico y Social (2017). *Informe Políticas Públicas para combatir la pobreza en España*. CES.

Consejo Económico y Social (2022). *Informe sobre la situación socioeconómica y laboral. España 2022*. CES.

Eurostat (2023). Age of Young people leaving their parental household. Disponible en: https://ec.europa.eu/eurostat/statistics-explained/index.php?title=Age_of_young_people_leaving_their_parental_household&oldid=539345

García, L. (2023, 20 de enero). Al menos siete CCAA ya están pagando el bono joven del alquiler un año después de su entrada en vigor. Newtral. https://www.newtral.es/bono-joven-del-alquiler-comunidades-autonomas/20230120/

García-Montalvo, J. (2007). Algunas consideraciones sobre el problema de la vivienda en España. *Papeles de Economía Española*, 113, 138-153.

INE (2023). *Encuesta de condiciones de vida.* Instituto Nacional de Estadística.

INE (2023). *Índice de precios de vivienda.* Instituto Nacional de Estadística.

INE (2023). *Encuesta de características esenciales de la población y viviendas.* Instituto Nacional de Estadística.

Leal, J. y Martínez, A. (2021). El ocaso de un modelo de vivienda de difícil reemplazo. *Ciudad y Territorio Estudios territoriales*, 53, 43-60. https://doi.org/10.37230/CyTET.2021.M21.03.

Muñoz, D. (2019). *Reconstrucción del derecho a la vivienda en España. Una nueva perspectiva constitucional.* Wolters Kluwer.

Paleo, N. y Quintiá, A. (2020). Las políticas de vivienda desde una perspectiva multinivel: un análisis comparado de la legislación autonómica. En N. Paleo, y A. Nogueira *(coords.) Políticas y derecho a la vivienda: gente sin casa y casas sin gente* (309-349). Tirant lo Blanch. https://onx.la/fb9f3

Pareja-Eastaway, M. y Sánchez-Martínez, M. (2011). El mercado de vivienda en España. En S. Nasarre y H. Simón *(coords.) El acceso a la vivienda en un contexto de crisis* (31-51). Edisofer.

Peñarubia, D. y Sanz, J. P. (2022). *El acceso a la vivienda en la Región de Murcia. Retos y oportunidades tras la COVID-19.* CERM Cuadernos 17. https://www.cesmurcia.es/cesmurcia/paginas/publicaciones/UltimasPublicaciones.seam?publd=2961&cid=13828

Rodríguez, R. (2010). La política de vivienda en España en el contexto europeo. Deudas y retos. *Revista INVI (69)25, 125-159.* http://dx.doi.org/10.4067/S0718-83582010000200004

San Juan, L. (2023). El desajuste entre la oferta y la demanda de vivienda, y su relación con los precios. *Boletín Económico Banco de España, 2023/T2, 09.* https://doi.org/10.53479/30189

Sosa, M. (2011). Dificultades y alternativas. Constatación de una realidad. En S. Nasarre y H. Simón (coords.) *El acceso a la vivienda en un contexto de crisis* (97-99). Edisofer.

Tejedor, J. (2012). *Derecho a la vivienda y burbuja inmobiliaria. De la propiedad al alquiler y la rehabilitación.* Wolters Kluwer.

Vinuesa, J., De la Riva, J.M., y Palacios, A.J. (2009). Política de vivienda y urbanismo. *Ciudad y Territorio Estudios Territoriales*, Vol. *XLI* núm. (161-162), 505-520.

Cuadro 1. Legislación autonómica en materia de vivienda

CA	Ley	Decreto/Plan
Andalucía	2010 Ley 1/2010, de 8 de marzo, Reguladora del Derecho a la Vivienda en Andalucía. – Derecho a una vivienda digna y adecuada, con carácter finalista (calidad, sostenibilidad y eficiencia). – Actuación prioritaria: fomento de la conservación, mantenimiento y rehabilitación del parque de viviendas. – Los planes fomentarán la participación de los agentes económicos y sociales más representativos de la Comunidad Autónoma, así como la colaboración con las asociaciones profesionales, vecinales y de los consumidores. – Creación de Registros Públicos Municipales de Demandantes de Vivienda Protegida (conocer las necesidades reales de vivienda protegida).	2020-2030 Decreto 91/2020, de 30 de junio, por el que se regula el Plan Vive en Andalucía, de vivienda, rehabilitación y regeneración urbana de Andalucía 2020-2030. – Acciones y medidas destinadas a hacer real y efectivo el derecho a una vivienda digna y adecuada. – Bolsas de viviendas destinadas al realojo de personas en situación de emergencia habitacional y a personas que hayan sido desahuciadas. – Fomentando el acceso de los ciudadanos a la vivienda a un precio asequible, mediante la adopción de medidas dirigidas al incremento de la oferta del parque de viviendas en alquiler y en venta.
Aragón	2003 Ley 24/2003, de 26 de diciembre, de medidas urgentes de política de vivienda protegida. – Colaboración de las entidades locales y agentes privados. v Promover la vivienda protegida y asequible (tipología, promoción, construcción y derechos/deberes de los ciudadanos). – Abordar cuestiones relacionadas con el acceso a la vivienda, la regulación del mercado y la protección de los ciudadanos en riesgo de exclusión (incentivos para los promotores de viviendas protegidas/asequibles). – Regulación del Registro de Solicitantes de Vivienda Protegida de Aragón (La CC. AA gestiona y las entidades locales adjudican).	2022-2025 Decreto 73/2023, de 17 de mayo, del Gobierno de Aragón, por el que se aprueban el Plan de Vivienda 2022-2025 y medidas complementarias en materia de rehabilitación energética de viviendas. – Incorpora y modula al territorio aragonés, los programas de ayudas previstos en el Plan estatal de acceso a la vivienda 2022-2025 (programas de ayuda al alquiler, a las víctimas de violencia de género, bono alquiler joven, entre otros). – Incorpora disposiciones del Real Decreto 853/2021, de 5 de octubre, por el que se regulan los programas de ayuda en materia de rehabilitación residencial y vivienda social del Plan de Recuperación, Transformación y Resiliencia. – Definición de vivienda social y de vivienda de alquiler asequible haciéndolas compatibles con la vivienda protegida.

CA	Ley	Decreto/Plan
Asturias	2004 Ley del Principado de Asturias 2/2004, de 29 de octubre, de medidas urgentes en materia de suelo y vivienda. – Consenso entre propietarios, promotores y administraciones, para conseguir viabilidad social y económica de la construcción de viviendas protegidas. – Nueva modalidad de vivienda protegida, denominada "concertada". – Limitación máxima de precios en viviendas protegidas. 2005 Decreto 92/2005, de 2 de septiembre, por el que se aprueba el Reglamento en la materia de Vivienda de la Ley del Principado de Asturias 2/2004, de 29 de octubre, de Medidas Urgentes en Materia de Suelo y Vivienda. – Desarrollo reglamentario de la Ley 2/2004. – Fases en el proceso de declaración asi como limitaciones, prohibiciones, destino entre otros. de la vivienda protegida concertada.	2022 Plan Asturias Suma En Mejora Energética (Plan Asume). – Objeto: campaña de información y divulgación. – Papel ejemplarizante de las Administraciones en el contexto energético actual. – Medidas: 1) ahorro energético en edificios públicos; 2) despliegue acelerado de autoconsumo en instalaciones y edificios públicos; 3) contratos de rendimiento energético y cláusulas de ahorro en las administraciones públicas; 4) plan de reducción de consumo energético en alumbrado exterior y 5) campañas de información y divulgación.
Islas Baleares	2018 Ley 5/2018, de 19 junio, de la Vivienda de las Islas Baleares. – Importancia social esencial de la vivienda. – Línea estratégica prioritaria de las administraciones públicas: atención a la población carente de vivienda, y también a las personas que se encuentran en riesgo de pérdida de este bien de primera necesidad. – Se define la figura del "gran tenedor de vivienda", articulando, posteriormente, medidas para ampliar el parque de vivienda en régimen de alquiler de gestión pública.	2019 Decreto 36/2019, de 10 de mayo, por el que se regulan las viviendas desocupadas, el Registro de viviendas desocupadas de grandes tenedores y el procedimiento de cesión obligatoria por parte de los grandes tenedores. – Políticas de fomento para potenciar la incorporación al mercado de las viviendas desocupadas y el deber de colaboración en la detección de estas situaciones. – Creación del Registro de viviendas desocupadas. Estas viviendas podrán ser objeto de cesión temporal al Instituto Balear de la Vivienda que alquilará bajo normativa básica estatal.

CA	Ley	Decreto/Plan
Canarias	2003-2014 Ley 2/2003, de 30 de enero, de Vivienda de Canarias (Ley 2/2014, de 20 de junio, de modificación de la Ley 2/2003, de 30 de enero, de Vivienda de Canarias y de medidas para garantizar el derecho a la vivienda). – Reordenar la intervención de las administraciones públicas frente a las formas tradicionales de actuación (en cuanto a promoción, financiación y reglamentación de las viviendas de protección pública). – Creación del Instituto Canario de Vivienda para agilizar y simplificar la gestión. Participación de representantes municipales, junto a autonómicos e insulares.	2020-2025 Plan de Vivienda de Canarias 2020-2025. – Acción conjunta y coordinada de todas las Administraciones públicas, con un papel estratégico de las entidades locales. – Fines fundamentales: 1. Facilitar el acceso a la vivienda a la ciudadanía en condiciones asequibles y evitar la exclusión social. 2. Incentivar la rehabilitación y la promoción de viviendas. 3. Facilitar el cambio hacia un modelo de ciudad o núcleo urbano sostenible y accesible
Cantabria	2014-2015 Ley 5/2014, de 26 de diciembre, de Vivienda Protegida de Cantabria. Parcialmente modificada por la Ley 6/2015, 28 diciembre, de Medidas Fiscales y Administrativas. – Primera Ley que se dicta en Cantabria sobre vivienda protegida. – Necesario dar respuesta a los nuevos retos de la sociedad como el envejecimiento de la población y del parque edificado, la adaptación al cambio climático, el despoblamiento rural, el cambio del modelo económico, el cumplimiento de los objetivos de la agenda 2030. – Uso racional del territorio y su desarrollo sostenible.	2018-2021 Plan de Vivienda Cantabria 2018-2021. – Objetivo: garantizar el derecho constitucional del disfrute de una vivienda digna y adecuada. – Establece seis ejes estratégicos que abarcan desde la actuación en casos de emergencia social, hasta las medidas de apoyo a la accesibilidad y la rehabilitación, e incluso las propuestas para la política fiscal que afecta a la vivienda. – Impulso a la movilización de vivienda vacía para su destino al alquiler.

CA	Ley	Decreto/Plan
Castilla y León	2010 Ley 9/2010, de 30 de agosto, del derecho a la vivienda de la Comunidad de Castilla y León. – Vivienda en estrecha relación con urbanismo y ordenación del territorio. – Regula una nueva tipología de vivienda de protección pública en el medio rural con características propias y diferentes a la vivienda del medio urbano. – Ofrece protagonismo a las entidades locales. – Protección de los ciudadanos en la adquisición y arrendamiento de viviendas y la garantía de acceso a las viviendas de protección pública en condiciones de igualdad.	2018-2021 Plan de Vivienda de Castilla y León 2018-2021. – Ayudas al alquiler para distintos colectivos (jóvenes, mayores y personas con ingresos más bajos y familias en riesgo de desahucio). – Subvenciones para fomentar la mejora de la eficiencia energética y accesibilidad de las viviendas. – Ayudas para jóvenes que quieran acceder a una vivienda. – Subvenciones para vivienda en alquiler a personas mayores y con discapacidad.
Castilla-La Mancha	2002 Ley 2/2002, de 7 de febrero, por la que se establecen y regulan las diversas modalidades de viviendas de protección pública en Castilla-La Mancha. – Apuesta por un modelo de organización interna de las ciudades y pueblos de Castilla-La Mancha con barrios diversos socialmente, más solidarios y que ofrezcan una mayor calidad de vida. 2004 Decreto 3/2004, de 20 de enero, de Régimen Jurídico de las Viviendas con Protección Pública. – Desarrollo normativo de la Ley 2/2002. – La promoción de viviendas es un importante instrumento para combatir la exclusión social de los grupos de población más vulnerables.	2022-2025 Proyecto de Decreto por el que se regula el Plan de Vivienda de Castilla-La Mancha (2022-2025). Este futuro Plan (aún sin aprobar), tiene por objetivo implementar políticas (contando con la participación ciudadana), atendiendo a las particularidades territoriales (niveles de renta, estructura demográfica, tamaño de los núcleos de población, estado de conservación del parque inmobiliario, etc).

CA	Ley	Decreto/Plan
Cataluña	2007 Ley 18/2007, de 28 de diciembre, del derecho a la vivienda. – Pretende adaptarse a las nuevas realidades del mercado, con viviendas que atiendan las necesidades de la población que precisen un alojamiento (la llamada "cuestión urbana"). – Regulando precios para las rentas bajas y medias. – Objetivo: en veinte años, el 15% de viviendas destinadas a políticas sociales. – Regulando la protección de los consumidores y usuarios de viviendas (defensa de los intereses colectivos, así como de los derechos individuales asociados a la vivienda).	2023 (en trámite procedimiento de Proyecto de Decreto) Pla territorial sectorial d'habitatge de catalunya (Estado de tramitación: fase de solicitud de dictámenes). – Constituye el marco orientador para la aplicación, en todo el territorio de Cataluña, de las políticas de vivienda que establece la Ley 18/2007, de 28 de diciembre, del derecho a la vivienda. – Todos los nuevos hogares que se formarán en los 15 años siguientes a su aprobación (mayoría de los cuales serán de personas jóvenes) puedan acceder a una vivienda digna y adecuada en términos de precio, localización, régimen de tenencia, superficie, y estado de conservación.
Extremadura	2019 Ley 11/2019, de 11 de abril, de promoción y acceso a la vivienda de Extremadura. – Vivienda: como bien necesario (naturaleza social); y, como bien de mercado (naturaleza económica). – Derecho a la vivienda entendido como el derecho de toda persona a acceder a una vivienda digna, de calidad y adecuada a su situación personal, familiar, económica, social y capacidad funcional. – Modelo de desarrollo sostenible preservando y mejorando la calidad medioambiental.	2022-2027 Plan de Vivienda de Extremadura 2022-2027. – Garantía del acceso a la vivienda como un derecho de la ciudadanía. – La vulnerabilidad residencial (dificultades para disponer de un lugar digno para habitar y desarrollar un proyecto de vida), es hoy una de las principales causas de desigualdad y de riesgo de pobreza y exclusión.
Galicia	2012 Ley 8/2012, de 29 de junio, de vivienda de Galicia. Parte de los principios de igualdad y transparencia en el acceso a las viviendas protegidas y a las ayudas públicas. – Permite estimular la promoción y rehabilitación de las viviendas en general y de las protegidas en particular.	2021-2025 Pacto da vivienda de Galicia 2021-2025. – Mayor atención en el acceso a la vivienda a las personas con más dificultad. – Fomentar el acceso al alquiler, rehabilitación de edificios, y la regeneración y renovación urbana.

CA	Ley	Decreto/Plan
Madrid	1997 Ley 6/1997, de 8 de enero, de Protección Pública a la Vivienda. – Creación de la vivienda con protección pública, fomentando su acceso. 2009 Decreto 74/2009, de 30 de julio, del Consejo de Gobierno, por el que se aprueba el Reglamento de Viviendas con Protección Pública de la Comunidad de Madrid. – Definición flexible de vivienda de protección pública, fijando unos límites de superficie y precios máximos (entre otros). – Establece un sistema específico de arrendamiento con opción compra dentro del régimen de protección.	2020 Plan VIVE DECRETO 84/2020, de 7 de octubre, del Consejo de Gobierno, por el que se regula el procedimiento de asignación y el uso de viviendas construidas al amparo de concesión demanial en suelos de redes supramunicipales. – Construcción de viviendas en alquiler asequible en suelos de titularidad de la Comunidad de Madrid. – Determina quién puede acceder a una vivienda protegida en régimen de arrendamiento, promoviendo la efectividad del derecho constitucional a una vivienda digna.
Murcia	2015 Ley 6/2015, de 24 de marzo, de la Vivienda de la Región de Murcia (con efectos de 16 de octubre de 2020, denominada "Ley de Vivienda y Lucha contra la Ocupación de la Región de Murcia", según establece el art. 1.1 de la Ley 3/2022, de 24 de mayo). – Actividad pública correctora en materia de vivienda, para garantizar el mantenimiento del Estado Social de Derecho, protegiendo a los sectores sociales más desfavorecidos. – Pleno respeto al derecho a la propiedad privada. – Establecimiento de una planificación y régimen propio de viviendas protegidas. – Regulación de políticas activas para el fomento y potenciación del alquiler (incentivos que permitan la puesta en el mercado del alquiler de viviendas vacías y desocupadas, o la regulación de la intermediación en el mercado de la vivienda).	2009 Decreto n.° 321/2009, de 2 de octubre, por el que se regula el Plan Regional de Vivienda para el cuatrienio 2009-2012. – Instrumento único regulador de la política de vivienda en la Región de Murcia. – Especial atención a los jóvenes menores de 35 años, a las personas dependientes o con discapacidad oficialmente reconocida y a las familias que las tengan a su cargo, a las familias numerosas y a los desempleados. – Fomento de la construcción de viviendas destinadas al alquiler. – Potenciar el uso sostenible del parque inmobiliario existente (uso energías renovables, condiciones de habitabilidad, rehabilitación de edificios y viviendas).

CA	Ley	Decreto/Plan
Navarra	2010 Ley Foral 10/2010, de 10 de mayo, del Derecho a la Vivienda en Navarra. – Reconocido por Ley Orgánica 13/1982, el carácter de exclusivo en la competencia foral en materia de vivienda, junto al de ordenación del territorio y urbanismo. – La vivienda constituye un elemento que condiciona el proyecto vital y profesional de las personas y las familias. – Generar suelo para viviendas protegidas, fomentar el alquiler y rehabilitación, generar consensos para mejor colaboración entre el Gobierno de Navarra y las Entidades Locales. 2018 Ley Foral 28/2018, de 26 de diciembre, sobre el derecho subjetivo a la vivienda en Navarra. – La vivienda es lo que permite a los ciudadanos constituirse como tales, y por ende, como miembros de una sociedad. Sin vivienda no hay ciudadanía, y sin ciudadanía no hay sociedad ni, valga la redundancia, Estado social alguno. – Plantea el derecho a la vivienda, como un derecho fundamental. – Esta ley foral reconoce, de forma explícita y con carácter de reclamable ante las Administraciones Públicas, el derecho subjetivo a una vivienda digna y adecuada.	2018-2028 Plan de Vivienda de Navarra 2018-2028. – Énfasis en las necesidades de las personas en situación de mayor vulnerabilidad social y económica. A la vez, atendiendo al sector de la construcción como generador de empleo y riqueza. – Principio de sostenibilidad ambiental (consumo energético doméstico, reducción de las emisiones de gases de efecto invernadero y aprovechamiento de la ciudad ya construida frente al consumo de nuevos suelos).

CA	Ley	Decreto/Plan
La Rioja	2007 Ley 2/2007, de 1 de marzo, de Vivienda de la Comunidad Autónoma de La Rioja. – Primera Ley de vivienda de la Comunidad Autónoma de La Rioja. – Supone una apuesta decidida por la intervención de los poderes públicos en garantía de los intereses de los ciudadanos y en búsqueda de un buen funcionamiento de la promoción y construcción de viviendas y, en general, del propio mercado de la vivienda.	2018 Decreto 30/2018, de 20 de septiembre, por el que se regula el Plan de Vivienda de La Rioja 2018-2021. – Hacer viable la aplicación del Plan Estatal de Vivienda 2018-2021, complementando programas autonómicos específicos (apoyo a la gestión del alquiler social de personas en riesgo de exclusión; colaboración con municipios riojanos para la redacción de proyectos y contratación de la ejecución de las obras de rehabilitación de viviendas de propiedad municipal para su destino al alojamiento de personas en riesgo de exclusión).
Valencia	2004 Ley 8/2004, de 20 de octubre, de la Vivienda de la Comunidad Valenciana. – Establece el régimen jurídico de las viviendas con protección pública, prestando especial atención a la integración de personas con capacidades reducidas, físicas, psíquicas y sensoriales, los inmigrantes, las familias con bajos recursos económicos y los colectivos especialmente necesitados o con problemáticas específicas. – La vivienda se contempla desde un enfoque global (articulación de las políticas de integración e inclusión social de los sectores más desfavorecidos), teniendo en cuenta su incidencia en el medio ambiente, patrimonio cultural y necesidad de infraestructuras apropiadas para una adecuada calidad de vida. – Las dos caras de una misma moneda: la vivienda como un bien necesario (naturaleza social); y como un bien de mercado (naturaleza económica).	2021-2026 Plan 2400 de Vivienda Protegida Pública 2021-2026. – Construcción de nuevas promociones, con alquileres asequibles y creación de espacios inclusivos y resilientes (ODS). Colaboración público-privada: construir sobre suelo público con derecho de superficie por 75 años y prorrogable otros 15. – Colaboración público-cooperativa: cesión de suelos en derecho de superficie por 90 años, a cooperativas con atención a colectivos preferentes. – Construcción de viviendas públicas de alta sostenibilidad e innovación en la edificación.

CA	Ley	Decreto/Plan
País Vasco	2015 Ley 3/2015, de 18 de junio, de vivienda. – Resaltar la dimensión social de la vivienda, vinculada a la mejora de las condiciones de existencia de las personas y sus familias y a la posibilidad de evitar y superar la exclusión social. – Derecho subjetivo: el derecho a la ocupación legal estable de una vivienda a quienes carecen de los recursos económicos para ello. Incluye: personas extranjeras residentes con vecindad administrativa, personas afectadas por desahucios provenientes de ejecuciones hipotecarias, desahucios a personas en especiales circunstancias de emergencia social, prestación económica para arrendamientos fuera del mercado protegido. – Alojamientos dotacionales (morada adecuada para responder a unas necesidades sociales temporales (emancipación de jóvenes, personas separadas, emigrantes…). – Derecho a un entorno y un medio urbano o rural digno y adecuado. – Fomento la colaboración interinstitucional. – Regulación de la vivienda deshabitada.	2021-2023 Plan Director de Vivienda 2021-2023. – Incremento del parque de viviendas de alquiler protegido. – Fomenta la movilización de viviendas deshabitadas. – Motiva con incentivos a quienes tengan alquileres a precios razonables. – Avanza en el reconocimiento subjetivo a la vivienda. – Fomenta la rehabilitación integral, la accesibilidad y la eficiencia energética. 2021-2036 Pacto Social por la Vivienda 2021-2036. – Pretende aumentar la oferta pública de alquiler asequible, fomentar la participación ciudadana, elevar el número de viviendas protegidas de carácter permanente, rehabilitar un tercio del parque inmobiliario para el año 2036 y conseguir un sector de la construcción innovador y más competitivo.

CA	Ley	Decreto/Plan
Ceuta/Melilla	Las ciudades autonómicas de Ceuta y Melilla no han desarrollado una ley propia del derecho a la vivienda, por lo que se rigen por la normativa nacional en materia de vivienda, asi como de reglamentos propios que articulan los planes estatales.	Ceuta Reglamento regulador de las adjudicaciones en materia de vivienda, de 21 de septiembre de 2006. – Facilitar el acceso de los ceutíes a una vivienda digna y adecuada. – Familias, personas con menores ingresos económicos, jóvenes, y otros colectivos con especial necesidad de protección y apoyo por parte de la Administración de la Ciudad de Ceuta, serán los sujetos principales. – Amplia variedad de ayudas para satisfacer sus diferentes necesidades de vivienda (venta o alquiler de viviendas que llevan una gestión pública por parte de la Ciudad Autónoma de Ceuta). – Bonificaciones a las mensualidades de venta o renta de viviendas sujetas a algún régimen de protección (familias más desfavorecidas y con claras dificultades económicas). Melilla Convenio entre el Ministerio de Transportes, Movilidad y Agenda Urbana y la ciudad de Melilla para la ejecución del Plan Estatal de Vivienda 2022-2025. – Ayudas financieras estatales para la instrumentación de las subvenciones del Plan Estatal para el acceso a la vivienda 2022-2025 (porcentaje del 0,1). – Ayudas al alquiler, víctimas de violencia de género, personas sin hogar, afectadas por desahucio de vivienda habitual, entre otros.

Fuente: Elaboración propia.

Bloque II
COLECTIVOS VULNERABLES

Capítulo 7

HACIA UN URBANISMO SOSTENIBLE Y PARTICIPATIVO

PILAR ORTIZ GARCÍA
Departamento de Sociología, Universidad de Murcia
JAUME BLANCAFORT SANSÓ
Departamento de Arquitectura y Tecnología de la Edificación, Universidad Politécnica de Cartagena

1. *Ciudadanía y participación. Complementariedad conceptual*

Ciudadanía y participación son dos conceptos intrínsecamente relacionados. La ciudadanía se refiere al estatus legal y social de ser miembro de una comunidad política o de un país, y conlleva una serie de derechos y responsabilidades. La participación, por otro lado, implica la acción activa de los ciudadanos en los asuntos públicos y en la toma de decisiones que afectan a su comunidad o país. Se trata de un proceso a través del que los ciudadanos que no ostentan cargos o funciones públicas, persiguen incidir en las cuestiones que les afectan, por tanto, hay una voluntad de intervención (Díaz, 2017; Parés, 2009).

La ciudadanía implica no solo el reconocimiento legal de una persona como ciudadano, sino también su compromiso con la sociedad y la comunidad en la que vive. Esto incluye el respeto a las normas, el cumplimiento de deberes cívicos y el respeto a los derechos de los demás. Igualmente, el estatus de ciudadanía también otorga una serie de derechos, como el derecho a votar, a expresar opiniones y a participar en la vida pública.

La participación ciudadana forma parte, por tanto, de los derechos de la ciudadanía. Se refiere a la capacidad y disposición de los ciudadanos para involucrarse activamente en la toma de decisiones y en la vida política, social y cultural de su comunidad o país. Esta capacidad puede incluir aspectos de carácter político, como es la participación en elecciones o de carácter cívico, como es la participación en organizaciones comunitarias, la colaboración en la elaboración de políticas públicas, la expresión de opiniones y preocupaciones sobre temas de interés público o la colaboración en la construcción de los espacios urbanos, como es el tema que ocupa este capítulo. Constituye un elemento esencial para el funcionamiento de una sociedad democrática, ya que permite a los ciudadanos tener un papel activo en la toma de decisiones y en la configuración de políticas públicas que afectan a sus vidas en los diversos niveles en los que se intervienen, ya sea local, regional o nacional (Brugué et al., 2003). Esta idea está recogida en la teoría participativa, según la cual, los ciudadanos deberían participar activamente en la toma de decisiones en todos los ámbitos (Pateman, 1970). En definitiva, ciudadanía y participación están estrechamente vinculadas, ya que la participación activa y comprometida de los ciudadanos es fundamental para mantener y fortalecer la democracia y promover el bienestar de la comunidad en general.

La literatura sobre esta vinculación es amplia. Sin ánimo de exhaustividad, hay que hacer mención de los estudios comparados en diversos países de Gabriel Almond y Sidney Verba (1989) sobre la relación entre la cultura política, la ciudadanía y la participación, destacando la importancia de los valores y actitudes cívicas en la participación ciudadana.

Poniendo el énfasis en la importancia de la participación ciudadana para el funcionamiento de las democracias, Carole Pateman en su libro "Participation and Democratic Theory" (1970) analiza la teoría democrática desde la perspectiva de la participación, llegando a la conclusión de que la ciudadanía activa y participativa es fundamental para una democracia genuina y sostenible. En la misma línea, Russell J. Dalton (2019) estudia la influencia de la participación política de los ciudadanos en la formación de la opinión pública en distintas democracias avanzadas en su libro "Citizen Politics: Public Opinion and Political Parties in Advanced Industrial Democracies".

Por último, sobre la misma idea, aunque en este caso incidiendo sobre la formación de capital social a partir de la intervención activa de la ciudadanía en redes sociales comunitarias, Robert D. Putnam (2003) sostiene que la participación es un activo fundamental en el funcionamiento de la sociedad y la democracia.

Se trata de estudios que corroboran la idoneidad del funcionamiento de un binomio sobre el que descansa en buena medida la forma de democracia participativa que, lejos de ser competencia de la democracia representativa, la complementa (Ortiz, 2021).

2. *El espacio urbano como construcción social*

La participación de la ciudadanía en los asuntos públicos guarda una estrecha relación con la construcción de los espacios en los que se habita. Una de las cuestiones que concierne directamente al ciudadano es el entorno en el que se desarrolla su actividad —trabajo y ocio—. De ahí que la participación en la construcción de las ciudades está relacionada con el ejercicio del derecho a la ciudad por parte de sus habitantes. Esta es la idea que desarrolla Lefebvre (1968) en su obra "El derecho a la ciudad" en la que reflexiona sobre los efectos negativos del capitalismo sobre las ciudades, convertidas en mercancías al servicio de este sistema.

Este proceso de construcción social es un hecho complejo en el que intervienen factores de diversa índole. En primer lugar, hay que considerar el factor cultural. Las características culturales y sociales de una comunidad influyen en la forma en que se construye el espacio urbano (Pérez, 1999). Las prácticas culturales, las normas sociales, los valores y las tradiciones de una sociedad determinada, afectan la forma en que las personas interactúan con su entorno urbano y cómo lo utilizan. Por ejemplo, la preferencia por espacios públicos abiertos o cerrados, la importancia de la privacidad o la valoración del patrimonio histórico y cultural son factores culturales y sociales que influyen en la construcción del espacio urbano.

En segundo lugar, influyen en esta construcción las políticas y la planificación urbanas. Ambas tienen un papel importante en la construcción social del espacio urbano (Buenrostro, 2021). Las decisiones políticas y las políticas de planificación urbana determinan la distribución de los recursos y servicios urbanos, la zonificación de diferentes usos del suelo, la densidad y altura de los edificios, la infraestructura de transporte y las áreas verdes, entre otros aspectos. Estas decisiones políticas y de planificación urbana son el resultado de procesos políticos, pero también de la participación ciudadana que a través de diversas fórmulas puede determinar que se recojan los intereses, prioridades y visiones sobre la ciudad que se habita.

La participación ciudadana, así como la implicación de la comunidad en la toma de decisiones sobre el espacio urbano son elementos clave en la construcción social del espacio urbano. Las comunidades locales, a través de su participación en procesos de consulta, diseño y planificación, pueden influir en la forma en que se construye y se gestiona el espacio urbano. Cuestiones tales como la ubicación de infraestructuras, la creación de espacios públicos, la protección del patrimonio local o la promoción de la diversidad cultural son aspectos sobre los que la ciudadanía tiene mucho que decir.

Otro de los elementos influyentes es el económico. La economía y el mercado también tienen un papel decisivo en la construcción social del espacio urbano. Los intereses económicos, la inversión privada, la demanda de bienes raíces y la especulación inmobiliaria pueden afectar la forma en que se desarrollan y utilizan los espacios urbanos. Por ejemplo, la disponibilidad de financiación, la rentabilidad de ciertos usos del suelo o las dinámicas del mercado inmobiliario pueden determinar cómo se construyen y desarrollan los proyectos urbanos. En algunas ciudades la producción inmobiliaria está produciendo una verdadera reestructuración y reconfiguración urbana con una enorme producción de espacios creados como reserva de valores y activos financieros internacionales (Delgadillo, 2021).

Por último, y no por ello menos importante, hay que considerar la incidencia de la tecnología. Los avances tecnológicos, como las tecnologías de la información y comunicación, la movilidad sostenible y la gestión de recursos naturales, pueden influir en la forma en que se planifica y se utiliza el espacio urbano. La tecnología tiene un papel importante también en el diseño de la planificación urbana. Por ejemplo, gracias a herramientas de modelado y simulación es posible visualizar cómo se verá una ciudad en el futuro y cómo afectarán las decisiones de diseño a la calidad de vida de los ciudadanos. En otro orden de cosas, la tecnología aplicada a la mejora de las infraestructuras hace posible la optimización de la energía, por ejemplo, en materia de alumbrado. Igualmente, ha transformado la forma en que las personas se mueven en las ciudades, con el surgimiento de servicios de transporte compartido y la movilidad eléctrica. Además, la tecnología de la información en tiempo real permite al ciudadano saber en tiempo real cuándo llegará el próximo autobús o tren, lo que facilita la planificación de los desplazamientos y reduce los tiempos de espera. Se trata de optimizar tiempo y servicios a partir de las posibilidades que ofrecen las tecnologías, sin duda, un campo en el que todavía queda por avanzar.

De la misma forma, es necesario tener en cuenta las cuestiones medioambientales, como la sostenibilidad o la resiliencia al cambio climático, esto es, la capacidad de un sistema (ya sea una comunidad, un ecosistema o una infraestructura) para adaptarse y recuperarse de los impactos del cambio climático a través de recursos como las infraestructuras verdes y la protección del medio ambiente, cuestiones todas ellas que también pueden afectar la construcción del espacio urbano, tanto en términos de diseño como de uso.

Numerosos estudios e investigaciones académicas han abordado el tema de la construcción social del espacio urbano. Junto a la obra de Lefebvre —que ya se ha mencionado con anterioridad—, otros autores han tratado el tema desde perspectivas diversas.

Desde un enfoque crítico de la economía política urbana, David Harvey examina en su obra “El nuevo imperialismo” (2008) cómo la construcción social del espacio urbano está vinculada con las dinámicas de poder, la globalización y la especulación inmobiliaria, concluyendo el poder de los procesos económicos y políticos como determinantes de la configuración del espacio urbano. También, en su obra "Urbanismo y desigualdad social" (1977), describe la ciudad capitalista como una estructura generadora de desigualdades y proclive a la generación de injusticia social. La idea del autor es que el capitalismo genera una geografía urbana que posibilita el proceso de acumulación, retroalimentando la riqueza de las clases dominantes y el potencial conflicto social.

Por su parte, desde una perspectiva eminentemente sociológica, A. Giddens, desarrolla su teoría de la estructuración en su obra "The Constitution of Society: Outline of the Theory of Structuration" (1984), en la que analiza cómo la sociedad y la estructura social influyen en la construcción social del espacio urbano.

También en clave cultural, enfatizando especialmente en el papel de la participación ciudadana, autores como Madanipour (1996) analiza la forma en que las decisiones de diseño, la participación ciudadana y las dinámicas sociales influyen en la configuración del espacio urbano.

Por su parte, Sandercock (1998) aborda cómo la diversidad cultural y la inclusión social influyen en la construcción social del espacio urbano, examinando las políticas de planificación urbana y su repercusión sobre la cohesión social y la diversidad cultural en las ciudades.

Otro aporte importante a la visión del urbanismo desde la perspectiva sociológica es el de Manuel Castells. El autor trata el tema en su libro "La cuestión urbana (1979, [1972]), a partir de la influencia de los estudios de Lefebvre, Touraine y Althusser. Plantea la conexión existente entre el urbanismo y determinados procesos sociales, como es el conflicto. En su análisis la idea nuclear es que la producción social del espacio está mediada por los intereses de la clase dominante que, junto con el Estado como aliado de los sectores más poderosos, impone una configuración de acuerdo a sus intereses, que no son otros que la acumulación de capital. En este sentido, el "aparato urbanístico del Estado" contravendría su fin último y razón de ser, que no es otro que el servicio público.

La idea de traslación del conflicto social a la construcción del espacio urbano vuelve a aparecer en la obra de Castells "La ciudad y las masas: sociología de los movimientos sociales urbanos" (1986 [1983]). En ella, la idea central es que el espacio y sus estructuras son productos sociales, resultados performativos y expresivos de procesos y fuerzas intrínsecamente históricas y sociales (Zanotti, 2014). Dichas fuerzas, que enfrentan a las clases dominantes con las más desfavorecidas, dejan huella en el espacio al que se traslada la lucha por los usos de dicho espacio.

3. *ODS 11. Ciudades y comunidades sostenibles*

En cualquier caso, independientemente del análisis que se pueda hacer de los motivos e intereses que conforman la construcción social del espacio urbano, la realidad es que según datos de la Organización de las Naciones Unidas (ONU, 2023) desde 2007 más de la mitad de la población mundial reside en zonas urbanas, una tasa que se prevé alcance el 60 % para 2030 y el 70 % en 2050. Es decir, a pesar de los fracasos puntuales que pueda cosechar la idea de ciudad, como un complejo sistema de organización para el desarrollo de la acción de las personas, que Mumford calificó como “la mayor obra de arte humana” (1961), esta sigue estando en alza. Su rápida urbanización está dando como resultado un número creciente de habitantes en barrios pobres, con infraestructuras y servicios inadecuados y sobrecargados. Con ello, casi un tercio de la población urbana, unos “1100 millones de personas viven actualmente en barrios marginales, y se espera que en los próximos 30 años haya 2000 millones más” (ONU, 2023-2). Así, aunque por un lado, las ciudades y las áreas metropolitanas son centros neurálgicos del crecimiento económico contribuyendo al 60 % aproximado del PIB mundial, por otro, además de generar alrededor del 70 % de las emisiones de carbono mundiales y utilizar más del 60 % del uso de los recursos, también son grandes focos de pobreza y desigualdad confirmando las tesis de los análisis urbanos de Harvey, Lefebvre o Castells comentadas anteriormente.

Así que “no es suficiente seguir anunciando que el mundo avanza en un proceso de urbanización, sin antes advertir que el crecimiento acelerado de las ciudades debe parar ya por insostenible, inviable e inequitativo” (Narváez-Tafur, 2015). Ideas que expresaba Maurice Strong en la Conferencia de las Naciones Unidas sobre el Medio Ambiente y el Desarrollo (CNUMAD), conocida como la “Cumbre para la Tierra”, que se celebró en Río de Janeiro, Brasil, del 3 al 14 de junio de 1992: “Los mismos procesos de crecimiento económico que han producido esos niveles sin precedentes de riqueza y de poder para la minoría rica son los que han originado, además, los riesgos y desequilibrios que ahora amenazan por igual el futuro de ricos y pobres. Este modelo de crecimiento y las pautas de producción y consumo que lo han acompañado no son sostenibles para los ricos ni pueden aplicarse a los pobres” (1993: 43).

Antes de la aplicación generalizada de los planes urbanísticos en las ciudades, “la práctica era de realizar proyectos, a escala más pequeña, siempre con la intención de mejorar la calidad de vida de las élites. A partir de mediados del siglo XX comienzan a elaborarse los planes de carácter municipal, democratizando y extendiendo a toda la ciudadanía los beneficios buscados" (García Docampo, 2021: 11); pero esta voluntad se ha demostrado que tampoco ha trascendido a toda la sociedad, dejando amplios sectores fuera de los estándares mínimos requeridos para la calidad de vida pretendida. Con el urbanismo sostenible, no solo se insiste en que lleguen estos beneficios a toda la sociedad, sino que además se tengan en cuenta los recursos finitos del planeta.

Por todo ello, cuando en 2015, todos los Estados Miembros de las Naciones Unidas aprobaron la Agenda 2030 sobre el Desarrollo Sostenible (ONU, 2015) con la voluntad de que los países y sus sociedades emprendieran un nuevo camino con el que mejorar la vida de todas las personas, sin dejar a nadie atrás y, trabajando para la erradicación de la pobreza de la mano de estrategias que fomentaran el crecimiento económico y abordando necesidades sociales como la educación, la sanidad, la protección social y las perspectivas de empleo, al tiempo que se combatía el cambio climático y se protegía el medio ambiente, de los 17 Objetivos de Desarrollo Sostenible (ODS) que se definieron, uno se focalizaba íntegramente en la construcción de la ciudad. El ODS 11: Lograr que las ciudades fueran más inclusivas, seguras, resilientes y sostenibles.

Entre otras razones que la ONU esgrime para convencer de la necesidad de desarrollar el camino del ODS 11, también entre los escépticos del cambio climático o entre aquellos que no están en situación de marginalidad económica, es que los problemas detectados afectan, en última instancia, a todos los ciudadanos. La desigualdad puede provocar disturbios e inseguridad, la contaminación deteriora la salud de todos y afecta a la productividad de los trabajadores y por tanto a la economía, y los desastres naturales (a los que los barrios marginales están más expuestos) pueden alterar el estilo de vida general (ONU, 2023-2). Así, el coste por ejemplo de una deficiente planificación urbanística puede apreciarse precisamente en el intricado tráfico, las emisiones de gases de efecto invernadero o los extensos suburbios de todo el mundo. Y al fin y al cabo, aunque sea solo desde un punto de vista económico, los barrios marginales son un lastre para el PIB y reducen la esperanza de vida de los trabajadores. En este sentido, si por ejemplo se desarrolla la creación de una red de transporte público funcional, esta es a priori costosa, pero los beneficios a corto plazo son enormes y se compensan sobradamente en términos de actividad económica, calidad de vida, medio ambiente y éxito general de una ciudad intercomunicada.

En definitiva, hay una idea clara que resulta de la concepción del ODS 11: "la batalla por la sostenibilidad se ganará o perderá en las ciudades"

(Toharia, 2017), frase atribuida a Maurice F. Strong, siendo Secretario General de la CNUMAD de Río de Janeiro de 1992, y que el Secretario General de la ONU, António Guterres, dirigiéndose a la Cumbre Mundial de Alcaldes C40 2019 en Copenhague, Dinamarca volvió a recordar (ONU, 2019).

4. *Carta de Leipzig sobre ciudades europeas sostenibles*

En la misma línea conceptual que el ODS 11 redactado en el año 2015, ya en el año 2007 la Unión Europea con la Carta de Leipzig había dictado unos principios y estrategias comunes para una política de desarrollo urbano (EU, 2015). En ella, los ministros responsables del desarrollo urbano de los estados miembros de la Unión Europea se comprometieron a iniciar en sus países un debate político sobre cómo integrar los principios y estrategias de la Carta dentro de las respectivas políticas de desarrollo nacional, regional y local, a hacer uso de la herramienta de desarrollo urbano integrado y la gobernanza asociada para su puesta en marcha, y, a establecer a nivel nacional los marcos necesarios, y a fomentar la puesta en práctica de una organización territorial equilibrada basada en una estructura urbana europea policéntrica.

Conceptualmente, en la Carta de Leipzig (EU, 2015: 1-2) se reconocía que las ciudades europeas habían evolucionado a lo largo de la historia como entes valiosos e irreemplazables y que se debían proteger, reforzar y seguir desarrollando tomando en consideración y con el mismo peso la prosperidad económica, el equilibrio social y un medioambiente saludable prestando especial atención a los aspectos culturales. Se diagnosticaba que, a largo plazo, las ciudades no podrían satisfacer su función de motor de progreso social y crecimiento económico, a menos que se fuera capaz de mantener el equilibrio social, proteger la diversidad cultural y establecer una elevada calidad en relación al diseño, la arquitectura y el medio ambiente.

Para seguir manteniendo el valor reconocido a las ciudades, la Carta dictaba dos recomendaciones para ser aplicadas en los distintos estados miembros. Por un lado, hacer un mayor uso de los enfoques relacionados con la política integrada de desarrollo urbano (*EU*: 2-5). Esta política se podía resumir en:

- La creación y consolidación de espacios públicos de alta calidad como lugares que desempeñan un papel fundamental en las condiciones de vida de la población urbana. Para ello era necesario crear y garantizar infraestructuras y espacios urbanos bien diseñados, a la par que funcionales; llevados a cabo de forma conjunta por el estado y las autoridades locales, pero también por los propios ciudadanos y los agentes empresariales.

- Una modernización de las redes de infraestructuras y mejora de la eficiencia energética. Para ello se insistía en la necesidad de un transporte urbano sostenible, accesible y asequible, que además poseyera enlaces coordinados con las redes de transporte urbano-regionales, prestando una atención especial a la gestión del tráfico y a las interconexiones de los sistemas de transporte y, conciliando las diferentes necesidades de uso del suelo, en relación a la vivienda, las zonas de trabajo, el medio ambiente y los espacios públicos. A nivel de eficiencia energética, debía ponerse principalmente el foco en la renovación del parque de viviendas, rehabilitando energéticamente los edificios antiguos y de baja calidad. Y en el ámbito del planeamiento se consideraba que un pilar para un uso eficiente y sostenible de los recursos era la recuperación de la tradicional estructura compacta de las ciudades, pudiéndose lograr evitando la expansión desenfrenada de las ciudades mediante un control estricto del suministro del suelo y del crecimiento de la especulación. Se estaba reconociendo que se había perdido esa compacidad en gran parte por el éxito mercantil de la tipología suburbana (urbanizaciones) a su vez apropiada incoherentemente en muchas ciudades europeas debido a "la influencia global de los Estados Unidos, que basó la estructura y funcionamiento de la ciudad en el automóvil, olvidando el valor cívico del espacio público y reduciéndolo a un uso casi exclusivo de la movilidad automotriz, con la evidente dependencia de energías fósiles; sembrando el germen de muchos problemas urbanos y medioambientales que padecemos hoy" (Blancafort, 2022: 288-289).
- Una innovación proactiva y unas políticas educativas para permitir la explotación completa del potencial de conocimiento que se crea e imparte en la ciudad.

Por otro lado, se recomendaba prestar especial atención a los barrios menos favorecidos dentro del contexto global de la ciudad (EU, 2015: 5-7). Esta acción se debía traducir en:

- Búsqueda de estrategias para la mejora del medio ambiente físico dado que la actividad económica y las inversiones están estrechamente interrelacionadas con unas estructuras urbanas de calidad, un medio ambiente saludable y unas infraestructuras y servicios públicos modernos y eficientes.

- Fortalecimiento a nivel local de la economía y la política del mercado laboral con medidas encaminadas a obtener una estabilidad económica en los barrios desfavorecidos. Facilitando la creación de empleo y asegurándolo para permitir la apertura de nuevos negocios, ampliando las oportunidades de acceso al mercado laboral local.
- Educación proactiva y políticas de formación para niños y jóvenes ofreciendo más y mejores oportunidades educativas y formativas que cubran las necesidades y carencias de los de barrios desfavorecidos.
- Fomento de un transporte urbano eficiente y asequible. Muchos barrios desfavorecidos tienen, además, la carencia de sistemas de transporte adecuados, por lo que se debe buscar dar a sus residentes las mismas oportunidades de acceso y movilidad que tienen otros ciudadanos.

Finalmente, en la Carta se enfatizaba que los principios de las políticas de desarrollo urbano deberían asentarse a nivel nacional, que los Estados miembros deberían tener la oportunidad de usar los fondos estructurales europeos, y que era importante el intercambio sistemático y estructurado de experiencias en el campo del desarrollo urbano sostenible, por lo que se solicitaba un seguimiento de la propia Comisión Europea. Se cerraba la Carta con una confirmación de voluntades anotando que: "Europa necesita ciudades y regiones que sean fuertes y en las que se viva bien" (*EU, 2015*: 8).

5. *Ley de suelo y rehabilitación urbana*

Durante los últimos cuarenta años, en las ciudades españolas "se ha producido una acusada fase de crecimiento y expansión, culminada con el "boom" inmobiliario de la denominada "década prodigiosa" del urbanismo español (1997-2007). En este proceso, las áreas urbanas articuladas por ciudades medias han protagonizado los crecimientos relativos más notables del sistema urbano, muy por encima de lo que realmente representan en población (...). Como consecuencia de ello, estas ciudades han modificado su estructura tradicionalmente compacta y relativamente densa, generándose nuevas formas definidas por la fragmentación y el intensivo consumo de suelo en las periferias" (Bellet, 2021: 31). Se afianzó con ello ese modelo de ciudad que utiliza el territorio como instrumento de especulación económica. A raíz de la crisis económica del año 2008 se ralentizó la expansión urbanística y con la experiencia de la pandemia de la Covid-19, a partir de 2020 se abrió la puerta a poder considerar de forma más generalizada en sociedad la idea de cambio de modelo urbano, para desarrollarlo desde una perspectiva más sostenible.

Tal y como se apunta en la web del Ministerio de Transportes, Movilidad y Agenda Urbana del Gobierno de España (MITMA), en su apartado de urbanismo y sostenibilidad urbana (2023) a día de hoy, los principios de desarrollo territorial y urbano sostenible se recogen a nivel estatal en el Real Decreto Legislativo 7/2015, de 30 de octubre, por el que se aprueba el texto refundido de la Ley de Suelo y Rehabilitación Urbana (MPR, 2015), que dedica su artículo 3 al Principio de desarrollo territorial y urbano sostenible, así como en la Agenda Urbana Española (MITMA, 2019), aprobada en Consejo de ministros en febrero de 2019, y actualmente en plena fase de desarrollo e implementación.

Respecto a la Ley de Suelo y Rehabilitación Urbana, su artículo 3, Principio de desarrollo territorial y urbano sostenible, se expone en tan solo dos páginas (MPR, 2015: 103238-103239), pero en ellas se definen las líneas conceptuales acordes a este principio que deberán regir el uso del suelo. Así las políticas públicas relativas a la regulación del suelo ya no solo deberán responder a un interés general sino también a un desarrollo sostenible, propiciando el uso racional de los recursos naturales armonizando los requerimientos de la economía, el empleo, la cohesión social, la igualdad de trato y de oportunidades, la salud y la seguridad de las personas y la protección del medio ambiente. Además, se anota que estas políticas particularmente deberán contribuir a: a) La eficacia de las medidas de conservación y mejora de la naturaleza, la flora y la fauna y de la protección del patrimonio cultural y del paisaje, b) La protección del medio rural, c) La prevención adecuada de riesgos y peligros para la seguridad y la salud públicas y, d) La prevención y minimización de la contaminación del aire, el agua, el suelo y el subsuelo.

Cuando la Ley del Suelo se focaliza en el medio urbano, de acuerdo al principio de desarrollo sostenible, las políticas urbanas deberán velar entre otros por: a) Posibilitar el uso residencial en viviendas constitutivas de domicilio habitual, b) Favorecer y fomentar la dinamización económica y social y la adaptación, la rehabilitación y la ocupación de las viviendas vacías o en desuso, d) Favorecer la localización de actividades económicas generadoras de empleo estable, f) Garantizar la movilidad en coste y tiempo razonable, otorgando preferencia al transporte público y colectivo y potenciando los desplazamientos peatonales y en bicicleta, g) Integrar en el tejido urbano cuantos usos resulten compatibles con la función residencial, para contribuir al equilibrio de las ciudades y de los núcleos residenciales, favoreciendo la diversidad de usos, la aproximación de los servicios, las dotaciones y los equipamientos a la comunidad residente, así como la cohesión y la integración social, h) Fomentar la protección de la atmósfera y el uso de materiales, productos y tecnologías limpias, i) Priorizar las energías renovables y combatir la pobreza energética, o l) Contribuir a un uso racional del agua.

6. *Agenda Urbana Española (AUE)*

Una vez repasado brevemente el marco legal que acoge el desarrollo territorial y urbano sostenible, la política española con más proyección e incidencia en este tema es la Agenda Urbana Española. Esta fue tomada en consideración por el Consejo de Ministros el 22 de febrero de 2019, y es la hoja de ruta que marca la estrategia y las acciones a llevar a cabo en este ámbito hasta el año 2030, respondiendo al cumplimiento de los compromisos internacionales adoptados de conformidad con la Agenda 2030, la Nueva Agenda Urbana de Naciones Unidas y la Agenda Urbana para la Unión Europea.

Cabe señalar que previo al actual desarrollo de la AUE, algunos municipios redactaron las Estrategias de Desarrollo Urbano Sostenible e Integrado (EDUSI) asumiendo entonces algunos de los principios conceptuales de desarrollo sostenible que ahora se intentan aplicar. Esta estrategia fue "un requisito para poder acceder a la financiación europea (FEDER) del Programa Operativo de Crecimiento Sostenible 2014-2020 (POCS) en su eje temático Desarrollo Urbano Sostenible Integrado. Sin embargo, en la práctica totalidad de las candidaturas presentadas, las EDUSI fueron concebidas para que independientemente de que la financiación europea llegara o no (...) permitiera a la ciudad avanzar hacia un modelo sostenible y responsable con su entorno" (León-Casero, 2017: 112)

La Agenda Urbana Española (AUE) es un documento estratégico, sin carácter normativo, "que trata de abanderar una nueva visión del urbanismo, constituyendo un método de trabajo y un proceso para todos los actores, públicos y privados, que intervienen en las ciudades y que buscan un desarrollo equitativo, justo y sostenible desde sus distintos campos de actuación" (MITMA, 2019). Desde su concepción se asume que es un documento de trabajo que deberá evolucionar para incorporar los procesos y mecanismos que demuestren su efectividad.

6.1. Estructura de la AUE

La AUE se estructura en 5 apartados principales: 1. Un diagnóstico de la realidad urbana y rural, 2. Un marco estratégico, 3. Un sistema de indicadores para su evaluación, 4. Unas fichas para facilitar su implementación y 5. Un Plan de Acción.

6.1.1. *Diagnóstico y Síntesis territorial*

El diagnóstico recopila y analiza los datos existentes sobre las distintas variables con incidencia en el desarrollo urbano, valorando los aspectos positivos y asumiendo las debilidades y los problemas detectados que ponen en peligro la sostenibilidad del modelo urbanístico español (MITMA, 2019-2).

6.1.2. *Marco estratégico y Modelo Territorial y Urbano*

El marco, evidentemente alineado con la Agenda Urbana de Naciones Unidas y la de la Unión Europea, se compone de un decálogo de objetivos estratégicos que despliegan, a su vez, un total de treinta objetivos específicos, y 291 líneas de actuación para ayudar a elaborar los planes de acción. Los 10 objetivos estratégicos (MITMA, 2019) son:

1. Ordenar el territorio y hacer un uso racional del suelo, conservarlo y protegerlo.
2. Evitar la dispersión urbana y revitalizar la ciudad existente.
3. Prevenir y reducir los impactos del cambio climático y mejorar la resiliencia.
4. Hacer una gestión sostenible de los recursos y favorecer la economía circular.
5. Favorecer la proximidad y la movilidad sostenible.
6. Fomentar la cohesión social y buscar la equidad.
7. Impulsar y favorecer la economía urbana.
8. Garantizar el acceso a la vivienda.
9. Liderar y fomentar la innovación digital.
10. Mejorar los instrumentos de intervención y la gobernanza.

6.1.3. *Indicadores de seguimiento y evaluación (MITMA, 2019-3)*

Los indicadores de seguimiento y evaluación permiten valorar los resultados que se alcancen con la aplicación de la AUE en términos de mejora de la calidad de vida, de sostenibilidad urbana y, de capacidad de resiliencia urbana.

6.1.4. *Fichas para facilitar su implementación*

Las fichas ilustran cómo podrán elaborarse los planes de acción para la implementación de la AUE.

6.1.5. *Plan de Acción*

El Plan de Acción, lo deciden las propias Administraciones Públicas y el sector privado, la sociedad civil, la academia, las ONGs, etc. Todos ellos en el marco de sus necesidades, capacidades y expectativas, como actores clave de esta estrategia cuyo objetivo es conseguir un modelo urbanístico para nuestras ciudades más sostenible, resiliente, inclusivo y seguro; tal y como señala el ODS 11.

7. *Conclusiones*

Una de las conclusiones más importantes es que el espacio urbano es un ámbito en el que se resuelven y dirimen gran parte de los consensos y conflictos que se generan en la sociedad. Tal como ponen de manifiesto autores como Harvey o Castells, son espacios marcados por las dinámicas sociales que no son ajenas al poder, los intereses económicos o la configuración étnica y cultural de una comunidad. Por ello, es necesario reparar en el protagonismo de los actores sociales que se disputan la apropiación y el control sobre la producción y utilización del espacio (Zanotti, 2014).

Los espacios urbanos son creados y utilizados por personas y, por lo tanto, reflejan las decisiones y valores de la sociedad en la que se encuentran. La creación de espacios urbanos inclusivos, accesibles y sostenibles requiere la participación activa de todos los miembros de la comunidad y un enfoque integrado que tome en cuenta no solo las necesidades físicas sino también las sociales y culturales. Un espacio urbano bien diseñado y planificado puede mejorar la calidad de vida de los residentes, promover la cohesión social y fomentar el desarrollo económico. En este sentido, es fundamental que la construcción social de los espacios urbanos sea un proceso democrático y colaborativo que tenga en cuenta las necesidades y opiniones de todas las partes interesadas, incluyendo a los residentes, los grupos comunitarios, los planificadores y los responsables políticos. "En los últimos años se ha abierto paso un urbanismo sostenible que pone el foco de atención en la necesidad de referirse a la mejora de toda la especie humana, de esta y próximas generaciones y de hacerlo en armonía con el bienestar del resto de las especies que habitan el planeta. La Agenda 2030 es el marco perfecto para el desarrollo de este nuevo paradigma urbanístico" (García Docampo, 2021: 1).

Al aplicar el ODS 11 y optar por actuar de manera sostenible se busca construir ciudades donde sus ciudadanos puedan disfrutar de una digna calidad de vida y puedan formar parte de la dinámica productiva de la misma generando prosperidad compartida y estabilidad social sin perjudicar el medio ambiente. El coste es mínimo en comparación con los beneficios (ONU, 2023-2), pero hoy en día ya no debería considerarse como un coste extra, sino más bien como "una inversión indispensable para la seguridad ecológica mundial" (Strong, 1993: 43).

La agenda 2030 propuesta por la ONU en el año 2015 e iniciada a desarrollarse en España a partir del año 2019, es el marco idóneo para construir este nuevo paradigma de urbanismo sostenible. A día de hoy no hay excusa para retrasar su aplicación, dado que se han ratificado ampliamente las evidencias que confirman aquellas ideas que ya anunciaba Maurice Strong en la Cumbre para la Tierra de junio de 1992: "El desarrollo sostenible que no destruye ni socava la base ecológica, económica o social de que depende la continuidad del desarrollo, es el único medio viable de lograr un futuro más seguro y de mayor esperanza tanto para los pobres como para los ricos" (Strong, 1993: 43) y "ningún lugar de la Tierra puede seguir siendo una isla de opulencia rodeada de un mar de miseria. O todos colaboramos para salvar a todo el mundo o no se salva nadie" (Strong, 1993: 48).

8. *Referencias*

Almond, G. y Sidney Verba, S. (1989). The Civic Culture: Political Attitudes and Democracy in Five Nations.

Bellet Sanfeliu, C., & Andrés López, G. (2021). Urbanización, crecimiento y expectativas del planeamiento urbanístico en las áreas urbanas intermedias españolas (1981-2018). *Investigaciones Geográficas*, 76, 31-52. https://doi.org/10.14198/INGEO.18054

Blancafort, J. y Reus, P. (2022) Urbanismo táctico para recuperar el espacio cívico. En Ortiz, P. y Blancafort, J. Desafíos sociales y urbanos en el horizonte 2030 (285-304). Tirant lo Blanch.

Brugué, J., Font, J., Gomá, R. (2003): Participación y democracia. Asociaciones y poder local. En M. J. Funes, R. Adell (coords.), Movimientos sociales: cambio social y participación (109-132). UNED.

Buenrostro, Z. (2021). El derecho a la ciudad y su ejercicio participativo: hacia una gestión democrática en la Ciudad de México. Tesis. Universidad Nacional Autónoma de México. Disponible en: https://ru.dgb.unam.mx/handle/DGB_UNAM/TES01000818234

Castells, M. (1979) [1972]. La cuestión urbana. Siglo XXI.

Castells, M (1986) [1983]. La ciudad y las masas: sociología de los movimientos sociales urbanos. Alianza Editorial.

Dalton, R.J. (2019). Citizen Politics: Public Opinion and Political Parties in Advanced Industrial Democracies. CQ Press.

Delgadillo, V. (2021). Financiarización de la vivienda y de la (re)producción del espacio urbano. *Revista INVI*, 36(103): 1-18.

Díaz, Ana (2017). Participación ciudadana en la gestión y en las políticas públicas. *Gestión y Política Pública*, 26 (2): 341-379.

EU (2015). Carta de Leipzig sobre ciudades europeas sostenibles. Accesible en: https://www.mitma.gob.es/areas-de-actividad/arquitectura-vivienda-y-suelo/urbanismo-y-politica-de-suelo/investigacion-sobre-temas-urbanos/proyecto-urban-net/publicaciones/carta-de-leipzig-sobre-ciudades-europeas-sostenibles

García Docampo, M. (2021) Urbanismo sostenible. El camino de las ciudades en la Agenda 2030. *Revista Internacional de Comunicación y Desarrollo (RICD)*, 4(15), 2021. Accesible en: https://doi.org/10.15304/ricd.4.15.8061

Giddens, A. (1984). The Constitution of Society: Outline of the Theory of Structuration. Berkeley: University of California Press.

Harvey, D. (1977) [1973]. Urbanismo y desigualdad social. Siglo XXI.

Harvey, D. (2008). El nuevo imperialismo. Akal

Lefebvre, H. (1968, 1996). El derecho a la ciudad. Ediciones Península.

León-Casero. J. y Ruiz-Varona, A. (2017). Estrategias de desarrollo urbano sostenible: inclusión social y regeneración urbana en consenso obligado. Zaragoza como caso de estudio. *Ciudades*, 20, 111-134.

Madanipour, A. (1996). Design of Urban Space: An Inquiry into a Socio-spatial Process. New York: Wiley.

MITMA (Ministerio de Transportes, Movilidad y Agenda Urbana del Gobierno de España) (2019). Agenda Urbana Española. Disponible en: https://www.aue.gob.es/

MITMA (2019). Diagnóstico y síntesis territorial. Agenda Urbana Española 2019. Disponible en: https://cdn.mitma.gob.es/portal-web-drupal/AUE/02_00-doc._diagnostico.pdf

MITMA (2019). Indicadores de seguimiento y evaluación. Agenda Urbana Española 2019. Disponible en: https://cdn.mitma.gob.es/portal-web-drupal/AUE/04 _doc._indicadores_de_seguimiento_y_evaluacion_0.pdf

MITMA (2023). Urbanismo y Sostenibilidad Urbana. Disponible en: https://www.mitma.gob.es/arquitectura-vivienda-y-suelo/urbanismo-y-politica-de-suelo/urbanismo-y-sostenibilidad-urbana

MPR (Ministerio de la Presidencia, Relaciones con las Cortes y Memoria Democrática del Gobierno de España) (2015). Real Decreto Legislativo 7/2015, de 30 de octubre, por el que se aprueba el texto refundido de la Ley de Suelo y Rehabilitación Urbana. *BOE (Boletín Oficial del Estado)* núm. 261, de 31 de octubre de 2015, 103232-103290.

Mumford, L. (1961) *The City in History: its origins, its transformations, its prospects*. Harcourt, Brace & World, Inc., New York. Versión española: La ciudad en la historia: Sus orígenes, transformaciones y perspectivas. Infinito.

Narváez-Tafur, G. E. (2015) Hacia la sostenibilidad urbana y ambiental. *Bitácora*, 25 (2) 2015: 11-14.

ONU (2015). Transformar nuestro mundo: la Agenda 2030 para el Desarrollo Sostenible. Resolución aprobada por la Asamblea General de las Naciones Unidas el 25 de septiembre de 2015, A/RES/70/1.

ONU (2019). Las ciudades son el campo de batalla donde se ganará o perderá la contienda climática. Cambio climático y medioambiente. *Noticias ONU*. https://news.un.org/es/story/2019/10/1463741

ONU (2023). Objetivos de Desarrollo Sostenible. https://www.un.org/sustainable-development/es/

ONU (2023). Objetivo 11: Lograr que las ciudades sean más inclusivas, seguras, resilientes y sostenibles. https://www.un.org/sustainabledevelopment/es/cities/

Ortiz, P. (2021). La participación ciudadana en la agenda política. un análisis de discurso. En M. Avilés e I. Marín (coords.). *Nuevos enfoques de participación ciudadana. [Re]construyendo comunidades sostenibles* (47-60). Tirant lo Blanch.

Parés, M. (2009). Introducción: Participación y evaluación de la participación. En M. Parés (coord.) *Participación y calidad democrática: Evaluando las nuevas formas de democracia participativa* (15-26). Ariel.

Pateman, C. (1970). *Participation and democratic theory*. Cambridge University Press.

Pérez, S. (1999). El uso y construcción del espacio en la vivienda popular. *Gazeta de Antropología*, 15: 1-15.

Putnam, R. (2003) (Ed.). El declive del capital social. Un estudio internacional sobre las sociedades y el sentido comunitario. G. Gutemberg.

Sandercock, L. (1998). *Towards Cosmopolis: Planning for Multicultural Cities*. Wiley.

Strong, M. F. (1992). Declaración del Sr. Maurice F. Strong, Secretario General. En Informe de la Conferencia de las Naciones Unidas sobre el Medio Ambiente y el Desarrollo. Río de Janeiro, 3 al 4 de junio de 1992. Volumen II. Actuaciones de la Conferencia. New York, ONU, 42-50. https://digitallibrary. un.org/record/168679?ln=en

Toharia, M. (2017). Una perspectiva urbana del cambio climático. *El país*; *Planeta Futuro*. 29/08/2017. https://elpais.com/elpais/2017/08/16/seres_urbanos/1502878833_988887.html

Zanotti A. (2014). La cuestión urbana en el pensamiento de Manuel Castells y David Harvey. Aportes a la discusión. En *Urbanismo estratégico y separación clasista. Instantáneas de la ciudad en conflicto*. Puño y Letra Editorialismo.

Capítulo 8

JUVENTUD Y VIVIENDA EN ESPAÑA: UNA ASIGNATURA PENDIENTE

Gustavo Solórzano Pérez
Área de Investigación del Observatorio de la Exclusión Social, Universidad de Murcia

Antonia Sánchez Alcoba
Departamento de Sociología, Universidad de Murcia

1. *Introducción*

El acceso a la vivienda de la población joven en España viene constituyendo, desde la crisis financiera y del mercado inmobiliario de 2008, un reto para este sector de la sociedad que no parece tener una solución a corto o medio plazo.

Desde el ámbito de la exclusión social, la vivienda es un componente fundamental para la inclusión de las personas en sus diferentes trayectorias vitales (Subirats 2005; Laparra, 2007; Hernández, 2008; Fundación FOESSA, 2019 y 2022). Tanto el acceso, como las características de la vivienda, son factores que se convierten en exclusógenos si no se dan bajo unos parámetros de igualdad de oportunidades, y unas condiciones básicas de bienestar.

En este sentido, son diversos los estudios que se han realizado tomando como objeto de análisis a la población joven y la vivienda en España (Trinidad, 2002; Trilla, 2005; Hernández, 2013). Del mismo modo, es proposito de este capítulo realizar una aproximación a la evolución de la situación residencial de las y los jóvenes españoles desde 2012 hasta la actualidad.

Para tal fin, se parte en primer término de una aproximación al concepto de juventud desarrollado desde las ciencias sociales, a partir del cual se han elaborado distintas teorías que se orientan a definir la juventud como colectivo social. Tras esta revisión se exponen algunos datos demograficos de la población joven en España, concretamente el peso relativo de las y los jóvenes en relación al total de la población española. Seguidamente, se refiere la situación residencial de la población joven atendiendo a dos elementos clave: la tasa de emancipación residencial y el régimen de tenencia de vivienda. A continuación, se abordan distintos factores que pueden influir de manera significativa en la configuración de la situación descrita en el párrafo anterior. Para ello, se atiende a las tasas de paro y temporalidad en el empleo, así como a los ingresos de las personas y los gastos relacionados con la vivienda. De igual modo, se exponen datos relativos a la situación de exclusión social de los y las jóvenes en España en los ámbitos de vivienda y empleo.

Además, se presenta un epígrafe en el que se ofrece la opinión de diversos expertos y expertas en la materia, con el fin de agregar una valoración cualitativa sobre la situación residencial de las personas jóvenes en España, la respuesta institucional desarrollada por los poderes públicos, así como una serie de propuestas para la mejora de la situación residencial de la población joven española.

2. *Juventud: teorías y construcción social*

Si bien el objetivo del análisis que seguidamente se presenta no es el de definir el concepto de persona joven, es necesario exponer algunas referencias que aporten una visión aproximada de lo que puede ser definido socialmente población joven.

De este modo, desde diferentes perspectivas o enfoques de estudio se puede hablar de la adolescencia como aquel sector de población que atraviesa un periodo "de tormenta y estrés hasta alcanzar el equilibrio y la estabilidad emocional de la edad adulta" (Rice, 1997: 328). Esta visión, que se enmarca dentro de un enfoque psicobiológico, enfatizaba de manera mayoritaria la influencia de determinados factores biológicos y psicológicos, que definen la juventud como un periodo de inestabilidad y desequilibrio personal (López, 2013).

Por otra parte, desde un punto de vista antropológico, la juventud es producto de distintas formas culturales que ejercen una influencia clave para la determinación de los límites entre infancia, juventud y adultez. Más que aspectos naturales (psicológicos o biológicos) la juventud se configura a través de patrones culturales según la sociedad en que se ejerzan (Mead, 1920).

A mediados del siglo XX, aparecen nuevos enfoques que aunan las perspectivas anteriores. Es el caso del enfoque psicosocial de Erikson, que considera que la juventud está determinada por la interación entre las actitudes y alternativas de las personas y las diferentes instituciones sociales (Erikson, 1980). La búsqueda de una identidad determinada y la confusión de rol en el marco social, serían características fundamentales para la definición de la población joven en la sociedad.

Desde la sociología, Karl Mannheim, aborda el estudio de la juventud a partir del concepto de generación. Considera este autor, que la diferente posición en una estructura social determina que los individuos tengan distintos recursos materiales y por lo tanto vivan de diferente manera los cambios sociales (Manzanera y Haz, 2018). La interpretación de la juventud como generación, basa su discurso en que la juventud es entendida como una fase que contiene un paradigma o modo de interpretación sobre el cambio social. Así, la sociedad vendría a reinventarse o reestructurarse según se vayan sucediendo las diferentes generaciones (Torregosa, 1972).

Otras teorías contemplan a la juventud como una categoría cultural, concretamente una subcultura. En este enfoque se ubica el Funcionalismo Estructuralista de Parsons, que expone que los grupos de edad experimentan el desarrollo de una nueva consciencia generacional, por lo que los jóvenes acaban convirtiéndose en una cultura autónoma a través del conflicto con la cultura general implementada por la población adulta (Feixa, 2006).

Otra perspectiva con gran influencia en la Sociología es la desarrollada por Sánchez (2012), a través de la utilización del concepto de identidad líquida de Zigmunt Bauman. Sánchez entiende que la flexibilización de la vida social en las sociedades postmodernas acabará por fraccionar la identidad de las personas jóvenes, lo que puede llegar a implicar que no sea analiticamente posible el estudio de la población por estratos conceptuales, tales como juventud, adolescencia, madurez o personas mayores.

Todos estos enfoques establecen distintos discursos en relación a la juventud. Por un lado, estaría el discurso del Ciclo Vital (Casal et al., 2006), que considera la existencia de distintas etapas vitales (infancia, juventud, vida adulta o vejez). Desde esta perspectiva, la juventud es interpretada como una etapa negativa en contraposición a la etapa adulta, y entendida como un proceso de transición hacia ella.

Por otro lado, se encuentra el discurso generacionista (Casal et al., 2006). Aquí la división entre jóvenes y adultos es fundamentada en el conflicto entre generaciones. Tanto jóvenes como adultos disponen de un imaginario concreto que contempla, en el caso de las personas jóvenes, el progreso y el cambio social, mientras que para los adultos este imaginario les permite estar vinculados a la tradición y el conservadurismo (Manzanera y Haz, 2018).

Un tercer discurso, el de Grupo de Edad, categoriza a la juventud dentro de un grupo de edad determinado. Esta descripción del concepto se relaciona con las disposiciones políticas que desean establecer actuaciones institucionales dirigidas a este colectivo (Bendit, 2006). El uso de la edad permite diferenciar y situar en grupos, a las personas de una sociedad, habilitando la posibilidad de proponer políticas diferenciadas. Esta perspectiva es utilizada en la mayoría de los países europeos.

Por último, se encontraría el discurso de la Clase de Edad. Si el término generación hace alusión a un modo de producción de sujetos de acuerdo con unas condiciones estructurales, sociales y materiales, la clase de edad remite a la división entre individuos dentro de un mismo grupo en un momento determinado, siendo la variable discriminante la "edad social", que varía en función del momento histórico (Manzanera y Haz, 2018).

3. *Perfil sociodemográfico de la población joven en España*

Un fenomeno consolidado en las sociedades postindustriales es el envejecimiento continuado de su población. Este es resultado de la combinación de distintos procesos demográficos como el descenso en las tasas de mortalidad, el incremento de la esperanza de vida, la reducción de la fecundidad y el desplome de la natalidad (Solano, 2010). Fenomenos éstos que se han dado en un grado intenso en la sociedad española.

De esta forma, el gráfico 1 muestra el descenso que se ha venido produciendo en los últimos 10 años de la proporción de la población entre 16 y 34 años en el conjunto del país. Si bien en este último lustro se ha producido un incremento, el peso de los y las jóvenes residentes en España ha caido casi tres puntos porcentuales desde 2012.

Gráfico 1. Evolución de la población de 16 a 34 años en España, 2012-2023 (% población)

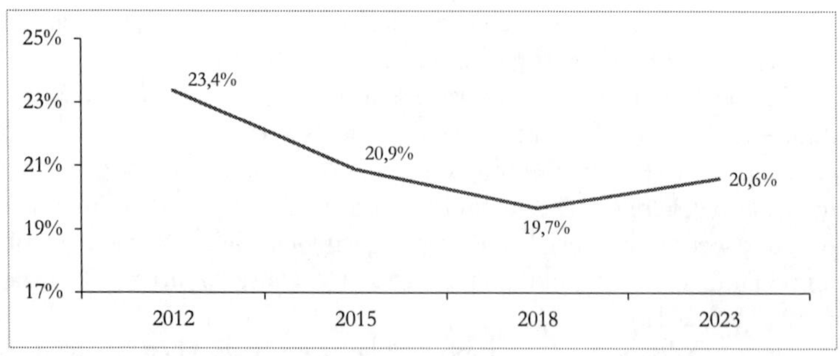

Fuente: Elaboración propia a partir de datos del INE.

Por otro lado, ahondando en la ratio entre géneros cabe destacar que, en la etapa de la juventud, la proporción de hombres jóvenes es levemente superior al de mujeres, tal y como puede observarse en el gráfico 2, si bien es sabido, en las personas mayores, la proporción se invierte, debido a la mayor esperanza de vida femenina.

Gráfico 2. Evolución de la población de 16 a 34 años según sexo en España (% población)

	Hombres	Mujeres	Total
2012	11,9%	11,5%	23,4%
2015	10,6%	10,3%	20,9%
2018	10,0%	9,7%	19,7%
2023	10,5%	10,1%	20,6%

Fuente: Elaboración propia a partir de datos del INE.

4. *Situación residencial de la población joven en España*

En este apartado se realiza una revisión de la situación respecto al acceso a la vivienda de la población joven entre 16 y 34 años. En primer lugar, se exponen los datos relativos a las tasas de emancipación de la población joven en España en los últimos 10 años. En segundo lugar, se presenta el tipo de tenencia de la vivienda, según compra o alquiler, en el mismo periodo.

4.1. Emancipación juvenil en España

La emancipación residencial se describe como el fenómeno relativo a la salida de los y las jóvenes del hogar de sus progenitores, pasando a configurar un hogar diferente (Vinuesa y Puga, 2017). Esta salida deja atrás la situación de dependencia en cuanto a la cobertura de las necesidades básicas provistas por la familia de procedencia, por lo que, además de la formación de un nuevo hogar, éste, presumiblemente, es independiente del anterior.

Diversos estudios, han corroborado que en España esta emancipación se ha venido retrasando en los últimos tiempos (Gil Calvo, 2005; Echaves,

2021; Gil Solsona, 2023), algo que se confirma con los datos presentados en el cuadro 1. En éste, se muestran las tasas de emancipación de la población joven española desagregada en tres tramos de edad (de los 16 a los 19 años, de los 20 a los 24, y de los 25 a los 34 años) para el periodo entre 2012 y 2022.

De los tres grupos de edad, el que sufre mayor descenso en su emancipación es el de los jóvenes entre 25 y 34 años (9 puntos porcentuales) que pasa de una tasa del 62,8% en 2012, al 53,7% en 2022. Del mismo modo, la tasa para el tramo de los 20 a los 24 años cae más de 7 puntos y medio, situándose en el 6,1% en el final del periodo descrito.

Cuadro 1. Tasa de emancipación por grupos de edad en España (%)

Grupos de edad	2012	2015	2018	2022
De 16 a 19 años	3,3	3,1	2,1	2,3
De 20 a 24 años	13,7	9,7	7,8	6,1
De 25 a 34 años	62,8	60,9	56,2	53,7

Fuente: Elaboración propia a partir de datos EUROSTAT.

Por sexo, contemplando los datos de modo genérico (gráfico 3), se observa que las mujeres suelen independizarse antes, en mayor proporción que los hombres. En el tramo de edad de los 20 a los 24 años, en el año 2012, las mujeres tenían una tasa de emancipación del 18,1%, mientras que los hombres se situaban en el 9,3%. Lo mismo ocurre en el tramo de mayor edad (25 a 34 años), donde las mujeres se emancipaban en una tasa del 69,3%, siendo en los hombres del 56,4%, casi trece puntos de diferencia.

Gráfico 3. Tasa de emancipación por grupos de edad según sexo en España (%)

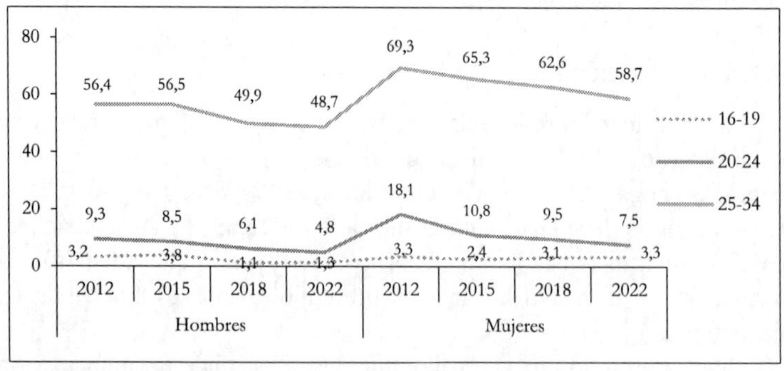

Fuente: Elaboración propia a partir de datos EUROSTAT.

Otro aspecto importante, a resaltar, es que el descenso en la tasa de emancipación ha sido más pronunciado en las mujeres que en los hombres. Principalmente, en los tramos de 20 a 24 y de 25 a 34 años. Para el primero, el descenso en hombres ha sido de 4,5 puntos, mientras que en las mujeres ha llegado a superar los 10 puntos (10,6). En el tramo de mayor edad, los hombres descienden del 56,4% al 48,7% (7,7 puntos), y las mujeres de una tasa del 69,3 pasan a una del 58,7, otros 10,6 puntos menos. Esta tendencia, no se ha dado para las mujeres en el tramo más joven (16 a 19 años), donde, tras un descenso en los años intermedios, vuelven a tener, en el año 2022, la misma tasa de emancipación que obtenían en el 2012 (3,3%). Por su parte, los hombres pasan del 3,2% en 2012, al 1,3 en el año 2022.

4.2. Régimen de tenencia de la vivienda en España

A continuación, en el cuadro 2, se presentan los datos relativos al régimen de tenencia de la vivienda en España, por grupos de edad y sexo, para el periodo 2012-2022. Tradicionalmente, el régimen de tenencia mayoritario ha venido siendo el de propiedad. En el año 2001, el régmien en propiedad representaba el 82,2% del parque residencial, más de 9 puntos que en el año 1981 (López, 2013). En la actualidad, esta forma de acceso a la vivienda supone contemplar un futuro laboral practicamente asegurado, algo que, como se verá más adelante, tiene pocas posibilidades de ser visto así por la población joven.

Cuadro 2. Hogares por régimen de tenencia de la vivienda según edad y sexo de la persona de referencia (%)

Grupos de edad	Propiedad				Alquiler			
	2012	**2015**	**2018**	**2022**	**2012**	**2015**	**2018**	**2022**
Total	79,2	77,3	76,1	75,9	14,5	15,6	17,5	18,1
De 16 a 29 años	42,5	34,2	29,6	30,7	43,1	48,4	52,4	53,4
De 30 a 44 años	71,1	65,3	60,7	56,7	20,8	24,3	29,9	32,9
De 45 a 64 años	82,7	81,4	80,4	79,3	12,0	13,1	14,3	15,6
65 y más años	90,1	89,3	89,6	89,4	5,7	6,0	6,7	7,3
Hombres	**2012**	**2015**	**2018**	**2022**	**2012**	**2015**	**2018**	**2022**
Total	80,2	77,7	77,3	77,0	13,8	15,5	16,4	17,4
De 16 a 29 años	45,3	31,0	29,9	28,2	42,0	48,1	49,9	54,3

Grupos de edad	Propiedad				Alquiler			
	2012	2015	2018	2022	2012	2015	2018	2022
De 30 a 44 años	71,9	67,1	64,9	58,3	20,0	23,2	26,6	32,2
De 45 a 64 años	83,5	81,6	80,6	80,9	11,2	13,1	13,6	14,5
65 y más años	92,4	90,8	90,3	90,8	4,2	5,6	6,4	6,4
Mujeres	**2012**	**2015**	**2018**	**2022**	**2012**	**2015**	**2018**	**2022**
Total	77,8	76,7	74,4	74,5	15,7	15,7	19,3	18,9
De 16 a 29 años	39,4	39,8	29,1	33,3	44,3	49,1	55,9	52,4
De 30 a 44 años	70,0	62,2	54,2	54,2	22,1	26,4	35,2	34,0
De 45 a 64 años	81,4	81,1	80,0	76,8	13,3	13,1	15,6	17,4
65 y más años	87,7	87,6	88,6	87,9	7,3	6,5	7,1	8,3

Fuente: Elaboración propia a partir de datos del INE.

Este tipo de régimen, si bien se sigue manteniendo como mayoritario, ha venido sufriendo un descenso en detrimento de la formula del alquiler. Por otra parte, entre la población joven (de 16 y 29 años en este caso), ya en el año 2012 el régimen de tenencia en alquiler representaba el 43,1% de aquellos y aquellas que estaban emancipados residencialmente, más de 20 puntos por encima del siguiente tramo de edad con más proporción en este régimen (de 30 a 44 años). Este porcentaje de jóvenes con vivienda en alquiler se ha venido incrementando a lo largo de estos 10 años, suponiendo en el 2022 el 53,4%. Proporción que sigue siendo superior al del segundo tramo de edad con más porcentaje de tenencia en alquiler (32,9%).

En este epígrafe se han visto unicamente dos elementos que describen la situación residencial de la población joven en España. De lo relatado se puede extraer: por un lado, que los y las jóvenes españolas han venido retrasando su emancipación residencial en los últimos 10 años de manera acusada, o dicho de otro modo, han venido manteniendo su residencia en la vivienda de sus progenitores por más tiempo, lo que puede significar que su inclusión residencial depende de éstos. Por otra parte, actualmente aquellos y aquellas jóvenes que dan el paso de la emancipación, en más de la mitad de los casos, lo hacen en régimen de alquiler, hecho que puede estar influenciado por diversos y distintos factores, algunos de los cuales se verán a continuación.

5. *Factores determinantes de la situación residencial de los jóvenes en España*

Hasta el momento, se ha determinado, de manera somera, que la situación residencial de la población joven en España tiene dos características que hacen pensar que existen dificultades con respecto a las posibilidades de acceso a la vivienda independiente: descenso de las tasas de emancipación y opción por el alquiler en el régimen de tenencia.

El descenso en las tasas de emancipación, además de otros aspectos, puede ser resultado de la falta de oportunidades laborales y de los elevados precios que supone el alquiler o la compra de vivienda, o incluso, el mantenimiento de ésta. Por su parte, que la opción de régimen en alquiler se haya incrementado, y sea mayoritaria en la población joven, puede denotar situaciones de precariedad laboral o bajos ingresos económicos. A continuación, se presentan datos relativos a estos cuatro factores vinculados a la población joven en España.

5.1. Jóvenes y mercado laboral

La incorporación al mercado laboral ha venido sufriendo un retraso en lo que respecta a la edad de las personas (Benedicto, 2017). Por una parte, la prolongación de la etapa educativa, precisamente para la adquisición de competencias que favorezcan dicha incorporación, y por otra, las sucesivas crisis acontencidas en España, unidas a deficientes políticas de regulación del mercado de trabajo, han dificultado que el mercado laboral pueda constituir un elemento estructural firme y consistente para la recepción de la población joven.

Muestra de ello son los datos que se ofrecen en el cuadro 3. En él se observa que las tasas de paro para todo el periodo y para los diferentes grupos expuestos, marcan elevados niveles para una sociedad como la española. Por su parte, si bien desde el año 2012 hasta la actualidad, la tasa de paro en España ha evolucionado de manera positiva, descendiendo hasta 13 puntos para el conjunto de la población (24,8% en 2012 y 11,8% en 2023), en dicho perido, la tasa de paro juvenil se sitúa entre los 8,7 y los 5,6 puntos, por encima de la media nacional.

Contemplando dicha tasa desagregada por sexo, se aprecia que las mujeres, aun siendo positiva su evolución, ésta ha tenido menor intensidad que la de los hombres. Si los hombres jóvenes han descendido del 34,5% en 2012, al 20,8% en 2023, lo que supone una caída en la tasa de paro masculina de más de 13 puntos, en el caso de las mujeres jóvenes este descenso se queda en 10,8 puntos, pasando de una tasa de paro del 32,5% al 21,7%.

Cuadro 3. Tasa de paro juvenil y total según sexo, 2012-2023 (%)

España	2012	2015	2018	2023
Población total	24,8	21,2	14,6	11,8
Hombres	24,5	19,9	13,1	10,3
Mujeres	25,1	22,7	18,2	16,2
Población joven 16-34 años	33,5	29,2	21,1	17,6
Hombres	34,5	36,0	25,2	20,8
Mujeres	32,5	35,7	25,3	21,7

Fuente: Elaboración propia a partir de datos del INE.

Por otra parte, si se examina cómo es el trabajo de aquellas personas jóvenes que acceden al mercado laboral, se observa que la temporalidad de los contratos de trabajo es un factor que afecta en mayor medida a la población joven (cuadro 4). Si en 2012, la tasa de temporalidad de la población total se situaba en niveles muy similares a los de la población joven (23,9% y 25,4% respectivamente), en el segundo trimestre de 2023, aun habiendo descendido en el conjunto del país, la diferencia entre los y las jóvenes con respecto al total de la población española se ha visto incrementada en más de tres puntos y medio. Esto quiere decir que la nueva normativa relativa a la contratación temporal, ha tenido mejores efectos en la población mayor de 34 años, pues su descenso supera los seis puntos porcentuales por los tres de la población entre 16 y 34 años.

Cuadro 4. Tasa de temporalidad juvenil y total según sexo, 2012-2023 (%)

España	2012	2015	2018	2023
Población total	23,9	26,2	27,4	17,3
Hombres	22,3	26,1	26,6	15,1
Mujeres	25,5	26,2	28,4	19,5
Población joven 16-34 años	25,4	30,1	33,0	22,4
Hombres	25,4	30,0	32,4	21,3
Mujeres	25,5	30,1	33,7	23,5

Fuente: Elaboración propia a partir de datos del INE.

A tenor de los datos, si se considera que el acceso a un trabajo remunerado puede ser una de las condiciones imprescindibles para que la población joven pueda desarrollar una vida autonóma e independiente

(López, 2013) y, además, supone un elemento clave en la inserción social del conjunto de la población (Hernández, 2008), puede concluirse que el ámbito laboral puede suponer un factor que dificulta, cuando no excluye, el acceso a una vivienda para la población joven española.

5.2. Ingresos económicos y gasto por persona en vivienda

Tanto la falta de trabajo, como la precariedad de este provocan que los ingresos de la población joven se sitúen por debajo de la media española. Tal y como se muestra en el cuadro 5, la población entre 16 y 19 años en España tiene una renta anual neta media por persona, para el año 2022, un 10,4% inferior a la media de la población total. Aunque esta diferencia se ha ido reduciendo desde 2015, cuando alcanzaba un 14,2%, y la renta ha ido aumentando en el periodo señalado (casi un 20%), es evidente que dicha renta no supone un soporte económico apropiado para que la población joven pueda proyectar la compra de una vivienda.

Cuadro 5. Renta anual neta media por persona y unidad de consumo (€)

España	2012	2015	2018	2022
Total	10.795	10.419	11.412	13.008
De 16 a 29 años	9.727	8.935	10.156	11.660
De 30 a 44 años	10.912	10.353	11.397	12.974
De 45 a 64 años	12.270	11.591	12.550	14.225
65 y más años	11.867	12.206	12.758	14.762
Hombres	**2012**	**2015**	**2018**	**2022**
Total	10.879	10.479	11.549	13.180
De 16 a 29 años	9.916	8.908	10.510	11.825
De 30 a 44 años	11.276	10.658	11.833	13.538
De 45 a 64 años	12.080	11.566	12.449	14.414
65 y más años	12.231	12.689	13.134	15.118
Mujeres	**2012**	**2015**	**2018**	**2022**
Total	10.713	10.361	11.279	12.843
De 16 a 29 años	9.528	8.963	9.785	11.487
De 30 a 44 años	10.538	10.042	10.963	12.416
De 45 a 64 años	12.456	11.616	12.649	14.040
65 y más años	11.589	11.833	12.464	14.481

Fuente: Elaboración propia a partir de datos del INE.

En este caso, las diferencias por sexo no presentan grandes disimilitudes, si bien las mujeres se encuentran por debajo de los valores que obtienen los hombres en todos los tramos de edad y para el total del periodo.

Vistos los ingresos medios anuales por persona, se pasa ahora a exponer los gastos medios de la persona sustentadora principal, en relación a los citados ingresos medios, es decir, qué proporción de ellos destina una persona en relación a su vivienda (cuadro 6). Estos gastos incluyen hipoteca o alquiler, agua, electricidad, gas y otros combustibles. El principal dato significativo es que, mientras que para las personas mayores de 29 años la proporción de gasto medio ha descendido desde 2012, pasando del 32,9% al 31,9%, para las personas entre 16 y 29 años esta proporción se ha elevado desde el 30,1% al 34,2%, más de cuatro puntos.

Cuadro 6. Gasto medio por persona en vivienda, agua, electricidad, gas y otros combustibles según sexo y edad del sustentador principal del hogar (% renta anual media por persona)

España	**2012**	**2015**	**2018**	**2022**
Total	32,9	33,4	32,4	31,9
De 16 a 29 años	30,1	32,2	31,2	34,2
De 30 a 44 años	27,1	27,3	25,4	26,3
De 45 a 64 años	27,9	28,2	27,5	26,1
65 y más años	41,4	40,4	41,5	40,6
Hombres	**2012**	**2015**	**2018**	**2022**
Total	30,9	31,6	30,2	29,7
De 16 a 29 años	30,2	30,7	29,8	31,9
De 30 a 44 años	25,5	25,8	23,7	24,4
De 45 a 64 años	26,9	27,1	26,6	24,6
65 y más años	36,6	35,6	36,7	35,9
Mujeres	**2012**	**2015**	**2018**	**2022**
Total	38,2	37,9	37,4	36,3
De 16 a 29 años	29,7	34,6	32,9	37,9
De 30 a 44 años	29,9	29,6	28,5	29,2
De 45 a 64 años	32,2	31,7	30,3	29,2
65 y más años	51,8	49,9	51,3	50,3

Fuente: Elaboración propia a partir de datos del INE.

Al mismo tiempo, la población joven, según los datos del cuadro 6, presenta una proporción de gasto en vivienda superior a la media nacional de más de 2 puntos porcentuales y casi 8 puntos si se compara con el grupo de edad de 30 a 44 años. Una de las principales razones puede estar en los menores ingresos de la población joven, si bien habría que analizar con mayor detalle este aspecto, ya que para la población de 65 y más años, la proporción del gasto es significativamente mayor. Esta diferencia puede estar relacionada con las distintas situaciones de convivencia, es decir, mientras que las personas jóvenes pueden estar compartiendo gastos de la vivienda al vivir en pareja, de manera mayoritaria, las personas mayores pueden estar asumiendo dichos gastos por si solas, al encontrarse en mayor proporción viviendo solas.

Por su parte, si en lo que se refiere a los ingresos, las diferencias entre mujeres y hombres no eran notables, en lo que respecta a la proporción del gasto de esos ingresos en vivienda, éstas sí son significativas. De media, una mujer joven gasta hasta 6 puntos porcentuales más que el hombre. En este caso, si bien un componente de esta diferencia puede estar en los distintos ingresos entre los sexos, es muy probable que no explique estas diferencias en su totalidad.

En definitiva, otro factor que puede estar estrechamente relacionado con las dificultades de emancipación de la población joven en España son los menores ingresos económicos unidos a los previsibles gastos asociados al mantenimiento de un hogar. Recuerdese que se han aportado ingresos y gastos medios, por lo que un importante número de personas jóvenes se encuentran por debajo de esos umbrales, lo que significa que sus dificultades aun serán mayores.

6. *Exclusión laboral y residencial de la juventud española*

Las situaciones y factores descritos anteriormente provocan que la población joven en España se encuentre en niveles de exclusión social en las dimensiones de empleo y vivienda por encima de los demás grupos de edad. A continuación, los cuadros 7 y 8 ofrecen los datos relativos a los indicadores de exclusión social en las dimensiones empleo y vivienda, que ofrece la última Encuesta sobre Integración y Necesidades Sociales realizada por la Fundación FOESSA en 2021.

Cuadro 7. Indicadores de exclusión social en la dimensión empleo, según edad, 2021 (%)

Indicadores de exclusión de empleo	Total			De 16 a 34 años			De 35 a 64 años			65 y más años		
	T	H	M	T	H	M	T	H	M	T	H	M
Hogar cuyo sustentador/a principal está en paro desde hace un año o más	4,3	4,2	4,5	4,7	4,1	5,4	6,4	6,1	6,9	0,2	0,2	0,1
Hogar cuyo sustentador/a principal tiene un oficio de exclusión	1,1	1,2	1,0	2,3	3,2	0,9	1,3	1,1	1,5	0,4	0,5	0,4
Hogar cuyo sustentador/a principal tiene un empleo irregular	1,0	0,8	1,3	2,6	2,4	2,8	1,1	0,8	1,5	0,1	0,0	0,2
Hogares sin personas ocupadas, ni pensionistas, ni con prestaciones periódicas	8,1	6,9	10,2	13,6	10,6	18,2	6,4	4,9	9,1	9,0	9,2	8,6
Hogar con al menos una persona desempleada de larga duración, sin título profesional y sin haber recibido formación ocupacional o haber realizado estudios en el último año	7,5	7,0	8,2	9,2	7,3	12,5	9,6	9,1	10,5	2,8	2,8	2,9
Hogar con todas las personas activas desempleadas	10,3	9,0	12,5	11,7	10,6	13,5	12,3	10,8	15,0	6,0	4,7	8,1
Hogar cuyo sustentador/a principal está activo, en inestabilidad laboral grave	10,3	10,2	10,6	21,0	19,2	23,7	13,4	13,2	13,7	0,2	0,2	0,2

Fuente: Elaboración propia a partir de EINSFOESSA, 2021.

En cuanto al empleo (cuadro 7), se observa que en cuatro de los siete indicadores de exclusión laboral, las personas de 16 a 34 años presentan mayores porcentajes de exclusión. Concretamente, en los indicadores de "Hogar cuya persona sustentadora principal tiene un oficio de exclusión" y "Hogar cuya persona sustentadora principal tiene un empleo irregular", superan al resto de grupos de edad alrededor de un punto porcentual. En los otros dos indicadores (Hogares sin personas ocupadas, ni pensionistas, ni con prestaciones periódicas y Hogar cuya persona sustentadora principal está activo, en inestabilidad laboral grave), las diferencias se disparan a 4,6 puntos y 7,6 respectivamente.

Por sexo, las personas jóvenes, salvo en el indicador "Hogar cuya persona sustentadora principal tiene un oficio de exclusión", las mujeres se sitúan por encima de los hombres con diferencias que alcanzan los 7,6 puntos en el indicador "Hogares sin personas ocupadas, ni pensionistas, ni con prestaciones periódicas".

En relación al ámbito de la vivienda (cuadro 8), las y los jóvenes encuestados ofrecen valores superiores al resto de personas en cinco de los ocho indicadores. Entre estos destacan "Tenencia en precario: facilitada gratuitamente", donde se alcanza el 7,2%, suponiendo una diferencia con respecto al segundo grupo de edad más afectado de 2,4 puntos. Y muy significativamente, el indicador "Sobrecoste (Gasto excesivo de la vivienda)", en el que el porcentaje de personas jóvenes que están afectadas supone el 22,9%, más de seis puntos de diferencia con respecto al grupo de personas de 35 a 64 años.

Cuadro 8. Indicadores de exclusión social en la dimensión vivienda, según edad, 2021 (%)

Indicadores de exclusión en vivienda	Total			De 16 a 34 años			De 35 a 64 años			65 y más años		
	T	H	M	T	H	M	T	H	M	T	H	M
Infravivienda: chabola, bajera, barracón...	0,1	0,1	0,1	0,1	0,2	0,0	0,1	0,0	0,2	0,1	0,2	0,0
Deficiencias graves en la construcción	1,8	1,8	1,8	2,0	1,7	2,6	2,1	2,1	2,1	1,1	1,1	1,1
Insalubridad, humedades, suciedad, olores,...	7,2	6,4	8,6	9,3	8,4	10,8	8,0	6,9	10,2	4,9	4,7	5,3
Hacinamiento (menos de 15m^2 por persona)	4,6	4,7	4,4	7,3	6,4	8,6	6,0	6,2	5,5	0,8	0,9	0,7
Entorno muy degradado	1,8	1,9	1,7	2,9	3,0	2,8	1,7	1,8	1,7	1,5	1,6	1,3
Hogares con personas con movilidad reducida y con barreras arquitectónicas	2,2	2,0	2,4	1,6	1,1	2,3	2,0	1,7	2,7	2,6	3,1	1,8
Tenencia en precario: facilitada gratuitamente	4,3	4,2	4,5	7,2	6,7	8,0	4,8	4,3	5,9	2,1	2,9	0,9
Sobrecoste (Gasto excesivo de la vivienda)	14,2	12,2	17,5	22,9	19,5	28,0	16,6	14,2	21,0	5,3	4,5	6,5

Fuente: Elaboración propia a partir de EINSFOESSA.

Al igual que ocurre con el empleo, las mujeres en esta dimensión presentan peores datos que los hombres. Mediante los indicadores de la EINSFOESSA, se constata un aspecto señalado anteriormente relacionado con la proporción del gasto en vivienda con respecto a los ingresos anuales por persona. El indicador "Sobrecoste (Gasto excesivo de la vivienda)", muestra que las mujeres jóvenes (28%) están afectadas en mayor medida que los hombres (19,5%), en cuanto a los gastos que supone el mantenimiento de una vivienda.

Al mismo tiempo, las mujeres presentan mayores porcentajes en los indicadores de "Deficiencias graves en la construcción", "Insalubridad, humedades, suciedad, olores,...", "Hogares con personas con movilidad reducida y con barreras arquitectónicas" y "Tenencia en precario: facilitada gratuitamente".

7. *Valoración, respuesta institucional y recomendaciones de expertos/as*

Con la finalidad de ampliar el análisis de la situación residencial de las personas jóvenes en España, como ya se ha indicado en el apartado de metodología, se ha preguntado a personas expertas en el ámbito de estudio sobre sus valoraciones y propuestas de actuación desde los poderes públicos.

En lo que se refiere a la valoración de la situación de los jóvenes en cuanto al acceso a la vivienda, las personas expertas coinciden en que un factor importante que dificulta dicho acceso son los escasos ingresos salariales que en la actualidad tiene este sector de la población.

> *La población joven tiene un problema de ingresos, asociado a los bajos salarios, que no les permiten alcanzar los niveles de precios residenciales. Estos últimos no son necesariamente elevados, pero sí con respecto a los niveles salariales. Este es un problema general, pero con muchos matices dependiendo de la región donde se encuentre, con fuerte variabilidad (A16, experto/a académico/a).*

> *La situación económica y laboral de los jóvenes ha empeorado en los últimos 15 años. Esto ha significado unas condiciones más rígidas de acceso a un crédito hipotecario para gente joven, por lo que la tenencia a una vivienda en régimen de propiedad se considera casi imposible para la gran mayoría de la población joven (A8, experto/a académico/a).*

Otro de los factores apuntados, es la ausencia de una oferta de vivienda suficiente para el conjunto de la población. Tras la crisis inmobiliaria y financiera de finales de la primera década del siglo XXI, la construcción de viviendas se ha visto ralentizada. Al mismo tiempo, la población ha seguido creciendo por lo que, según el territorio, la posibilidad de adquirir una vivienda en propiedad o alquiler se ve limitada.

> *El segundo problema es la falta de oferta. El ciclo de edificación colapsó en 2008 y no se ha recuperado, por lo que durante más de una década la edificación residencial está en mínimos. Como la población ha seguido creciendo, la presión sobre las unidades existentes es fuerte y no hay vivienda suficiente (A16, experto/a académico/a).*
>
> *Existen claramente necesidades habitacionales (A9, experto/a académico/a).*
>
> *De la misma manera, la opción del alquiler tampoco se considera una solución a largo plazo, por lo que representa de inestabilidad, subidas de alquileres, etc. La poca oferta inmobiliaria en alquiler, el precio en las ciudades, así como la vivienda reconvertida para oferta turística y las viviendas vacías que no salen al mercado (especulación), son algunos de los problemas que se plantean para la población joven (A8, experto/a académico/a).*

En lo que respecta a la respuesta institucional, se considera que ésta es isuficiente e inapropiada, favoreciendo a sectores de población joven con situaciones ventajosas. Por otro lado, se entiende que debería potenciarse el mercado de vivienda social, tanto para la compra como para el alquiler.

> *Las ayudas son insuficientes, demasiado orientadas a jóvenes en condiciones laborales privilegiadas. Los cupos de oferta residencial protegida (alquiler o en residencias para estudiantes) son de ridículas dimensiones y no resuelven el problema de manera permanente, solo lo tapan unos años, a lo sumo (A8, experto/a académico/a).*
>
> *Creo que no se están dando las respuestas adecuadas para paliar la necesidad de vivienda en ningún nivel administrativo. Además, considero importante, que el sector privado invierta más en responsabilidad social corporativa en el ámbito de vivienda (A9, experto/a académico/a).*

Por último, las recomendaciones que han de tenerse en cuenta para la mejora de la situación residencial del colectivo objeto de estudio pasan por el incremento en la oferta y apoyo directo en el acceso, aumento del parque de viviendas en venta y alquiler, regulación de precios del alquiler, o medidas fiscales que favorezcan la puesta en alquiler de viviendas vacías. Además, se propone la reurbanización tanto de las ciudades como de zonas rurales que vienen sufriendo el fenomeno del vaciado en los últimos años.

> *Aumento de la oferta y apoyo al acceso directo a los jóvenes (A16, experto/a académico/a).*
>
> *Solucionar los principales problemas para llevar a cabo viviendas de nueva construcción a precios asequibles. Esta medida va dirigida principalmente a los agentes inmobiliarios y a las Administraciones Públicas (A8, experto/a académico/a).*

Aumentar el parque de viviendas en alquiler. Debido a la precariedad actual, la escasa oferta de viviendas en alquiler tiene como resultado el incremento de su precio, por lo que la medida más necesaria con respecto al alquiler es el aumento de la cantidad de viviendas en alquiler con precios asequibles (A8, experto/a académico/a).

Reurbanizar los centros de las ciudades y pueblos con escasez de personas con población joven. Deberían darse facilidades para mejorar estas cuestiones, más allá de construir nueva vivienda. Además, sería pertinente tener en cuenta el dotar a las viviendas de mejores sostenibles con el medio ambiente (A9, experto/a académico/a).

8. *Conclusiones*

Como primera conclusión, se ha de señalar que, si bien se ha desagregado por sexo y, en algunos casos, por grupos de edad dentro de la población joven, el análisis realizado aglutina en un solo grupo al conjunto de la población joven española. Variables como la ocupación, los niveles de ingresos propios de la población joven o de sus progenitores, el nivel educativo alcanzado, el territorio o incluso la situación relacional (soltero/a o en pareja) son aspectos que profundizarían en la investigación de las situaciones residenciales de las personas objeto de estudio.

Aun así, y teniendo en cuenta que no existe una edad concreta para la emancipación de las personas que viven con sus padres y que ésta puede variar según circunstancias sociales, económicas y culturales muy diversas (Vinuesa y Puga, 2017), aspectos como la incorporación al mercado laboral, las condiciones de trabajo, los ingresos económicos o los precios de la vivienda, suponen factores que influyen notablemente en las posibilidades de emancipación de las y los jóvenes españoles.

Por último, hay que resaltar que mientras las mujeres ofrecen peores datos en cuanto a empleo, ingresos y gasto en vivienda, y además están más afectadas por los indicadores de exclusión residencial y laboral, son ellas las que antes se emancipan y las que optan, en mayor porcentaje que los hombres, a la compra de una vivienda frente al alquiler.

9. *Referencias*

Bendit, R. (2006). Youth sociology and comparative analysis in the European Union member states. *Papers*, *79*, 49-76.

Benedicto, J. (2017). *Informe juventud en España 2016*. INJUVE

Casal, J. et al. (2006). Aportaciones teóricas y metodológicas a la Sociología de la juventud desde la perspectiva de la transición. *Papers*, *79*, 21-48.

Echaves, C. (2021). Así me proveen, así me emancipo: jóvenes y contextos residenciales en España. *Encrucijadas: Revista Crítica de Ciencias Sociales*, 21 (1).

Erikson, E. (1980). *Infancia y Sociedad*. Ediciones Hormé.

Feixa, C. (2006). Generación XX. Teorías sobre la Juventud en la Era Contemporánea. *Revista Latinoamericana de Ciencias Sociales, Niñez y Juventud*, 4(2), 9-10.

Fundación FOESSA (2019). VIII Informe sobre exclusión y desarrollo social en España. Fundación FOESSA.

Fundación FOESSA (2022). *Evolución de la cohesión social y consecuencias de la COVID-19 en España*. Fundación FOESSA.

Gil Calvo, E. (2005). El envejecimiento de la juventud. *Revista de Estudios de Juventud, 71*, 11-19.

Gil Solsona, D. (2023). *La emancipación compleja. Cambios en los procesos de independencia juvenil en España entre 1990 y 2020 en perspectiva comparada* (Tesis doctoral, Universidad de Valencia) https://webges.uv.es/public/uvEntreuWeb/tesis/tesis-2701575-EVUQE9GS35MBL9D2.pdf.

Hernández Pedreño, M. (2008). Exclusión Social en la Región de Murcia. Editum.

Laparra, M., et al. (2007). Una propuesta de consenso sobre el concepto de exclusión social. Implicaciones metodológicas. *Revista Española del Tercer Sector*, 5, 15-58.

López Carmona, D. P. (2013). Jóvenes vulnerables y exclusión residencial, en M. Hernández (coord.), *Vivienda y exclusión residencial* (243-267). Editum.

Manzanera Román, S. y Haz Gómez, F. E. (2018). Ser joven en el siglo XXI, en M. Hernández (dir.), *Inserción social y laboral de los jóvenes en la Región de Murcia* (17-60). Editum.

Mead, M. (1990). *Adolescencia y Cultura en Samoa*. Paidós Ibérica.

Rice, P. (1997). *Desarrollo Humano, estudio del ciclo vital*. Prentice Hall Hispanoamérica.

Sánchez Moreno, E. (2012). *¿Juventud líquida? Retos y problemáticas asociadas a las personas jóvenes en la sociedad española contemporánea en Exclusión y Desarrollo Social. Análisis y perspectivas*. Fundación FOESSA. https://www.caritas.es/main-files/uploads/2018/03/FOESSA-An%C3%A1lisis-y-Perspectivas-2012-Exclusi%C3%B3n-y-desarrollo-social.pdf

Solano, J. C. (2010). Territorio, población y hogar. Cambios en la segunda transición demográfica. En P. Sánchez y A. Riella (eds.), *Globalización y Perspectivas de la integración Regional* (173-196). Editum.

Subirats, J. (2005). *Análisis de los factores de exclusión social*. Fundación BBVA.

Torregosa, J. R. (1972). *La juventud española*. Ariel.

Trilla, C. y López, J. (2005). El acceso de los jóvenes a la vivienda: una cuestión todavía no resuelta. *Documentación Social*, 138, 191-206.

Trinidad, A. (2002). Juventud y Dependencia Familiar en España. *Revista de Estudios de Juventud*, 58, 1-13.

Vinuesa J. y Puga, D. (2017). *Técnicas y ejercicios de demografía*. Instituto Nacional de Estadística.

Capítulo 9
PERSONAS MAYORES Y EXCLUSIÓN RESIDENCIAL

Aurora Gómez Garrido
Investigadora Predoctoral, Universidad de Murcia
Myriam Rodríguez Pasquín
Departamento de Economía Aplicada, Universidad de Murcia

1. *Introducción*

El incremento de la proporción de personas de edad avanzada está conllevando una transformación en la configuración demográfica que el sistema de bienestar deberá afrontar en el transcurso de las próximas décadas. Los datos acerca de cómo son las condiciones residenciales que se experimentan en la vejez son escasos, pero recientes investigaciones han revelado la presencia de trayectorias residenciales caracterizadas por desigualdades notables entre la población mayor. Asimismo, se ha identificado un segmento significativo de personas mayores que reside en condiciones de vulnerabilidad extrema (Fundación FOESSA, 2022; Lebrusán Murillo, 2018). En este capítulo se recogen las principales aportaciones disponibles en la literatura académica sobre la situación residencial del colectivo de las personas mayores, junto con los resultados del análisis de fuentes secundarias del Instituto Nacional de Estadística (en adelante, INE), y del análisis de las entrevistas realizadas a expertos/as en materia de mayores, vivienda y exclusión residencial. Para ello, el capítulo ha sido estructurado en dos amplios apartados. El primero abarca una perspectiva más general en lo que respecta a la situación social de la población mayor, abordando aspectos sociodemográficos, normativos y teóricos pertinentes a este grupo demográfico. El segundo apartado se enfoca de manera más específica en la situación de vivienda de las personas mayores, donde se exponen las principales necesidades habitacionales que estas enfrentan. Finalmente, el capítulo concluye con un tercer y último apartado, en el cual se sintetizan las ideas principales relacionadas con las políticas orientadas a la inclusión residencial de la población mayor.

2. *Situación social de la población mayor en España*

El envejecimiento demográfico ha sido objeto de estudio y documentación a través de las teorías de la Transición Demográfica. Estas lo conceptualizan como el resultado de una transformación en la estructura de edades de una sociedad, la cual se origina a partir de la transición de una sociedad caracterizada por un crecimiento poblacional gradual, pero con tasas de mortalidad y natalidad elevadas, hacia una sociedad en la que prevalecen tasas de mortalidad y natalidad mínimas (Lebrusán Murillo, 2018). Este fenómeno se intercala en un amplio repertorio de cambios sociofamiliares acontecidos desde las últimas décadas, donde destaca la pérdida de solidaridad familiar sobre la provisión de cuidados a personas mayores, que comienzan a ser tratados desde el punto de vista de la responsabilidad social (Lebrusán Murillo, 2018). En este apartado ofrecemos un balance general de los aspectos demográficos más destacables en la población mayor, continuando con una breve exposición de las principales teorías sobre el colectivo, y finalizando con un breve panorama de la situación de los servicios sociales y de protección social a las personas mayores.

2.1. Apuntes demográficos sobre la población mayor

España, en consonancia con otros países europeos, continúa evidenciando una tendencia a la reducción de los índices de natalidad, fecundidad y mortalidad en su población. En contrapartida, se observa un incremento significativo en la esperanza de vida y en la edad media de la población, que en el año 2022 alcanzó los 44 años. Estos fenómenos demográficos han propiciado un aumento gradual en la proporción de personas de edad avanzada en el país. De acuerdo con los datos del Padrón Continuo del Instituto Nacional de Estadística (INE, 2022a) a fecha de 1 de enero de 2022, se registra un total de 9.479.010 personas que han alcanzado la edad de 65 años o más, y que representan el 19.97% del conjunto total de la población. Dentro de esta categoría de personas de 65 o más años, el 56,62% son mujeres, mientras que el 43.38% son hombres. Estos datos ponen de manifiesto una marcada tendencia hacia una población de edad avanzada feminizada, tendencia que se acentúa más a medida que la edad aumenta. Según las proyecciones del INE (2022b), puede que existan más de 12,8 millones de personas mayores en 2035 (con la llegada de las generaciones nacidas en el *baby boom* a la vejez), y más de 15,6 millones en 2072, suponiendo un incremento del 35,21% entre 2022 y 2035, y del 63,81% entre 2022 y 2072.

Todos estos fenómenos, junto con el aumento del número de separaciones y divorcios en personas mayores, han propiciado también un incremento de los hogares unipersonales formados por personas pertenecientes a la tercera y cuarta edad, como bien indican las estadísticas de Nulidades, Separaciones y Divorcios (INE, 2022c) y los últimos datos de la Encuesta Continua a Hogares (INE, 2021). El número de hogares unipersonales formados por personas mayores ha aumentado un 18% entre 2013 y 2020, especialmente en los hombres. Además, el aumento de este tipo de hogares ha experimentado un crecimiento más pronunciado en el caso de mujeres mayores que se encuentran en las categorías de casadas, viudas, separadas y divorciadas. Este incremento supera en 10, 4, 68 y 15 puntos porcentuales, respectivamente, a los hombres que se encuentran en las mismas categorías (casados, viudos, separados y divorciados), según muestran los últimos datos de la Encuesta Continua de Hogares para el año 2020 (INE, 2021).

En materia de salud, la mayor parte de las estancias hospitalarias en España se dan en la población mayor, principalmente en hombres de más de 90 años (Pérez Díaz, 2020), y los últimos datos de la Encuesta Europea de Salud publicados por el INE (2021b) señalan que un 26,73% de las personas mayores enfrentan limitaciones no consideradas graves en el desempeño de sus actividades cotidianas, mientras que un 6,71% experimenta limitaciones graves en este aspecto. Es relevante destacar que estas limitaciones en las actividades diarias cotidianas son más prevalentes en las mujeres y tienden a aumentar a medida que avanza la edad. Otros datos interesantes los proporciona la Encuesta de Condiciones de Vida del INE (2022d), que revela una mayor tasa de riesgo de pobreza o exclusión social (definición AROPE) en mujeres mayores respecto a los varones (23,4%, frente al 18,6% en hombres), superando incluso el porcentaje de las mujeres de 18 a 64 años (19,7%). Tal indicador ha aumentado un 37,42% entre los años 2014 y 2022, y además, los datos de la Fundación FOESSA (2022: 157) revelan que la tasa de incidencia de la exclusión social pasó de situarse en el 7,6% en 2018 al 9,3% en 2021 en hogares donde el sustentador principal es una persona mayor.

2.2. Principales teorías sobre el colectivo de personas mayores

Según Bedmar (2009), las teorías que abordan el envejecimiento pueden ser clasificadas en las siguientes categorías: 1) *Teorías biológicas*, las cuales ponen énfasis en el deterioro físico y biológico que ocurre a medida que una persona envejece; 2) *Teorías sociológicas*, que se centran en la desvinculación del individuo de algunos de sus roles sociales conforme va envejeciendo; 3) *Teorías psicológicas*, que se enfocan en los déficits cognitivos que pueden surgir con el paso de los años; 4) *Teorías adoptadas desde una perspectiva educativa*, que destacan la importancia de la educación a lo largo de toda la vida, un concepto promovido por la UNESCO. En cuanto a los modelos relacionados con el envejecimiento, el autor menciona los siguientes: 1) *Modelo asistencial-lúdico*, que se basa en la idea de proporcionar entretenimiento a las personas mayores; 2) *Modelo académico*, que se centra en el acceso a la educación por parte de las personas mayores una vez que tienen tiempo libre; 3) *Modelo sociocultural*, que involucra estrategias de trabajo socioeducativo; 4) *Modelo educativo de las reminiscencias*, que se enfoca en personas con deterioro cognitivo; 5) *Modelo de educación interactiva*, que se basa en los beneficios del aprendizaje mutuo entre personas mayores; 6) *Modelo de síntesis*, que surge a partir de la Pedagogía Social y busca una integración de diferentes enfoques en la educación de las personas mayores.

2.3. Servicios sociales y protección social

La Ley 51/2003, de igualdad de oportunidades, no discriminación y accesibilidad universal, estableció hace dos décadas la obligación de la comunidad de llevar a cabo las obras necesarias para garantizar la accesibilidad a la vivienda y su conexión con el entorno. Posteriormente, la Ley 39/2006 de Promoción de la Autonomía Personal y Atención a las personas en situación de Dependencia introdujo el derecho social a recibir atención en materia de Servicios Sociales, creándose así el Sistema de Autonomía a la Dependencia (SAAD). Uno de los objetivos principales de este sistema es preservar la autonomía de las personas en su entorno habitual y asegurar un trato digno en todas las facetas de su vida personal, familiar y social. Las prestaciones del SAAD se dividen en dos categorías: las de carácter económico y las que se ofrecen en forma de servicios. Ahora bien, una de las principales críticas a la gestión del SAAD se refiere a la prioridad otorgada a las prestaciones económicas en comparación con las prestaciones de servicios (establecida en el artículo 14 de la Ley 39/2006). La realidad es que España cuenta actualmente con un nivel de concesión de servicios del 59%, o, dicho de otra manera, la concesión de servicios únicamente supera en un 9% a las prestaciones económicas. A 30 de abril de 2023, las prestaciones se distribuyen de la siguiente manera:

a) Prestaciones económicas: 72,32% de prestaciones económicas sobre Cuidados Familiares; 26,38% de prestaciones económicas vinculadas al Servicio; y 1,30% de prestaciones económicas de Asistencia Personal.

b) Prestación de servicios: 36,17% de servicios de Teleasistencia; 31,11% de servicios de Ayuda a Domicilio; 16,93% de Ayuda Residencial; 9,46% de servicios de Centros de Día/Noche; y 6,34% de servicios para la Prevención de la Dependencia y Promoción de la Autonomía Personal.

3. *Situación residencial de la poblacion mayor en España*

En general, los trabajos que abordan el estudio de la vivienda de las personas mayores lo han hecho mayoritariamente desde perspectivas más psicológicas (Lebrusán Murillo, 2018), o desde visiones asistencialistas, que, si bien incorporan aspectos sobre políticas sociales, establecen la visión de un sujeto mayor frágil y dependiente. Sin embargo, en España se destacan trabajos que abordan la cuestión residencial de los mayores desde la perspectiva del hogar y de la vivienda (Sánchez Vera, 1996; López Doblas, 2005; Lebrusán Murillo, 2018). En este apartado se exponen los principales hallazgos extraídos de las entrevistas realizadas a expertos/as en la materia, complementados con las evidencias recogidas en la literatura académica, y que han permitido construir un breve panorama de la situación residencial actual del colectivo de las personas mayores en España.

3.1. La vivienda de las personas mayores

La vivienda es un componente urbanístico fundamental donde se configuran espacios físicos y sociales, necesario para la vida en sociedad y para alcance de un nivel de integración social (Cortés, 1995). En España, la acelerada edificación y el incremento de viviendas en propiedad han dado lugar a un deterioro en la calidad de vida en lo que respecta a la vivienda, especialmente entre poblaciones vulnerables, como es el caso de las personas mayores. Dentro de este grupo, las mujeres se encuentran particularmente afectadas por esta situación (Zorrilla Muñoz et al., 2020). Cabe destacar que las personas mayores han sido identificadas como una población en riesgo de exclusión social (Zorrilla Muñoz et al., 2020), al tratarse de un colectivo que, por lo general, cuenta con unos menores ingresos o tiene una mayor tasa de dependencia. Esta vulnerabilidad de la población mayor se vincula a factores como sus necesidades especiales de atención y residencia. A esto debemos añadir el encarecimiento actual de la vivienda y el reajuste a la baja de las pensiones de jubilación, con los efectos resultantes que conllevan en la cuestión residencial de la población mayor. La inadecuación residencial de las personas mayores también es favorecida por la limitada movilidad residencial en España, ya que, además del gasto que supone, un cambio de vivienda significa una ruptura en la relación con el espacio, idea que desarrollaremos en los siguientes apartados.

Según datos recientes, el 20,1% de las personas mayores reside con vulnerabilidad residencial extrema (Fundación FOESSA, 2022: 508). Asimismo, la investigación de Lebrusán Murillo (2018) revela que las personas más afectadas por el malestar residencial son las mujeres, y que, desde el punto de vista territorial, se han dado diferencias en la aplicación de la política nacional de vivienda. Sus análisis revelan que existe un riesgo para la población mayor que reside en ciudades de tamaño medio. En contraste, en los municipios más grandes se observa una mayor actividad y atención en lo que respecta a cuestiones de vivienda para este grupo demográfico. Todo ello da lugar a una desigualdad social bastante acusada en la cual se dan situaciones de grave exclusión residencial. En un contexto donde el sistema político impone un modelo residencial basado en la propiedad, las personas mayores sin propiedad asumen mayores riesgos y dificultades para envejecer en la vivienda. Sin embargo, la tenencia en propiedad tampoco exime la posibilidad de sufrir vulnerabilidad residencial, y en este sentido, Lebrusán Murillo (2018) destaca que la forma de acceso a la vivienda es clave en la predisposición a sufrir malestar residencial, pues aquellas personas que heredaron una vivienda presentan mayor vulnerabilidad social a quienes accedieron por compra. La mayor vulnerabilidad residencial de aquellos que no poseen una vivienda en propiedad choca directamente con la dinámica de un modelo en el cual existe una tendencia al encarecimiento de la vivienda. Según las opiniones de algunos expertos entrevistados, este aumento en el costo de las viviendas en propiedad conducirá a una disminución gradual en el número de personas mayores que son propietarias de una vivienda.

> *Una de las características de las personas mayores que llegarán en los próximos años es que el porcentaje de quienes tengan viviendas en propiedad se irá reduciendo, dado el proceso de encarecimiento de la vivienda, la reducción relativa de las políticas públicas de acceso a vivienda social para quienes ahora tienen entre 45 y 65 años, etc. Eso se combina con pensiones de jubilación en proceso de reajuste a la baja para una amplia parte de esta población (A8, experto académico).*

3.2. Necesidades habitacionales

Los planteamientos teóricos esclarecidos sobre el análisis de la vivienda se han elaborado fundamentalmente a partir de perspectivas económicas, que priman aspectos sobre la comercialización y la demanda, dejando atrás otras miradas como la sociológica, y obviando conceptos sociales como el de *habitar* y un amplio repertorio de necesidades sociales. Sin embargo, a partir de la década de los 90 surgen nuevos planteamientos que conciben la vivienda como un espacio social donde transcurre la vida social y familiar de los sujetos, adoptados desde los enfoques marxistas, estructuralistas, interaccionistas o constructivistas (Kemeny, 1992; Cortés, 1995). Destaca la conceptualización de la vivienda como un espacio donde se ubican los procesos de reproducción de la estructura familiar, junto con otros de socialización y aprendizaje (Cortés, 1995). No obstante, se debe tener en cuenta que, cuando relacionamos los conceptos familia y vivienda nos referimos, más bien, a una forma concreta de hogar, entre las diversas existentes. Por tanto, al dirigir la atención a la familia en los análisis de la vivienda reducimos las diversas necesidades residenciales que no pueden ser resueltas mediante impulsos basados en la función familiar. Es por ello que resulta más pertinente emplear el término hogar, que engloba a la diversidad de modelos familiares, junto con las cambiantes necesidades de los sujetos ocupantes. En este sentido, también es posible hablar de "inadecuación" cuando las necesidades vitales del sujeto mayor han cambiado y no se adaptan a sus condiciones residenciales (Lebrusán Murillo, 2018).

Numerosas investigaciones han mostrado la importancia del entorno en la calidad del envejecimiento y del bienestar general del sujeto mayor (Barrat, 2009; Sánchez González y Domínguez Moreno, 2014). Sin embargo, el estudio de las condiciones residenciales de las personas mayores sigue siendo insuficiente, y este emerge fundamentalmente de enfoques como el asistencialismo o la institucionalización de la población mayor, como bien se ha resultado en las entrevistas a expertos/as.

> *El enfoque dominante aún es excesivamente asistencial, centrado en resolver o paliar los "problemas" relativos a la situación residencial. Es necesario pasar a un enfoque mucho más activo. Debe plantearse la política pública desde el enfoque europeo de Active Ageing, permitiendo intensos procesos de participación, así como de corresponsabilización (A8, experto académico).*

El lugar forma parte de los procesos de construcción de la identidad y de la representación social, siendo un factor relevante en la calidad y bienestar de las personas mayores (Peace, et al., 2011; Oswald & Kaspar,

2012). En este contexto, y siguiendo a Lebrusán Murillo (2018), se ha ido desarrollando el concepto anglosajón *ageing in place* (envejecimiento en el lugar) para referenciar cómo la *identidad de lugar* y el apego al espacio pueden significar un valor añadido a la vivienda en la que el sujeto ha alcanzado la vejez, e incluso cuando esta ya ha dejado de cumplir las necesidades de los sujetos, ahora mayores, o ha conducido a problemáticas de inadaptación. La vejez puede ir acompañada de una serie de cargas negativas, entre las que se destaca la ausencia de función y la pérdida de los roles, derivadas de visiones funcionales y sociales generalizadas sobre el envejecimiento. Como afirma la autora, "la permanencia en el entorno conocido proporciona seguridad y palia el efecto de los procesos de ruptura con respecto a la experiencia vital que pueden darse en la vejez con el cambio de roles" (p. 424). De esta manera, continuar en la vivienda durante la vejez no ocasiona una ruptura con una etapa diferente, "reivindicando la continuidad con el ciclo vital y lo que se conoce" (p. 429). La opinión de las personas expertas entrevistadas sigue esta línea, y se pone el énfasis en la necesidad de desarrollar más los servicios sociales de apoyo a la vida independiente, junto con las adaptaciones de la vivienda de las personas mayores que se consideren necesarias.

> *La preferencia de las personas mayores, expresada una y otra vez, es quedarse en casa y recibir los cuidados necesarios. Los sistemas de apoyo que les permitan quedar en el domicilio deberían ampliarse. En los casos de mayores dependientes deben desarrollarse servicio de apoyo a la vida independiente que aún conservan, apoyo a los cuidadores familiares; así como ayudas técnicas, adaptaciones al domicilio y tecnologías (teleasistencia avanzada, ayudas técnicas de apoyo a la autonomía personal...) (A8, experto académico).*
>
> *La permanencia de la persona mayor en su entorno no se favorece y no recibe atención específica (A17, experta académica).*

Las personas expertas entrevistadas resaltan la falta de compañía en las personas mayores, así como la carencia de espacios adecuadamente adaptados a sus necesidades. Según las valoraciones, una parte de la población mayor presenta una inadecuación entre las características del entorno y sus propias necesidades como sujetos mayores, las cuales varían según la edad, la situación individual y personal; mientras que otra parte del colectivo no tiene resueltas sus necesidades más básicas. Entre las soluciones propuestas para abordar estas problemáticas, se resaltan estrategias centradas en fomentar la colaboración intergeneracional, particularmente con la participación activa de personas jóvenes. Esto se traduce en la mejora de las condiciones de vivienda para ambas generaciones, lo que genera beneficios mutuos. Otras soluciones mencionadas giran en torno a la regulación del aumento del alquiler que pueda producirse por las variaciones del Índice de Precios al Consumidor, especialmente en casos donde la persona únicamente subsiste a partir de su pensión y la cuantía de esta es mínima.

> *Las personas mayores necesitan mayor compañía y espacios adaptados a sus necesidades. Sería pertinente encontrar vías de colaboración entre personas mayores y jóvenes como medio para mejorar las condiciones habitacionales de cada parte (A9, experto académico).*

> *En la actualidad existe un desajuste entre el parque residencial y las necesidades. Existe una variedad de situaciones caracterizadas por una gran desigualdad residencial en la que existen situaciones extremas. Esto significa que la mayor parte de la población mayor de 65 años tiene resueltas sus necesidades residenciales, una parte de la población tiene problemas derivados de la inadecuación entre las características del entorno y las demandas (cambiantes a menudo que avanza la edad) y otra parte no tiene sus necesidades más básicas cubiertas (A17, experta académica).*

Por último, y refiriéndonos a las necesidades habitacionales derivadas de las características de la edificación, las personas expertas entrevistadas destacan los problemas relativos a la accesibilidad, como la ausencia de ascensor o la presencia de aledaños en el portal, que dificultan el contacto entre la persona y el exterior; así como la inadaptación de los espacios a personas con movilidad reducida. Y en un abanico más amplio de necesidades habitacionales, se menciona también la creciente demanda de residencias y de centros de atención a personas mayores (incluyendo los servicios de atención médica especializada), ocasionando situaciones de escasez y de largas listas de espera.

> *Las personas mayores requieren de mejoras, en algunos casos, de ascensores o adaptación de la vivienda a personas dependientes, por ejemplo, en espacios como la ducha y cocina (A9, experto académico).*

> *En el entorno inmediato (aledaños del portal) también encontramos problemas de gravedad que impiden, en la práctica, el contacto entre la persona y el exterior. Dentro de la vivienda encontramos un porcentaje nada desdeñable de personas mayores que no han conseguido cubrir adecuadamente el acceso a la vivienda adecuada, y que acumulan problemas de diferente gravedad que, en conjunto, disminuyen su calidad de vida y dificultan su permanencia en el entorno deseado (A17, experta académica).*

> *Para aquellos que requieren mayor apoyo, las residencias y centros de atención son una opción importante. Sin embargo, hay una demanda creciente que ha llevado a una escasez en algunos lugares y a listas de espera prolongadas. Las personas mayores también requieren acceso a servicios de atención médica y social. Esto incluye atención médica especializada, atención geriátrica, servicios de rehabilitación, programas de envejecimiento activo, actividades recreativas y programas de apoyo social (A18, experto académico).*

En suma, aunque las personas mayores conforman un colectivo heterogéneo, la experiencia de la vejez viene acompañada de una serie de necesidades específicas (frecuentemente inexploradas mediante datos objetivos) concernientes a la vivienda y al entorno social más próximo, y que no están siendo del todo resueltas por las actuaciones políticas en materia de vivienda, como desarrollaremos en el siguiente apartado.

3.3. Respuesta institucional

En la década de 1990 comienza a desarrollarse un nuevo paradigma del envejecimiento que dirige su atención a la actividad y a la salud del sujeto mayor, y no tanto a la productividad, que la Organización Mundial de la Salud denominó *active ageing* (Naciones Unidas, 2002). Y aunque se comienza a abandonar la concepción de la jubilación asociada a conceptos como la inutilidad o la inactividad, aún siguen persistiendo ideas utilitaristas de la vejez orientadas a reducir costes al Sistema de Bienestar. Algunos autores (Hamblin, 2010) han resaltado que las políticas de envejecimiento activo atienden ineficazmente a las diferencias existentes en el mercado laboral en función de las diferencias sociales, de género o de etnia, entre tantas, pues entre sus objetivos debería constar la reducción de la vulnerabilidad social en aquellos/as con experiencias laborales más negativas. El artículo 47 de la Constitución Española de 1978 expone que "Todos los españoles tienen derecho a disfrutar de una vivienda digna y adecuada. Los poderes públicos promoverán las condiciones necesarias y establecerán las normas pertinentes para hacer efectivo este derecho, regulando la utilización del suelo de acuerdo con el interés general para impedir la especulación". Sin embargo, y aunque la protección del derecho a la vivienda esté configurada como un derecho social que los poderes públicos tienen el deber de promover, a efectos prácticos, este no exige el acceso a una vivienda digna. No obstante, desde hace unos años, el Estado aprueba periódicamente unos planes trienales que contienen disposiciones para facilitar el acceso a una vivienda digna a los sectores poblacionales más desfavorecidos, como fue el Plan Vivienda Estatal 2018-2021, aunque con algunas limitaciones jurídicas, prácticas, conceptuales o incluso de gestión (Ortiz, 2020), y más recientemente, el Plan Estatal para el acceso a la vivienda 2022-2025, cuyos efectos están aún por observar.

Dado que el sistema de protección social concede a los ciudadanos de 65 años o más un tipo de protección social distinta, dicha edad es considerada como el momento en el que un sujeto comienza su etapa de vejez. Sin embargo, y como se ha mencionado antes, el colectivo de personas mayores no es homogéneo, pues a pesar de que en la vejez se comparten determinados eventos vitales como la jubilación, el escenario de *nido vacío*[1] o una posible situación de dependencia, no todas las personas mayores experimentan tales sucesos, y el efecto de cada uno de ellos en la vida del sujeto mayor varía en función de sus propios recursos personales, sociales o familiares (Sánchez Vera, 1996; Lebrusán Murillo, 2018). En la literatura académica es frecuente encontrar menciones al desbordamiento institucional que acontece en las sociedades debido al aumento de la población mayor y al debilitamiento de la red de apoyo familiar. En este sentido, "desbordamiento" se refiere a la dificultad de los servicios sociales para atender a las personas mayores en situación de dependencia, entendiéndose esta dentro de cada situación individual y de las múltiples circunstancias socioeconómicas, de salud o derivadas del entorno físico y social (Díaz y Boldú, 2020).

Centrándonos en la valoración de las personas expertas sobre la respuesta institucional y del sector privado, se manifiesta la persistencia de enfoques asistencialistas que excluyen a otros de carácter más activo. También se resalta la escasa atención al desarrollo de una legislatura que concierna de manera activa e integral a las personas mayores; y se insiste en una mayor colaboración público-privada. En cuanto a la respuesta del sector privado en particular, algunos expertos resaltan su enfoque basado en la rentabilidad económica, que recuerda, más bien, a las dinámicas empleadas en un "negocio".

> *Creo que faltan respuestas que ofrezcan mejoras sustanciales donde exista una colaboración público-privada. Por otro lado, sería pertinente dotar de fondos concretos a la población mayor con necesidades especiales para reformas y accesibilidad (A9, experto académico).*

La tendencia en ambos sectores (público y privado) gira en torno a ofrecer soluciones a "problemas" que en realidad no han sido diagnosticados, establecidos bajo el desconocimiento de las necesidades reales de la población mayor. Esta tendencia se manifiesta, por ejemplo, cuando determinadas prácticas como el *cohousing*[2] o la institucionalización se identifican con soluciones a la demanda de cuidados, en lugar de considerarse como alternativas. Por otro lado, numerosos programas en materia

---

1 Situación resultante de la emancipación de los hijos del entorno familiar.

2 Conceptualización de la vivienda colaborativa que aboga por un proceso participativo en la planificación arquitectónica, a través de diseños que promueven la vida comunitaria en determinadas zonas, con instalaciones comunes frente a las privativas, y fórmulas basadas en la autogestión, estructuras democráticas de gobierno, economías personales o familiares separadas (Vañó, 2022).

de vivienda que han sido desarrollados por el Gobierno exigen que los beneficiarios/as cuenten con una serie de requisitos que, junto con una inadecuada difusión a través de canales de información, dificultan su acceso por parte de la población mayor.

> *Se asume que la persona tiene necesidades derivadas de la demanda de cuidados o derivadas de cuestiones relacionales, pero no se apunta a la necesidad que puede tenerse dentro de la propia vivienda. No existe un diagnóstico ni conocimiento sobre qué desean las personas mayores. Se ha hecho una generalización de lo particular, a pesar de que el deseo de envejecer en cohousing o residencia caracteriza a un porcentaje mínimo de la población (A17, experta académica).*

> *El gobierno español ha desarrollado políticas y programas para abordar las necesidades habitacionales de las personas mayores. Estos incluyen programas de adaptación de viviendas, subsidios para mejorar la accesibilidad, programas de viviendas colaborativas y ayudas económicas para el alquiler o compra de viviendas. El problema en muchos casos ha sido el de los requisitos para acceder a esas ayudas así como el flujo de información, que no siempre ha sido el más adecuado. El hecho de que hasta muy recientemente no se haya aprobado una ley de vivienda, tampoco ha ayudado (A18, experto académico).*

3.4. Propuestas de mejora

A pesar de la utilidad que pueden tener las alternativas de *cohousing* e institucionalización, las personas expertas enfatizan en la importancia de tener en cuenta las necesidades reales que demanda la población mayor, siendo recurrente un diagnóstico que incluya datos objetivos veraces y cuestiones sobre la subjetividad de las personas mayores. Aun así, los datos disponibles muestran que las personas mayores prefieren permanecer en su hogar, recibiendo cuidados y recursos cuando sea necesario. De esta manera, una propuesta de mejora resaltada por las personas expertas es ampliar y mejorar el soporte para el envejecimiento en el hogar, a través de servicios de asistencia domiciliaria y tecnología asistiva.

> *Existe una creciente demanda de servicios y recursos que ayuden a las personas mayores a envejecer en sus propios hogares. Esto incluye servicios de asistencia domiciliaria, cuidadores, enfermeros a domicilio y tecnología asistiva que pueda facilitar la vida diaria y garantizar la seguridad en el hogar (A18, experto académico).*

> *Deben analizarse las condiciones residenciales, teniendo en cuenta las tres dimensiones señaladas: vivienda, edificio, entorno inmediato. Por otra parte, es necesario incorporar la dimensión subjetiva. Los datos que permiten dar respuesta a algunas de estas preguntas (o a parte de estas) son insuficientes y no abordan determinadas aristas e interpretaciones de la realidad que sería necesario tener en cuenta (A17, experta académica).*

Por otro lado, se señala la necesidad de repensar propuestas de apoyo que permitan la accesibilidad de las viviendas y la habilitación de accesos exteriores, pues actualmente se está dando un incumplimiento de la normativa debido a cuestiones como la presión del vecindario y el rechazo de las reformas en los edificios. Asimismo, se hace hincapié en la implementación de políticas y programas que permitan la adaptación de las viviendas existentes a las necesidades cambiantes de las personas mayores. Todo ello, unido a estrategias de difusión que permitan proporcionar información a la población mayor de manera efectiva.

> *Se deben implementar políticas y programas para fomentar la adaptación de viviendas existentes, eliminando barreras arquitectónicas y garantizando que sean accesibles para personas con movilidad reducida. Esto puede incluir la instalación de rampas, ascensores, pasamanos, baños adaptados y otros elementos que faciliten la vida independiente de las personas mayores (A18, experto académico).*

> *Más detección de las situaciones de soledad residencial. Más atención domiciliaria para evitar las situaciones de riesgo y evitar la institucionalización salvo en casos de necesidad. Más servicios de ayuda domiciliaria diversa (alimentación, apoyos geriátricos y funcionales para el normal desenvolvimiento en su vida cotidiana). Fomento de la información sobre hipoteca inversa y nuda propiedad. Fomento de la mediación familiar. Más conexión entre las administraciones y el sector privado en la detección y en la solución de problemas habitaciones y de funcionalidad (A19, experto académico).*

En resumen, una mejora de la situación residencial de las personas mayores no puede producirse sin el abandono de los enfoques asistencialistas actualmente predominantes, debiéndose apostar por perspectivas más activas que acojan a la población mayor de manera integral. La colaboración entre los sectores público y privado; la realización de un diagnóstico periódico sobre las necesidades residenciales reales de las personas mayores; la ampliación de los dispositivos de soporte para el envejecimiento del hogar; y el desarrollo de ayudas sociales para la reedificación y adaptación de la vivienda a las necesidades cambiantes de las personas mayores, son algunas de las principales medidas que deberían contemplarse para una mejora de la situación residencial de la población mayor.

4. *Hacia una inclusion residencial de la poblacion mayor*

La vivienda, que influye considerablemente en la calidad de vida de la vejez, es también uno de los principales elementos que permiten mantener la integración social de las personas mayores (Lebrusán Murillo, 2018). Las opiniones de las personas expertas entrevistadas, que coinciden con los estudios más recientes sobre la materia (Lebrusán Murillo, 2018), señalan la existencia de un gradiente de vulnerabilidad residencial entre las personas mayores, que se relaciona con sus experiencias vitales y residenciales. Si bien existen recursos dirigidos a la población mayor que permiten paliar los efectos que tienen algunas situaciones de dependencia y de inadaptación a la vivienda, estas resultan ser insuficientes, y frecuentemente sirven para atenuar situaciones puntuales, sin resolver de lleno las necesidades residenciales de la población mayor. La vulnerabilidad residencial no es experimentada por todas las personas mayores (dada la heterogeneidad que presenta el colectivo), ni tampoco es un producto de la vejez (aunque sí puede ser un agravante), y por tanto, las estrategias de actuación deberían abordarse desde distintos niveles, y a partir de una perspectiva integrada. De esta manera, las ayudas a la rehabilitación y adaptación de los edificios a las nuevas necesidades de las personas mayores (mejorando las ayudas sociales a la accesibilidad y a la habitabilidad), junto con la intensificación del apoyo institucional al hogar (mediante servicios de ayuda a domicilio, por ejemplo) se contemplan como recursos muy ventajosos para un envejecimiento integral. La seguridad de envejecer en el hogar simboliza la capacidad de autonomía e independencia de los sujetos mayores; y, además, una adaptación funcional de la vivienda es fundamental para reducir la tasa de accidentalidad en ella, y mejorar así la calidad de vida de las personas mayores. También se han señalado otros problemas relativos a la deficiente información sobre los recursos disponibles para este colectivo, generándose situaciones de desconocimiento que, junto con la especificidad de los requisitos para acceder a las ayudas sociales, dan lugar a que personas mayores con dificultades en su vida cotidiana queden excluidas de tales servicios. Por tanto, otra propuesta recurrente sería mejorar los dispositivos de información y de gestión. Lebrusán Murillo (2018) propone el desarrollo de cursos de adaptación al medio impartidos desde los centros médicos y de mayores, que contribuyan a la socialización de la vejez. Además, ante la dificultad de acceder a datos cuantitativos periódicos sobre la situación residencial de la población mayor, la autora también plantea la incorporación de variables retrospectivas en el sistema estadístico nacional, que posibiliten análisis longitudinales desagregados, al menos, por niveles regionales, dando paso a evaluaciones más efectivas de los impactos de la actuación política.

En definitiva, para una inclusión residencial de la población mayor, la política social debería anticiparse a las nuevas necesidades cambiantes, dada la progresiva reducción de las redes de apoyo informales. Se trata de un avance hacia un modelo integral que intensifique los recursos y los cuidados formales, priorizando los servicios en entornos comunitarios y domiciliarios, y mejorando la coordinación entre los diferentes niveles administrativos y entre los sectores público y privado.

5. *Referencias*

Bedmar, M. (2009). La sociedad actual y las personas mayores. En M. Bedmar e I. Montero, *Recreando la educación en personas mayores: aportes desde la Pedagogía Social*. Grupo Social Universitario.

Constitución Española (BOE 311, de 29 de diciembre de 1978).

Cortés, L. (1995b). Bases para una sociología de la vivienda: El concepto sociológico de habitar, en L. Cortés (Comp.), *Pensar la vivienda* (121-142). Talasa Ediciones.

Díaz Hernández, R., y Boldú Hernández, J. (2020). Envejecimiento y vivienda: nuevas situaciones, nuevas demandas, en J. D. Sempere-Souvannavong; C. Cortés Samper; E. Cutillas Orgilés y J. R. Valero Escandell (Eds.), *Población y Territorio. España tras la crisis de 2008* (157-173). Comares.

Fundación FOESSA (2022). *Evolución de la cohesión social y consecuencias de la COVID-19 en España*. Fundación FOESSA.

Hamblin, K. A. (2010). Changes to policies for work and retirement in EU15 nations (1995-2005): An exploration of policy packages for the 50-plus cohort. *International Journal of Ageing and Later Life*, 5(1), 13-43.

IMSERSO (2023). Información estadística del SAAD a 30 de abril de 2023. https://imserso.es/el-imserso/documentacion/estadisticas/sistema-autonomia-atencion-dependencia-saad/estadisticas-mensual.

INE (2021a). *Encuesta Continua a Hogares*. Instituto Nacional de Estadística.

INE (2021b). *Encuesta Europea de Salud*. Instituto Nacional de Estadística.

INE (2022a). *Estadística del Padrón Continuo*. Instituto Nacional de Estadística.

INE (2022b). *Proyecciones de población: serie 2022-2072*. Instituto Nacional de Estadística.

INE (2022c). *Estadística de Nulidades, Separaciones y Divorcios*. Instituto Nacional de Estadística.

INE (2022d). *Encuesta de Condiciones de Vida*. Instituto Nacional de Estadística.

Kemeny, J. (1992). *Housing and social theory*. Routledge.

Lebrusán Murillo Murillo, I. (2018). *La vivienda en la vejez: problemas y estrategias para envejecer en sociedad* [Tesis de doctorado]. Universidad Complutense de Madrid.

Ley 51/2003, de 2 de diciembre, de igualdad de oportunidades, no discriminación y accesibilidad universal de las personas con discapacidad. Boletín Oficial del Estado, 289, 3 de diciembre de 2003.

López Doblas, J. (2005). *Personas mayores viviendo solas. La autonomía como valor en alza*. IMSERSO.

Naciones Unidas (2002). *Second World Assembly of Ageing. Political declaration and Madrid International Plan of Action on Ageing*. United Nations.

Ortiz, M. L. L. (2020). Las limitaciones del acceso a la vivienda digna y adecuada para personas mayores. *WPS Review International on Sustainable Housing and Urban Renewal*, (9-10), 5-25.

Oswald, F., & Kaspar, R. (2012). On the quantitative assessment of perceived housing in later life. Journal of Housing for the Elderly, 26(1-3), 72-93.

Peace, S., Holland, C., & Kellaher, L. (2011). "Option recognition" in later life: variations in ageing in place. *Ageing and Society*, 31(05), 734-757.

Pérez Díaz, J., Ramiro Fariñas, D., Aceituno Nieto, P., Muñoz Díaz, C., Bueno López, C., Ruiz-Santacruz, J. S., Fernandez Morales, I., Castillo Belmonte, A. B., De Las Obras-Loscertales Sampériz, J., Villuendas Hijosa, B. (2022). *Un perfil de las personas mayores en España, 2022. Indicadores estadísticos básicos.* Informes Envejecimiento en red nº 29. Consejo Superior de Investigaciones Científicas (CSIC).

Real Decreto 106/2018, de 9 de marzo, por el que se regula el Plan Estatal de Vivienda 2018-2021. Boletín Oficial del Estado, 61, de 10 de marzo de 2018.

Real Decreto 2066/2008, de 12 de diciembre, por el que se regula el Plan Estatal de Vivienda y Rehabilitación 2009-2012. Boletín Oficial del Estado, 309, de 24 de diciembre de 2008.

Real Decreto 233/2013, de 5 de abril, por el que se regula el Plan Estatal de fomento del alquiler de viviendas, la rehabilitación edificatoria, y la regeneración y renovación urbanas, 2013-2016. Boletín Oficial del Estado, 86, de 10 de abril de 2013.

Real Decreto 42/2022, de 18 de enero, por el que se regula el Bono Alquiler Joven y el Plan Estatal para el acceso a la vivienda 2022-2025. Boletín Oficial del Estado, 16, de 19 de enero de 2022.

Real Decreto 637/2016, de 9 de diciembre, por el que se prorroga el Plan Estatal de fomento del alquiler de viviendas, la rehabilitación edificatoria, y la regeneración y renovación urbanas 2013-2016 regulado por el Real Decreto 233/2013, de 5 de abril. Boletín Oficial del Estado, 298, de 10 de diciembre de 2016.

Real Decreto 853/2021, de 5 de octubre, por el que se regulan los programas de ayuda en materia de rehabilitación residencial y vivienda social del Plan de Recuperación, Transformación y Resiliencia. Boletín Oficial del Estado, 239, de 6 de octubre de 2021.

Sánchez González, D., y Dominguez Moreno, D. (2014). *Identidad y espacio público*. Editorial GEDISA.

Sánchez Vera, P. (1996). Tercera y cuarta edad en España desde la perspectiva de los hogares. *REIS. Revista Española de Investigaciones Sociológicas*, 73, 57-79.

Sánchez Vera, P. (2000). Sociología de la vejez versus economía de la vejez. *Papers: revista de sociología*, 61, 0039-88.

UDP (2018). *Población española mayor de 65 años y las viviendas colaborativas de mayores (cohousing)*. Disponible en https://mayoresudp.org/wp-content/uploads/2018/07/Personas-mayores-de-65-a%C3%B1os-y-las-viviendas-colaborativas-de-mayores-Cohousing.pdf.

Vañó Vañó, M. J. (2022). Vivienda colaborativa y personas mayores. *Teoría y Derecho: Revista de pensamiento jurídico*, 33, 192-219.

Zorrilla-Muñoz, Vanessa; Agulló-Tomás, María Silveria y García-Sedano, Tania (2020). La vivienda y su entorno social. Análisis cuantitativo desde las personas mayores de 50 años. *REIS. Revista Española de Investigaciones Sociológicas*, 170, 137-154. DOI: http://dx.doi.org/10.5477/cis/reis.170.137

Capítulo 10

POBLACIÓN EXTRANJERA: NUEVOS Y VIEJOS RETOS PARA SU INCLUSIÓN RESIDENCIAL

DIEGO PASCUAL LÓPEZ CARMONA
Departamento de Sociología, Universidad de Murcia
MANUEL HERNÁNDEZ PEDREÑO
Departamento de Sociología, Universidad de Murcia

1. *Introducción*

La vulnerabilidad social de la población extranjera en España ha sido constatada por númerosos estudios (Hernández y López, 2013; Izquierdo, 2008 y 2022; López y Hernández, 2015; Zugasti, 2021). La condición inmigrante viene asociándose en España a una posición de desventaja en los diferentes ámbitos de la inclusión social, especialmente en materia residencial, tanto por las limitaciones en el acceso a la vivienda (Algaba, 2003), como por las deficitarias condiciones de habitabilidad (Leal y Alguacil, 2012; Hernández y López, 2013), la segregación (Martínez Veiga, 1999) o elevadas situaciones de sinhogarismo (Hernández Pedreño, 2022; López Carmona, 2018; Sánchez, 2009). Sin duda, estos déficits residenciales en la población extranjera provienen de una carencia fundamental: la ausencia de modelo de integración de los inmigrantes, y sobre todo, de una inexistente política residencial de acogida (Izquierdo, 2022; López y Hernández, 2015; Onrubia, 2010; Zugasti, 2021).

El acceso y la permanencia en una vivienda digna constituyen elementos fundamentales en los procesos de inclusión social. Los inmigrantes son un colectivo tradicionalmente vulnerable ante los procesos de exclusión residencial. Con las sucesivas crisis (financiera, sanitaria y energética) esta vulnerabilidad se ha visto incrementada, en gran medida, por la mayor incidencia en el mercado de trabajo de este colectivo. Cabe añadir que la mayoría de los inmigrantes en España sigue teniendo serias dificultades para acceder al mercado libre de la vivienda, debido a las condiciones que este les impone (justificación de ingresos, avales bancarios, etc.), al tiempo que numerosos propietarios e inmobiliarias no alquilan a extranjeros, les exigen más requisitos que a la población autóctona o les ofrecen viviendas ubicadas en determinados barrios (López y Hernández, 2015: 69).

Aunque las pautas diferenciadoras del modelo residencial de los inmigrantes están muy vinculadas con la actividad laboral, otros factores inciden también en las dificultades de acceso al alojamiento: el rápido aumento cuantitativo y su diversa nacionalidad; las diferentes causas que intervienen en su proyecto migratorio; el tiempo en España; el distinto modelo de integración o el tipo de inserción laboral, entre otros. Todos estos aspectos son tratados en este capítulo con el fin de comprender mejor la situación residencial de la población inmigrante en España.

En primer lugar, se realiza una aproximación cuantitativa al fenómeno migratorio y su evolución. A continuación, se abordan los principales aspectos teóricos que explican el origen y la perdurabilidad del fenómeno de las migraciones, así como los modos de integración. Posteriormente, se incluye una visión general de la situación social del colectivo extranjero, continuando con una mayor especificación de su inserción residencial. Finalmente, se aportan una serie de reflexiones sobre hacia dónde se dirige la inclusión social y residencial de la población extranjera en España.

La metodología empleada es mixta, pues se ha aplicado el análisis de varias encuestas nacionales que proporcionan información sobre la población extranjera y vivienda; al tiempo que se considera la opinión de los/las expertos/as entrevistados. Ambas metodologías se detallaron en el capítulo 1.

2. *Teorías sociales sobre migraciones*

En este apartado se resumen las diferentes teorías sociales que analizan los procesos migratorios, en dos sentidos complementarios: por un lado, aquellas que explican las causas de las migraciones; por otro, las que contemplan diferentes modelos de integración social. Ambas fueron desarrolladas en trabajos anteriores (Hernández y López, 2013: 294 y ss.), siguiendo las orientaciones de diversos autores, destacando las aportaciones de Cachón (2002) y Soriano (2010).

2.1. Teorías explicativas del origen de las migraciones

Siguiendo las directrices de los principales paradigmas teóricos en Ciencias Sociales, es posible aproximarse a las principales causas que han originado el fenómeno de las migraciones, explicando por qué siguen perdurando. Se pueden diferenciar cinco enfoques diferentes.

El primer enfoque proviene de la denominada *Teoría neoclásica*, que considera que el principal determinante de las migraciones son las disparidades regionales en la oferta y la demanda de trabajo a nivel mundial. Vinculada con la anterior, a un nivel más micro, la *Nueva economía de las migraciones* aborda el fenómeno de las migraciones poniendo el acento en un nuevo determinante, las estrategias familiares de las economías domésticas de las zonas rurales y sus proyectos de modernización. Por su lado, la *Teoría del sistema mundial* considera que las migraciones serían un subsistema del mercado mundial, que nace con el objetivo de reducir los costes laborales, mediante fuerza de trabajo flexible, ya sea del propio país o del extranjero. De carácter más sociológico serían las dos restantes: por un lado, la *Teoría de redes sociales*, que considera que estas facilitan y promueven los procesos migratorios, asignando un rol primordial al conjunto de lazos que conectan a migrantes nuevos con migrantes que les precedieron, en las zonas de origen y destino, ya sea mediante nexos de parentesco, amistad o paisanaje; por otro, la *Teoría de la causación acumulativa circular*, que contradice el supuesto equilibrio neoclásico ocasionado por los rendimientos decrecientes de capital y trabajo, pues presupone que los huecos que dejan los primeros migrantes hacia el exterior del país serán ocupados por otros nacionales, procedentes de zonas más desfavorecidas, fomentando una nueva migración interior.

2.2. Modelos de integración social de los inmigrantes

Se vienen diferenciando cuatro modelos teóricos que consideran las diferentes formas de integración social de los inmigrantes: modelo asimilacionista, la adaptación mutua, modelos aislacionistas y la interculturalidad. En el *Modelo asimilacionista* el inmigrante asimilado es el que se ha incorporado completamente a la sociedad de acogida, de tal manera que ha sustituido todos los elementos que determinaban su identidad de origen, por los de la sociedad de acogida. El *Modelo de adaptación mutua* o *fusión cultural* se fundamenta en la fusión de elementos culturales y raciales, resultado de la convivencia de distintas culturas y etnias y donde todos los miembros de la sociedad se implican en construir una sociedad nueva, a partir de una nueva cultura. Entre los *Modelos aislacionistas* estarían los que generan aislamiento, "islas culturales o étnicas", en los que se pueden diferenciar dos submodelos: a) el *pluralismo cultural*, entendido como la preservación de la identidad cultural de los inmigrantes y de las minorías étnicas; b) el *multiculturalismo*, el cual identifica la formación de unas minorías étnicas sólidas, con fuertes símbolos identitarios y que mantienen buena parte de los elementos característicos de sus culturas de origen. El cuarto enfoque sería la *interculturalidad*, modelo que presta atención a los elementos comunes de todas las culturas que conviven y al carácter dinámico de las mismas, haciendo especial hincapié en la interacción (libre y sin imposiciones) entre distintas culturas que conviven, sin aspirar a la fusión cultural y evitando el aislamiento, debido a la interacción social.

3. *Población extranjera: colectivo heterogéneo*

Si tuviéramos que destacar al menos dos rasgos fundamentales de la evolución de la población extranjera en España, desde finales de la década de los noventa del siglo pasado hasta la actualidad, estos serían: por un lado, el incremento en términos netos de las personas que han decidido quedarse a vivir en España; y, por otro, la diversificación cada vez mayor del colectivo. Ambas peculiaridades se abordan en este apartado.

En 1998 las personas extranjeras en España representaban tan sólo el 1,6% del total de la población. Una proporción que pasó al 11,7% en 2022 (cuadro 1). Este dato refleja un incremento de población en términos relativos más que evidente, no obstante, la magnitud de este es mucho más visible a partir del análisis del dato absoluto. En particular, en 1998 el total personas extranjeras ascendía a 637.085, y en 2022, a 5.542.932. No obstante, como se puede ver también en el cuadro, esta evolución no ha sido progresiva, observándose al menos un periodo de gran crecimiento entre los años 2000 y 2005. Entre ambos años, las personas extranjeras pasaron de ser menos de un millón a casi cuatro millones. Hasta 2010, este grupo de población continuó creciendo, hasta llegar a los 5.747.734, registrándose para este año, el mayor número de personas de origen extranjero que vivían en España. Entre 2010 y 2015, coincidiendo con los años más duros de la crisis económica mundial desencadenada por el estallido de la burbuja inmobiliaria en USA, se registró el primer descenso de la población extranjera en España de la serie. No obstante, y a pesar del impacto de otras crisis más recientes, como las derivadas de la Covid-19, entre 2015 y 2022 el número de personas extranjeras ha continuado creciendo, eso sí, de manera menos progresiva.

Cuadro 1. Población de nacionalidad extranjera y nacida en el extranjero en España, 1998-2022

Año	Población	Población extranjera		Población nacida fuera	
	(miles)	miles	%	miles	%
1998	39.853	637	1,6	1.174	2,9
2000	40.500	924	2,3	1.472	3,6

Año	Población	Población extranjera		Población nacida fuera	
	(miles)	miles	%	miles	%
2005	44.109	3.731	8,5	4.391	10,0
2010	47.021	5.748	12,2	6.604	14,0
2015	46.624	4.730	10,1	6.163	13,2
2020	47.451	5.434	11,5	7.231	15,2
2022	47.475	5.543	11,7	7.535	15,9

Fuente: INE, Padrón Continuo (Varios años).

A su vez, en el cuadro 1 también se recoge en valores relativos y absolutos el total de personas empadronadas que han nacido fuera de España en los años analizados. Este valor siempre es superior al de población extranjera, ya que, entre ellas se encuentran las personas que han obtenido la nacionalidad española y, por lo tanto, a efectos jurídicos, tienen reconocido el status de ciudadanía española y europea. Ateniéndonos al dato más actual (2022), casi dos millones de personas de origen extranjero se encuentran en esta situación.

Por otro lado, el fenómeno de la inmigración en España se encuentra particularmente condicionado por las necesidades del sistema productivo español, en particular, por los requerimientos de trabajadoras y trabajadores flexibles vinculados a las industrias agroexportadoras, construcción y servicios (López y Hernández, 2015). En gran medida, la distribución de la población extranjera en el territorio nacional es un reflejo de este sistema productivo y sus necesidades particulares en cada territorio. En el cuadro 2 se puede ver que las comunidades que acumulan una proporción de población extranjera por encima del promedio nacional son Baleares, Cataluña, Murcia, Comunidad Valenciana, la Ciudad Autónoma de Melilla, Madrid, Canarias, La Rioja y Aragón. Más allá del valor relativo, en términos absolutos se puede apreciar que la mayoría de las personas extranjeras residen en Cataluña, Madrid y Andalucía.

El segundo rasgo característico de la evolución de las personas extranjeras en España, en este caso de naturaleza cualitativa, es la heterogeneidad del fenómeno, que puede ser analizada a partir de distintos rasgos, como origen, clase social, cultural, religión, género o estado civil, entre otros. Dados los limites de extensión de este trabajo, se muestra dicha diversidad a partir de la procedencia de estas personas.

Cuadro 2. Población según nacionalidad y comunidad autónoma, 2021

Autonomía	Población total	Población Extranjera	
		N	%
Balears, Illes	1.176.659	222.017	27,9
Cataluña	7.792.611	1.271.810	20,7
Murcia, Región de	1.531.878	226.765	20,3
Comunitat Valenciana	5.097.967	784.469	19,5
Melilla	85.170	11.675	19,4
Madrid, Comunidad de	6.750.336	949.969	18,7
Canarias	2.177.701	288.489	17,7
Rioja, La	319.892	41.755	15,8
Aragón	1.326.315	164.762	13,9
Total Nacional	47.475.420	5.542.932	13,9
Navarra, Comunidad Foral de	664.117	73.475	13,8
Castilla-La Mancha	2.053.328	193.475	11,3
Andalucía	8.500.187	741.378	10,2
País Vasco	2.208.174	184.617	8,8
Cantabria	585.402	37.203	7,1
Ceuta	83.117	4.910	6,8
Castilla y León	2.372.640	146.655	5,9
Galicia	2.690.464	118.740	4,4
Asturias, Principado de	1.004.686	45.630	4,2
Extremadura	1.054.776	35.138	3,3

Fuente: INE, Padrón Continuo, 2021.

En el cuadro 3 se puede observar que la mayoría de las personas extranjeras que residen en España en 2022 son de procedencia europea, suponiendo los países de la Unión Europea (UE) casi un 70%. El segundo grupo mayoritario es el de personas procedentes de América del Sur, seguido de los países africanos.

Cuadro 3. Población según nacionalidad en España, 2022

	Total	Nacionalidad	
		Española	Extranjera
Nacidos en España	39.940.907	39.416.651	524.256
Nacidos en el extranjero	7.534.513	2.515.837	5.018.676
Países Europeos	2.226.200	412.490	1.813.710
Unión Europea (27)	1.542.852	283.491	1.259.361
América del Sur	2.619.667	1.328.843	1.290.824
Países africanos	1.371.755	328.479	1.043.276
Países asiáticos	524.730	93.254	431.476
América Central y Caribe	648.386	288.721	359.665
América del Norte	135.154	60.042	75.112
Países de Oceanía	8.621	4.008	4.613
Total población	47.475.420	41.932.488	5.542.932

Fuente: INE, Padrón Continuo, 2022.

Ahondando un poco más en el origen, los datos recogidos en el cuadro 4 desvelan los principales países de procedencia de las personas extranjeras que residían en España en 2022. Según estos datos, la mayoría procedían de Marruecos y Rumanía (15,9% y 11,3%, respectivamente). Las personas de estos orígenes suponían el 27,2% del total de las personas extranjeras. El tercer grupo mayoritario estaría conformado por las procedentes de Colombia (5,7%).

Cuadro 4. Población extranjera según país de origen en España, 2022

Países	Personas	%
Marruecos	883.243	15,9
Rumanía	627.478	11,3
Colombia	314.679	5,7
Reino Unido	293.171	5,3
Italia	275.654	5,0
China	223.999	4,0
Venezuela	212.064	3,8

Países	**Personas**	**%**
Honduras	134.125	2,4
Perú	120.255	2,2
Ecuador	119.885	2,2
Alemania	116.122	2,1
Francia	115.320	2,1
Bulgaria	114.522	2,1
Ucrania	111.443	2,0
Pakistán	100.496	1,8
Otros países	1.776.845	32,1
Total	5.542.932	100,0

Fuente: INE, Padrón Continuo, 2022.

A su vez, atendiendo a los países de procedencia, se pueden inferir al menos tres grupos de personas de origen extranjero que mayoritariamente, se encuentran en España por causas distintas. Un primer grupo estaría conformado por quienes están aquí para buscar oportunidades de desarrollo social, económico y personal, tanto para ellas como para sus familias, e incluso sus comunidades en el país de origen. Se trataría del colectivo denominado tradicionalmente como *inmigrantes laborales* que proceden mayoritariamente de Marruecos, Rumania, Perú, Ecuador, Bulgaria o Pakistán. Sobre el conjunto de países de origen este colectivo supondría en torno al 35,5% del total de la población. Este grupo, suele estar conformado por personas solas y familias con menores en edades potencialmente productivas y reproductivas.

El segundo es el formado mayoritariamente por ciudadanos y ciudadanas de la UE que han decidido residir en España por razones no laborales. En particular, nos referimos a las personas procedentes de Reino Unido, Francia, Italia y Alemania. Este grupo lo componen en torno al 15% del total de las personas de origen extranjero y en su mayoría, se trata de *personas jubiladas*, que deciden pasar este periodo vital en España debido principalmente al mayor poder adquisitivo que adquieren al residir en un país donde, en términos generales, es más económico vivir. Sin olvidar las ventajas que ofrece el sistema público sanitario español, unido, al clima y los destinos de sol y playa, contribuyendo a que nuestro país sea uno de los destinos preferentes para estas personas.

En tercer lugar, encontramos un grupo que supone también un 15% del total. En particular estaría conformado por un gran número de personas procedentes de países inmersos en conflictos armados o persecuciones por ideología política u orientación sexual; motivos que las han llevado a solicitar asilo y protección internacional en nuestro país. Nos referimos a personas procedentes, principalmente de Colombia, Venezuela, Honduras, Ucrania y Pakistán[1].

4. *Situación social de la población extranjera en España*

En este epígrafe se incluye un breve análisis de la situación social de la población extranjera a partir de diversos indicadores relacionados con el riesgo social. Por un lado, a partir del Índice de Exclusión Social (ISES) elaborado por la Fundación FOESSA a partir de la Encuesta sobre integración social y necesidades sociales (EINSFOESSA). Por otro, con la tasa AROPE desarrollada por Eurostat y el INE en España, a partir de la Encuesta de Condiciones de Vida.

El ISES, es posiblemente el indicador sintético más completo que existe en España. Este índice permite medir la exclusión social a partir de su intensidad en cuatro niveles: *Integración plena, Integración precaria, Exclusión Moderada y Exclusión Severa.* En el cuadro 5 se han recogido los resultados de este Índice para los años 2018 y 2021, analizando la situación relativa entre población española y extranjera, calculando la distancia entre ellas, identificada como brecha.

Cuadro 5. Situación social de la población según nacionalidad, 2018 y 2021 (%)

Situación	2018			2021		
	Española	Extranjera	Brecha	Española	Extranjera	Brecha
Integración plena	53,9	21,3	-32,6	45,7	13,2	-32,5
Integración precaria	31,1	31,2	0,1	34,7	31,2	-3,5
Exclusión moderada	8,4	21,3	12,9	9,2	23,0	13,8
Exclusión severa	6,6	26,3	19,7	10,4	32,5	22,1

Fuente: elaboración propia a partir de EINSFOESSA, 2018 y 2021

[1] Conviene destacar que estos grupos han de interpretarse con cautela, porque al amparo exclusivamente de los datos analizados, no podemos asegurar que todas las peronas procedentes de estos países, se encuentran en España por las causas mencionadas.

Considerando la integración plena como la mejor opción (ajena a situaciones de vulnerabilidad) y la exclusión severa la peor (donde se concentran las mayores dificultades sociales), se puede apreciar que en 2021 la proporción de personas españolas en integración plena era casi cuatro veces superior a la de las personas extranjeras (45,7% y 13,2%, respectivamente). En este grupo es donde se identifica la mayor brecha, suponiendo las personas extranjeras 32,5 puntos porcentuales menos que las españolas. En sentido opuesto, está la situación de mayor vulnerabilidad, la que ostentan las personas en situación de exclusión severa. En este caso, la presencia de personas de origen extranjero es tres veces mayor que las españolas (32,5% y 10,4% respectivamente), identificándose en este indicador la segunda mayor brecha, aunque en sentido opuesto, la presencia de personas inmigrantes es 22,1 puntos superior que la de españolas.

A su vez, 2018 y 2021 son dos años significativos ya que, en el primero, todavía no había estallado la crisis sanitaria, y durante el segundo, ya se apreciaron repercusiones sociales en términos de desempleo o prestaciones sociales. Diversos estudios sostienes que las personas de origen migrante son uno de los colectivos sobre los que en mayor medida ha repercutido esta crisis (Izquierdo, 2022; Zugasti, 2021). Estos resultados son coherentes, con los datos recogidos también en el cuadro 5, ya que, como se puede apreciar, la brecha que existía entre la población española y extranjera en exclusión severa en 2018 se ha ampliado considerablemente en 2021, de 19,7 a 22,1 puntos porcentuales.

Cuadro 6. Dimensiones de la exclusión en los hogares según nacionalidad, 2018 y 2021

Dimensión	2018			2021		
	Todos los miembros españoles	Alguna persona extranjera	Brecha	Todos los miembros españoles	Alguna persona extranjera	Brecha
Empleo	12,0	26,8	14,8	19,2	38,5	19,3
Consumo	12,7	26,5	13,8	14,9	33,6	18,7
Política	4,9	53,0	48,1	5,8	57,2	51,4
Educación	13,5	11,9	-1,6	13,9	12,7	-1,2
Vivienda	15,1	40,2	25,1	16,5	47,6	31,1
Salud	13,5	20,9	7,4	15,8	26,8	11,0
Conflicto social	4,9	6,4	1,5	7,8	12,1	4,3
Aislamiento	6,3	3,8	-2,5	6,6	3,1	-3,5

Fuente: elaboración propia a partir de EINSFOESSA, 2018 y 2021

En segundo lugar, el ISES proporciona información relativa de carácter multidimensional de la exclusión social, a partir de ocho ámbitos, recogidos en el cuadro 6. Como se aprecia en el cuadro, en 2021 las personas españolas en exclusión social se veían afectadas principalmente en aspectos relacionados con el empleo (19,2%), la vivienda (16,5%) y la salud (15,8%). En el caso de las personas de origen extranjero, la principal causa se relaciona con cuestiones políticas, particularmente vinculadas a las necesidades de regularización administrativa y las posibilidades de acceso a los servicios públicos (57,2%). No obstante, la segunda, la comparten con las personas extranjeras y se localizan en el ámbito de la vivienda donde presentan dificultades casi la mitad de la población (47,6%) y la tercera, sería también compartida, el empleo (19,3%). Por último, siguiendo con el análisis de las brechas entre población española y extranjera, las de mayor calado se observan en las dimensiones: política, vivienda y empleo.

Cuadro 7. Evolución de la Tasa AROPE, por nacionalidad, 2018 y 2022 (%)

Nacionalidad	2018	2022	Variación 2018-2020
Española	24,3	21,9	-2,4
Extranjera (Unión Europea)	48,7	39,6	-9,1
Extranjera (Resto del mundo)	56,6	60,4	3,8

Fuente: elaboración propia a partir de ECV, varios años

Menos completo que el ISES de la Fundación FOESSA, aunque también de gran utilidad, es la Tasa AROPE, indicador considerado por la UE para evaluar la eficacia de las políticas sociales, si bien, solo contempla tres aspectos: intensidad en el empleo, tasa de riesgo de pobreza y carencia material. En el cuadro 7, se recogen los datos correspondientes con este índice para 2018 y 2021. Como se puede apreciar, el riesgo de pobreza o exclusión social afecta mucho más a las personas de origen extranjero que a las españolas, sobre todo, a las extranjeras externas a la UE. En 2022, en particular, más del 60% de personas extranjeras no europeas se encontraban afectadas por el fenómeno, mientras que el dato de españolas ascendía al 21,9%. A su vez, y retomando las consideraciones a las repercusiones sociales de la crisis sanitaria, se puede apreciar de nuevo que ha tenido un mayor impacto en las personas extranjeras, ya que, la proporción de autóctonos en riesgo de pobreza de 2018 a 2021 ha disminuido (-2,4 puntos porcentuales), en cambio, la proporción de extranjeras aumentó casi cuatro puntos.

5. *Inclusión residencial de la población extranjera*

En este epígrafe se abordan de forma separada dos aspectos vinculados con la situación residencial de los extranjeros en España. En primer lugar, los diversos indicadores que nos permiten caracterizar su situación residencial en varios aspectos. En segundo lugar, se ahonda en los avances realizados en la modelización de las trayectorias residenciales de los inmigrantes en España.

5.1. Situación residencial de la población extranjera en España

Como se ha visto, según el ISES de la Fundación FOESSA, la residencial, es la segunda dimensión más relevante en los procesos de exclusión social, tanto para las personas españolas como de las de origen extranjero, si bien con importantes brechas de nacionalidad, que muestran mayores desventajas residenciales al colectivo foráneo; manifestadas en aspectos concretos como la discriminación por motivos raciales y/o étnicos en el ámbito de la vivienda (Algaba, 2003) o la segregación residencial (Martínez Veiga, 1999). En definitiva, elementos que constituyen barreras para una inclusión residencial adecuada de la población extranjera en nuestro país y que, como consecuencia, muestran los resultados que se analizan a continuación. El primer indicador analizado es el régimen de tenencia de la vivienda (cuadro 8).

Cuadro 8. Régimen de tenencia de la vivienda según miembros del hogar, 2021

Tenencia	Total hogares		Únicamente español		Mixto (esp. y extranj.)		Únicamente extranjero	
	miles	%	miles	%	miles	%	miles	%
Propia (herencia o donación)	2.014	10,7	1.936	11,9	56	4,6	22	1,6
Propia por compra (pagada)	7.174	38,1	6.703	41,3	209	17,2	262	19,0
Propia por compra (pendiente)	4.964	26,4	4.426	27,3	307	25,3	231	16,8
Alquilada	2.999	15,9	1.699	10,5	525	43,3	776	56,4
Cedida	518	2,8	450	2,8	36	3,0	32	2,3
Otra forma	1.140	6,1	1.009	6,2	79	6,5	53	3,9
Total	18.810	100,0	16.222	100,0	1.212	100,0	1.376	100,0

Fuente: INE, Encuesta de Características Esenciales de la Población y las Viviendas, 2021

Considerando el conjunto de la población, el régimen de tenencia más frecuene es la vivienda en propiedad (75,2%), siendo la situación mayoritaria la totalmente pagada (38,4%). A gran distancia, la segunda opción serían los hogares que residen en alquiler (16%,0%).

Al desagregar este indicador según el origen de los miembros del hogar, se observa que la propiedad sin pagos pendientes es la situación mayoritaria para los hogares donde todos sus miembros son españoles (41,32%). En cambio, para los hogares en los que hay algún miembro de origen extranjero y para los hogares formados totalmente por extranjeros/as, el alquiler es la primera opción (43,3% y 56,4% respectivamente). Por lo tanto, la mayoría de las personas de origen extranjero residen en viviendas en régimen de alquiler.

Además del régimen de tenencia de los hogares, para aproximarnos a la situación residencial de las personas extranjeras conviene analizar indicadores vinculados con el concepto de exclusión residencial. En el cuadro 9 se recoge una batería con los 8 indicadores empleados por Fundación FOESSA para medir este fenómeno.

Cuadro 9. Proporción de hogares según determinados problemas de la vivienda o del entorno por sexo y origen del sustentador/a principal, 2021

Indicador	Total			España			Extranjero		
	Total	H	M	Total	H	M	Total	H	M
Infravivienda	0,1	0,1	0,1	0,1	0,1	0,1	0,0	0,0	0,0
Deficiencias construcción	1,8	1,8	1,8	1,6	1,5	1,9	2,8	3,7	1,6
Insalubridad	7,2	6,4	8,6	5,9	5,4	6,7	14,4	12,4	17,6
Hacinamiento	4,6	4,7	4,4	2,6	2,7	2,3	15,9	17,0	14,5
Entorno degradado	1,8	1,8	1,7	1,6	1,6	1,7	2,8	3,3	2,0
Barreras arquitectónicas	2,2	2,0	2,4	2,0	2,0	2,2	2,8	2,4	3,3
Tenencia en precario	4,3	4,2	4,6	3,2	3,2	3,3	10,4	10,2	10,7
Sobrecoste	14,2	12,2	17,5	9,2	7,6	11,8	39,9	38,0	42,3

Fuente: elaboración propia a partir de EINSFOESSA, 2021

Considerando el conjunto de la población, se puede ver que la exclusión residencial está principalmente caracterizada por hogares que padecen sobrecoste en los gastos asociados a la vivienda habitual (14,2%). Se calcula considerando los hogares que destinan más del 40% de sus ingresos netos a los gastos asociados a la vivienda habitual (ya sea hipoteca o alquiler). Los hogares afectados tienen que realizar grandes esfuerzos para cubrir el resto de las necesidades básicas (luz, gas, agua, alimentación, ropa…), limitándose las posibilidades de ahorro.

El segundo grupo de hogares más relevante es el afectado por problemas de insalubridad (humedades, suciedad y olores), esta situación afecta al 7,2% del total. La tercera situación mayoritaria es la de hogares con problemas de hacinamiento (cada miembro del hogar dispone de menos de 15m^2), un 4,6%. A su vez, el 4,3% de los hogares residen en viviendas precarias (cedidas por familiares, amigos o empleadores), otorgando una escasa estabilidad al no poseer título de propiedad sobre la misma. Después, el grupo más relevante es el de hogares con personas con movilidad reducida y barreras arquitectónicas (2,2%) seguido de los que viven en entornos muy degradados y con deficiencias graves en las viviendas (1,8% para los dos casos). Por último, la situación que en menor medida afecta a las personas es la infravivienda, tan sólo al 0,1% del total. Teniendo en cuenta el sexo y la nacionalidad, los hogares más vulnerables son los encabezados por extranjeros, principalmente por mujeres, destacando su elevado sobrecoste (42,3%).

Al realizar el mismo análisis considerando la nacionalidad de las personas encuestadas (cuadro 10), se observa que las personas de origen africano acumulan mayores desventajas. En particular, el 21,9% padece problemas de humedades, el 14,9% tienen la vivienda en precario y el 7,4% residen en entornos muy degradados.

Cuadro 10. Proporción de hogares según determinados problemas de la vivienda por origen del sustentador/a principal, 2021

Indicadores	España	Extranjero	Extranjero				
			UE	Resto Europa	América Latina	África	Resto mundo
Infravivienda	0,4	0,0	0,0	0,0	0,0	0,0	0,0
Deficiencias construcción	1,6	2,8	2,8	5,5	2,9	1,5	0,0
Insalubridad	5,9	14,4	13,7	13,5	12,7	21,9	10,8
Hacinamiento	2,6	15,9	5,9	2,9	17,4	25,1	27,8
Entorno degradado	1,6	2,8	1,4	2,7	1,8	7,4	2,7
Barreras arquitectónicas	2,0	2,8	3,4	8,8	2,4	1,5	0,0

Indicadores	España	Extranjero	Extranjero				
			UE	Resto Europa	América Latina	África	Resto mundo
Tenencia en precario	3,2	10,4	8,1	0,0	11,3	14,9	5,4
Sobrecoste	9,2	39,9	30,5	37,8	35,5	59,5	61,5

Fuente: elaboración propia a partir de EINSFOESSA, 2021

El segundo grupo está caracterizado por personas extranjeras que no pertenecen a ninguna de las zonas identificadas (UE, Resto de Europa, América Latina y África), en su mayoría se trata de personas de Asia y Oceanía. El 61,5% de estas personas padece el mencionado sobrecoste en su vivienda y el 27,8% problemas de hacinamiento. El tercer grupo es el conformado por personas procedentes de Europa, pero de países no incluidos en la UE. En concreto, dentro de este colectivo se encuentran personas que residen en viviendas con problemas de insalubridad (13,5%), con barreras arquitectónicas y graves problemas de movilidad (8,8%), o con graves deficiencias en la construcción (5,5%). Por último, mencionar que el indicador de Infravivienda ha de interpretarse con precaución, ya que la muestra de la Encuesta FOESSA subestima este fenómeno.

La segunda fuente más relevante a nivel nacional que recoge datos relativos a la exclusión residencial con cierta regularidad es la Encuesta de Condiciones de Vida que desarrolla el INE, aunque recoge menos indicadores vinculados directamente.

Cuadro 11. Proporción de personas que han sufrido retrasos en el pago de hipoteca o alquiler durante los últimos 12 meses por sexo y origen, 2022

Indicadores	Total			Española			Extranjera		
	Total	H	M	Total	H	M	Total	H	M
Sí, solamente una vez	1,5	1,4	1,5	1,0	1,0	1,1	5,5	5,6	5,4
Sí, dos veces o más	3,6	3,8	3,4	2,6	2,8	2,5	12,9	14,1	11,8
No	40,0	40,8	39,3	37,5	38,6	36,5	63,7	62,5	64,7
NS/NC	54,9	54,0	55,8	58,8	57,6	59,9	18,0	17,8	18,1
Total	100,0	100,0	100,0	100,0	100,0	100,0	100,0	100,0	100,0

Fuente: Elaboración propia a partir de Microdatos ECV-INE (2023)

Con la información recogida en el cuadro 11 se puede advertir que el problema de los retrasos en los pagos de hipoteca o alquiler afecta en mayor medida a la población extranjera que a la española, considerando el total de las personas que han sufrido este problema tanto una vez como al menos dos veces durante los últimos 12 meses. Según sexo, el colectivo más vulnerable es el de los hombres de origen extranjero. La proporción de hombres extranjeros que han sufrido retrasos una vez es del 5,6%, siendo el grupo mayoritario el de hombres extranjeros que ha sufrido retrasos dos veces o más (14,1%).

En cuanto al segundo indicador analizado, en el cuadro 12 se puede ver que la proporción de personas españolas que no han podido mantener su vivienda a una temperatura adecuada supone el 17,3%, en el caso de las extranjeras el dato se incrementa considerablemente (26,7%). Este indicador es más elevado en el caso de los hombres extranjeros (27%) siendo el segundo grupo más afectado, el de las mujeres extranjeras (26,5%) y el tercero el de las mujeres españolas (17,1%).

Cuadro 12. Personas que no han podido mantener la vivienda a una temperatura adecuada en los últimos 12 meses por sexo y origen, 2022 (%)

	Total			Española			Extranjera		
	Total	H	M	Total	H	M	Total	H	M
Si	82,7	83,4	82,0	83,6	84,4	82,9	73,3	73,0	73,5
No	17,3	16,6	18,0	16,4	15,6	17,1	26,7	27,0	26,5
Total	100,0	100,0	100,0	100,0	100,0	100,0	100,0	100,0	100,0

Fuente: Elaboración propia a partir de Microdatos ECV-INE (2023)

Los resultados obtenidos de ambas fuentes (EINSFOESSA y ECV) ponen de manifiesto con claridad que las personas de origen extranjero están mucho más expuestas que las españolas a sufrir situaciones de exclusión residencial. No obstante, parece necesario, para comprender mejor el fenómeno, considerar información de la magnitud del mismo en valores absolutos. Este ejercicio se puede realizar a partir de la EINSFOESSA, ya que presenta resultados extrapolables al conjunto de la población española. Así, el cuadro 13 se ha confeccionado mediante la fusión de dos fuentes, los datos absolutos de personas empadronadas según sexo y nacionalidad en enero de 2021 y la proporción de personas afectadas por exclusión residencial según la EINSFOESSA. Como se puede apreciar, en valores absolutos, en España existen 9.761.332 personas en situación de exclusión residencial, lo que supone que casi el 21% de la población española estaría en esta situación.

Cuadro 13. Personas en exclusión residencial según origen y sexo, 2021

Origen	Total		Hombres		Mujeres	
	N	%	N	%	N	%
Española	6.585.359	15,7	2.931.186	14,3	3.903.383	18,2
Extranjera	2.600.391	47,8	1.275.371	46,8	1.333.063	49,1
Total	9.761.332	20,6	4.389.138	18,9	5.702.268	23,6

Fuente: elaboración propia a partir de Padrón Municipal de habitantes 2021 y EINSFOESSA 2021.

En términos relativos al conjunto de cada grupo, la exclusión residencial afecta prácticamente a la mitad de la población extranjera (47,8%) frente al 15,7% de la población española. Según sexo y origen, se puede observar que el grupo mayoritariamente afectado es el de las mujeres extranjeras (49,1%), seguido de los hombres extranjeros (46,8%).

Hasta ahora, se ha analizado la situación residencial de las personas extranjeras a partir de los resultados de los principales estudios que recogen información relativa a este fenómeno a nivel nacional. No obstante, como se ha mencionado, estos estudios adolecen de un sesgo importante, al no contemplar su muestra los hogares colectivos, donde suelen pernoctar las personas sin hogar. En España, la principal fuente de información relativa a las personas sin hogar (sin techo y sin vivienda) es la Encuesta de Personas Sin Hogar del INE, realizada en tres ediciones (2005, 2012 y 2022). Según esta fuente, en España se estima que existen en 2022 un total de 28.552 personas sin hogar, de las cuales, prácticamente la mitad (49,9%) es población de origen extranjero (cuadro 14). Según sexo, se puede ver que se trata de un colectivo particularmente masculinizado, ya que, mientras que se contabilizaron un total de 6.652 mujeres, los hombres fueron 21.900.

Cuadro 14. Personas sin hogar según nacionalidad, 2005, 2012 y 2022

PSH	2005		2012		2022		TMAA (%)		
Nacionalidad	N	%	N	%	N	%	2005-12	2012-22	2005-22
Española	11.341	51,8	12.425	54,2	14.316	50,1	1,3	1,4	1,4
Extranjera	10.559	48,2	10.513	45,8	14.236	49,9	-0,1	3,1	1,8

PSH	2005		2012		2022		TMAA (%)		
UE	2.194	10,0	2.347	10,2	1.818	6,4	1,0	-2,5	-1,1
Resto Europa	1.765	8,1	245	1,1	555	1,9	-24,6	8,5	-6,6
África	4.604	21,0	5.950	25,9	7.587	26,6	3,7	2,5	3,0
América	1.478	6,7	1.595	7,0	3.690	12,9	1,1	8,7	5,5
Otra	518	2,4	376	1,6	586	2,1	-4,5	4,5	0,7
Total	21.900	100,0	22.938	100,0	28.552	100,0	0,7	2,2	1,6

Nota: TMAA es la tasa media anual acumulada de variación del periodo, se trata de una media geométrica que permite comparar distintos tramos temporales.

Fuente: INE, Encuesta sobre las personas sin hogar 2005, 2012 y 2022.

Por otro lado, junto a las situaciones de sinhogarismo, otra de las manifestaciones más graves de la exclusión residencial son los mencionados asentamientos informales. Estos asentamientos están constituidos por un amplio abanico de soluciones habitacionales extremadamente precarias y peligrosas, que suelen ser chabolas, ruinas de viviendas o naves, almacenes de aperos de labranza o cobertizos, entre otros. Una primera perspectiva de este fenómeno a nivel nacional ha sido realizada por la Fundación Cepaim en 2022 (López Carmona, 2022).

Cuadro 15. Personas en asentamientos informales según origen y sexo, 2022

Origen	Total		Hombres		Mujeres	
	N	%	N	%	N	%
Española	107	6,5	64	4,8	43	12,8
Extranjera	1.548	93,5	1.256	95,2	292	87,2
Total	1.655	100,0	1.320	100,0	335	100,0

Fuente: elaboración propia a partir de la I Encuesta KËR (López Carmona, 2022)

Como muestra el cuadro 15, esta manifestación de la exclusión residencial afecta particularmente a población de origen extranjero (93,5% del total). Cabe tener en cuenta que prácticamente todas las personas de origen español encuestadas eran ceutíes y, por tanto, a pesar de tener la nacionalidad española comparten el capital simbólico de las personas extranjeras. Además, se puede ver que este fenómeno afecta mayoritariamente también a hombres.

5.2. Trayectorias residenciales de los inmigrantes en España

El acceso a la vivienda o alojamiento digno es una de las principales preocupaciones de la población inmigrante. Al igual que ocurre con las condiciones laborales, las características del alojamiento suelen estar impregnadas de problemas que derivan de situaciones de marginación y exclusión residencial, especialmente en los primeros períodos de la estancia en el país de acogida (Leal y Alguacil, 2012: 127)

Varios estudios han identificado, que la inserción residencial de los inmigrantes no es un proceso lineal, debido principalmente a la interacción de diversos factores que determinan distintas trayectorias residenciales. Entre estos factores se encuentran el tiempo de residencia en España, el sexo, la existencia de redes familiares y el tipo de empleo (Colectivo IOE, 2005; Hernández y López, 2013). Respecto al primer factor (tiempo de estancia) se identifican tres fases (o etapas) en las cuales los inmigrantes están sometidos a diferentes riesgos particulares en cada una de ellas (cuadro 16).

Cuadro 16. Trayectorias residenciales de los inmigrantes

Fase	Riesgos
Llegada	Subarrendamiento, hacinamiento, alojamiento de acogida, ocupaciones ilegales, vivir en la calle
Regularización/ contratación	Infravivienda de alquiler, recelos y desconfianza, estafas
Estabilización	Alquiler o compra, conflictos con vecinos, problemas con el alquiler o hipoteca, desahucio debido a las dificultades para afrontar gastos

Fuente: Elaboración propia a partir de Colectivo IOE (2005) y Hernández y López (2013).

Durante la última etapa, suele concluir la reunificación familiar y el objetivo es conseguir estabilidad relacional, para ello, intentarán adquirir su vivienda habitual, ya sea en régimen de alquiler o en propiedad, y mejorar las condiciones de esta. No obstante, este proceso no es lineal debido a que "el conocimiento del medio y de los mecanismos de acceso a la vivienda, la inserción laboral o el establecimiento de redes, no depende sólo del tiempo transcurrido" (Colectivo IOE, 2005: 79). Las características del empleo también resultan determinantes en los procesos de integración residencial. Los altos índices de exclusión en el empleo de este colectivo constituyen serias barreras objetivas a la hora de poder afrontar los costes de la vivienda. Finalmente, la variable sexo adquiere sentido en la diferenciación de las trayectorias residenciales debido a la existencia de la división sexual del trabajo. En las etapas iniciales de la inmigración un importante porcentaje de mujeres reside en la misma casa que el empleador, algo que no sucede tanto con los varones.

6. *¿Hacia la inclusión residencial de la población extranjera?*

En este apartado se refieren los riesgos sociales que vienen impidiendo un avance en los procesos de inclusión residencial de la población extranjera en España. La fuente principal de estos retos son las opiniones de los/as 5 expertos/as entrevistados/as, junto a las conclusiones de otros estudios recientes.

6.1. La opinión de los profesionales: riesgos y propuestas

Las opiniones de los y las personas entrevistadas vienen a confirmar los análisis anteriores, al tiempo que amplían algunos matices de perfil y riesgos sociales. Por otro lado, aportan propuestas de intervención para mejorar las situaciones residenciales. Los expertos y expertas ahondan en sus discursos en la multidimensionalidad de la exclusión residencial del colectivo extranjero, pues se vincula claramente con los ámbitos laborales y de ingresos, así como con las necesidades derivadas de su estatus familiar y la composición del hogar.

> *Dependiendo de la unidad familiar o del número de personas que desean convivir juntas. Estas necesidades pueden variar dependiendo del país de origen, el status migratorio y las propias circunstancias. Por lo general estas necesidades van desde los elementos más básicos, como el acceso a agua, electricidad, hasta el acceso a wifi. Por otro lado, están las condiciones habitacionales, teniendo en cuenta aquellas que son estructurales de los edificios. Las edificaciones que contienen amianto están presentes todavía en algunos barrios populares y dada su condición, los precios son accesibles a los salarios bajos. Este es uno de los condicionantes de la cuestión (A11, experto/a académico/a).*

> *La falta de un derecho a un alojamiento propio les dificulta la ejecución de otras tareas básicas para su supervivencia. En relación con esta cuestión, la disponibilidad de un alojamiento básico en el que residir da una referencia y una seguridad con la que afrontar otras cuestiones (A20, experto/a académico/a).*

> *La inestabilidad del alojamiento afecta a la capacidad de la persona para su inclusión laboral, los plazos de estancia en los recursos no se corresponden con los de las personas alojadas para recuperar sus vidas (A10, experto/a académico/a)*

Respecto a las propuestas y medidas que realizan estos y estas profesionales, se orientan en diferentes ámbitos: hacer aflorar al mercado las viviendas vacías; ofrecer viviendas sociales adecuadas a las necesidades particulares de cada grupo social vulnerable; avanzar en la innovación social; o establecer medidas para erradicar la discriminación en el acceso que afecta a la población extranjera.

> *Si se utiliza como cifra de referencia las cerca de 28.000 personas sin hogar detectadas por la última encuesta del INE, está claro que hay viviendas vacías más que de sobra para alojarlas (A7, experto/a académico/a).*

> *Las situaciones de algunos inmigrantes tienen que ver con la vulnerabilidad que experimentan. Por ello, es importante que exista una oficina de asistencia financiera para estas personas. Desde los Centros cívicos se les puede dar este seguimiento (A11, experto/a académico/a).*

> *Es obligado articular mecanismos habitacionales novedosos que vayan más allá de los albergues o centros de acogida. La alternativa "housing first" o similares son opciones, que ya cuentan con una larga experiencia con este sector social, con resultados positivos. Si bien, habría que trabajar en nuevas opciones, en función de los diferentes perfiles sociológicos que van apareciendo y que responden a un progresivo rejuvenecimiento, feminización.... Contemplando, además, problemáticas como las de las personas con enfermedad mental, la de aquellos con discapacidades... en definitiva, nuevos recursos habitacionales para los nuevos tiempos, con vistas a futuro (T1, profesional de la intervención/investigación).*

> *Para mejorar el acceso a la vivienda de los inmigrantes es necesario contar con información en distintos idiomas, tener en cuenta la pluralidad lingüística y cultural es fundamental. También es necesario flexibilizar los requisitos de acceso a la vivienda. El apoyo financiero es imprescindible para habilitar el acceso a la vivienda por parte de los inmigrantes. Quizá proponer algún programa de apoyo financiero que ayude a los inmigrantes de bajos recursos a acceder a viviendas adecuadas o a préstamos asequibles que les permita cubrir los gastos iniciales de alquiler o compra de vivienda (A11, experto/a académico/a).*

> *Otras de las cuestiones necesarias son medidas de prevención en la discriminación. Esto se puede atajar con campañas de sensibilización en la población receptora (A11, experto/a académico/a).*

6.2. A modo de síntesis y discusión

En los anteriores apartados se ha verificado la deficitaria situación social y residencial de la población extranjera en España, que ha sido contrastada por otros estudios recientes (Izquierdo, 2022 y Zugasti, 2021).

Tanto las estadísticas, como las opiniones de las personas entrevistadas ponen de manifiesto que tras las sucesivas crisis aparece una intensificación de determinadas problemáticas de la población extranjera, siendo la vivienda una de ellas. Las dificultades en este ámbito les afectan en mayor medida que a la población nacional. Como señala Zugasti (2021: 343) el colectivo inmigrante es uno de los que tiene mayores dificultades para acceder a una vivienda digna en nuestro país, pues una gran parte de ellos se encuentra en situaciones económicas y sociales muy precarias, inestables e inseguras, lo que redunda aún más en la de por sí importante dificultad para afrontar los elevados precios del mercado residencial.

Estas dificultades se ven aumentadas para ciertos orígenes, como argumenta Izquierdo (2022: 69): en el empeoramiento destaca la mayor exclusión de la inmigración africana en la mayoría de las dimensiones; su intensidad, tanto en la marginación política como en las privaciones materiales (vivienda, empleo y consumo), así como su persistencia en el tiempo, evidencia que estamos ante una situación estructural de exclusión.

Diversos estudios recientes ponen el foco en que buena parte de la explicación de este hecho recae en la incidencia sobre este colectivo de la discriminación por origen racial y/o étnico. Esta discriminación puede ser de dos tipos: directa e indirecta. Jurídicamente, la discriminación directa implica un trato menos favorable a una persona, en función de alguna condición, del que se dispensaría a otra persona en circunstancias similares; sin embargo, la discriminación indirecta implica que una práctica, una medida, un procedimiento o una actuación de carácter aparentemente neutro, ponga en desventaja a una persona, en función de alguna condición, a menos que esa desventaja se justifique por una razón legítima (Martínez Goytre, 2022: 15).

Efectivamente, ser inmigrante y diferencia van de la mano. Como expone Izquierdo (2022: 61): "Son los demás, antes que nosotros, los que perciben, reaccionan y actúan teniendo presente esa seña de identidad. La marca lingüística, el aspecto físico, el modo de comportarse y la predisposición cultural son nuestra tarjeta de presentación en sociedad".

Es claro que tras las sucesivas crisis (financiera, sanitaria y energética) se han intensificado viejos riesgos de exclusión social y residencial de la población extranjera, al tiempo que afloran otros nuevos. Los análisis ofrecidos plantean la necesidad de articular respuestas institucionales para proteger a las personas y a los hogares más vulnerables, superando el carácter temporal de algunas medidas implantadas durante la Pandemia de Covid-19.

Quizás, la verdadera cuestión radica en la ausencia de modelo, de un acuerdo, explícito y público de definir cuál es el lugar de la inmigración extranjera y qué papel juega en la configuración de la sociedad española.

No obstante, según algunos autores, se auguran avances al respecto (Izquierdo, 2022; Cachón, 2023).

El modelo migratorio español ha sido diseñado por la realidad. No hubo un libreto previo, sino que lo hemos construido entre todos, en medio de sobresaltos, copias, herencias, y distintas dosis de habilidad. Ha sido un modelo que ha respondido a lo inesperado y a lo desconocido. En 2022, sin embargo, el Gobierno de coalición ha llevado a cabo una reforma del reglamento de la Ley 4/2000 que sugiere un modelo proactivo. Es decir, organizar la inmigración que se prefiere, dentro de lo posible (Izquierdo, 2022: 57).

7. *Referencias*

Algaba, A. (2003). La discriminación en el acceso al mercado de la vivienda: las desventajas de la inmigración. Novedades y permanencias. *Scripta Nova. Revista electrónica de geografía y ciencias sociales.* VII (146). Disponible en http://www.ub.es/geocrit/sn/sn-146(060).htm

Cachón Rodríguez, L. (2002). La formación de la España inmigrante: mercado y ciudadanía. *Revista Española de Investigaciones Sociológicas*, 97, 95-126.

Cachón Rodríguez, L. (2023). El Pacto Mundial para la Migración Segura, Ordenada y Regular cuatro años después. *Revista española de desarrollo y cooperación*, 50(1), 31-41. DOI: 10.5209/redc.85015

Colectivo IOE (2005). *Inmigración y vivienda en España.* Ministerio de Trabajo y Asuntos Sociales.

Hernández Pedreño, M. (2022). Exclusión residencial en España. Análisis y medición para la intervención social, en C. M. Anleu Hernández y M. V. Forns Fernández (coords.), L'accés a l'habitatge: la lluita per un dret (15-44). Publicacions de la Universitat Rovira i Virgili.

Hernández Pedreño, M. y López Carmona, D. P. (2013). Condición inmigrante y exclusión residencial. En M. Hernández Pedreño (coord.) *Vivienda y exclusión residencial* (289-317). Editum.

Hernández Pedreño, M. y López Carmona, D. P. (2015) Hacia un nuevo modelo de inserción laboral de los inmigrantes. *Revista Internacional de Estudios Migratorio*, 5(2), 201-226.

Izquierdo Escribano, A. (2008). El modelo de inmigración y los riesgos de exclusión. En *VI Informe sobre la exclusión y desarrollo social en España* (599-679). Fundación Foessa.

Izquierdo Escribano, A. (2022). La exclusión de vidas ajenas: la integración social de los inmigrantes extranjeros en España (2018-2021). *Mediterráneo Económico*, 36, 57-72.

Leal, J. y Alguacil, A. (2012). Vivienda e inmigración: las condiciones y el comportamiento residencial de los inmigrantes en España. *Anuario CIDOB de la Inmigración*, 2012, 126-156.

López Carmona, D. P. (2018). *Evolución de la exclusión residencial en Murcia y respuestas institucional.* Tesis doctoral. Universidad de Murcia.

López Carmona, D. P. (dir.) (2022) *KER. Mapa estatal sobre discriminación racial y/o étnica en el ámbito de la vivienda y asentamientos informales en España.* Fundación Cepaim.

López Carmona, D. y Hernández Pedreño, M. (2015). Ser inmigrante y vivir en España en un contexto de crisis internacional. Análisis crítico de la evolución de las políticas públicas de inmigración y vivienda. Trabajo social global-Global Social Work: Revista de investigaciones en intervención social, 5(8), 68-89.

Martínez Goytre, E. (2022). *Discriminación racial en el ámbito de la vivienda y los asentamientos informales.* Provivienda.

Martínez Veiga, U. (1999). *Pobreza, segregación y exclusión espacial. La vivienda de los inmigrantes extranjeros en España.* Icaria.

Onrubia, J. (2010). Vivienda e integración en España: situación y políticas públicas. Instituto de estudios fiscales. *Presupuesto y gasto público*, 61, 273-310.

Sánchez Morales, M. R. (2009). Inmigración y sinhogarismo. *Temas para el debate*, 174, 31-34.

Soriano Miras, R. M. (2010). El estudio de la migración. En J. Iglesias de Ussel y A. Trinidad (coord.) *Leer la sociedad, una introducción a la sociología general* (485-508). Tecnos.

Zugasti, N. (2021). El impacto de la crisis en la población extranjera. En Fundación Foessa, *Evolución de la cohesión social y consecuencias de la covid-19 en España* (329-344). Fundación Foessa.

Capítulo 11

LAS PERSONAS SIN HOGAR: UN PERFIL CAMBIANTE CON ALTO RIESGO DE EXCLUSIÓN

Olga García-Luque
Departamento de Economía Aplicada, Universidad de Murcia
Salvador Manzanera-Román
Departamento de Sociología, Universidad de Murcia

1. *Introducción*

Como se ha visto, la exclusión residencial es un riesgo permanente en nuestra sociedad para muchos colectivos y con perfiles sociales muy heterogéneos. De este modo, el análisis de los procesos de exclusión residencial es una tarea compleja, y no solo por las características y peculiaridades inherentes a las personas que la viven, sino también por los problemas que conlleva su adecuada medición siguiendo el concepto y categorías de la clasificación ETHOS (European Typology on Homelessness and Housing Exclusion), propuesta por la Federación Europea de Organizaciones Nacionales que trabajan con Personas Sin Hogar, FEANTSA (Edgar, 2012). Este enfoque se ha difundido en el conjunto de la Unión Europea (UE), convirtiéndose en la referencia principal para el estudio del sinhogarismo (Cabrera, 2008; Carbonero Muñoz, 2013; Hernández Pedreño, 2016; SIIS, 2021; Sales, 2022), que queda enmarcado en un contexto de análisis referido a la exclusión residencial; pues no es lo mismo vivir en la calle, en una residencia de una entidad social, en una chabola o acogido temporalmente por familia o amigos.

Sin embargo, algunas categorías operativas de la tipología ETHOS recogen situaciones de exclusión residencial difíciles de captar en la realidad. De hecho, no acaba de ser incorporada a los sistemas estadísticos de los países europeos, por lo que no se dispone de información comparable sobre gran parte de las categorías operativas contempladas. En general, las lagunas de información relativas a las cuatro tipologías conceptuales de la ETHOS son importantes en España (Brändle y García, 2013; Sales, 2022). A juicio de una de las personas expertas en el ámbito residencial entrevistadas, la perspectiva residencial vinculada con la clasificación ETHOS se incorpora de manera escasa, haciendo referencia mayoritariamente a personas que están en situación extrema.

Este capítulo se ocupa de las dos primeras categorías de la clasificación ETHOS, las personas sin techo (sin alojamiento de ningún tipo, es decir, viviendo en un espacio público) y las personas sin vivienda (viviendo en un alojamiento temporal, en instituciones o albergues). Ambas hacen referencia a lo que, comúnmente, se denomina personas sin hogar y que conforman la realidad más grave de la exclusión social. El sinhogarismo es un fenómeno complejo y en aumento (Hernández Pedreño, 2022; Vacas, 2022); cuestión que se ha evidenciado, si cabe aún más, con la pandemía de COVID-19 (Cáritas, 2020), poniendo de manifiesto lo inadecuado de la mayoría de recursos residenciales puestos a disposición de este colectivo (De la Fuente-Roldán y Sánchez-Moreno, 2023).

A partir de la información proporcionada por la última Encuesta sobre las Personas Sin Hogar (EPSH) de 2022 para el ámbito territorial del conjunto de España, publicada por el Instituto Nacional de Estadística (INE), en primer lugar, se caracteriza el perfil sociodemográfico de estas personas y su evolución. Seguidamente, se analiza su situación en las distintas dimensiones de la exclusión social, ofreciendo su distribución regional, así como la naturaleza de la respuesta institucional. Finalmente, se exponen las principales conclusiones.

2. *Perfil sociodemográfico de las personas sin hogar*

La EPSH solo capta a las personas sin hogar, de 18 años o más, que acude a los diferentes centros que proporcionan servicios de comedor y alojamiento en las ciudades de más de 20.000 habitantes (INE, 2022a). Por tanto, subestima la incidencia del sinhogarismo pues deja fuera a quienes no acuden a dichos centros o vive en pueblos y zonas rurales. Además, no hay una correspondencia clara en relación con todas las situaciones contempladas en las categorías operativas sin vivienda y sin techo, dejando sin registrar algunas de ellas (Brändle y García, 2013).

El cuadro 1 muestra la evolución del número de personas sin hogar contablizado en España, en las sucesivas ediciones de la EPSH (2005, 2012 y 2022), en función de sus principales características sociodemográficas.

Cuadro 1. Evolución de las personas sin hogar según sexo, edad y nacionalidad, 2005, 2012 y 2022

PSH	2005		2012		2022		TMAA (%)		
Sexo	**N**	%	**N**	%	**N**	%	**2005-12**	**2012-22**	**2005-22**
Hombre	18.110	82,7	18.425	80,3	21.900	76,7	0,2	1,7	1,1
Mujer	3.790	17,3	4.513	19,7	6.652	23,3	2,5	4,0	3,4
Edad	**N**	%	**N**	%	**N**	%	**2005-12**	**2012-22**	**2005-22**
18-29 años	6.539	29,9	4.435	19,3	6.036	21,1	-5,4	3,1	-0,5
30-44 años	9.379	42,8	8.817	38,4	8.573	30,0	-0,9	-0,3	-0,5
45-64 años	5.377	24,6	8.808	38,4	12.365	43,3	7,3	3,5	5,0
65 años o más	605	2,8	878	3,8	1.578	5,5	5,5	6,0	5,8
Nacionalidad	**N**	%	**N**	%	**N**	%	**2005-12**	**2012-22**	**2005-22**
Española	11.341	51,8	12.425	54,2	14.316	50,1	1,3	1,4	1,4
Extranjera	10.559	48,2	10.513	45,8	14.236	49,9	-0,1	3,1	1,8
UE	2.194	10,0	2.347	10,2	1.818	6,4	1,0	-2,5	-1,1
Resto Europa	1.765	8,1	245	1,1	555	1,9	-24,6	8,5	-6,6
África	4.604	21,0	5.950	25,9	7.587	26,6	3,7	2,5	3,0
América	1.478	6,7	1.595	7,0	3.690	12,9	1,1	8,7	5,5
Otra	518	2,4	376	1,6	586	2,1	-4,5	4,5	0,7
Total	21.900	100,0	22.938	100,0	28.552	100,0	0,7	2,2	1,6

Nota: TMAA es la tasa media anual acumulada de variación del periodo, se trata de una media geométrica que permite comparar distintos tramos temporales.

Fuente: INE, Encuesta sobre las personas sin hogar 2005, 2012 y 2022.

Como se puede ver, la cifra total de personas sin hogar se ha incrementado considerablemente desde 2005, a un ritmo medio anual del 1,6% (cuadro 1), lo que supone un aumento global del 30,4% entre 2005-2022. La mayor parte de este incremento tiene lugar en la última década, entre 2012 y 2022, periodo en el que se intensifican las principales tendencias ya observables con anterioridad, tales como la mayor presencia femenina (con un crecimiento medio anual más del doble que el masculino); el envejecimiento del colectivo (el grupo de mayores, 65 años o más, crece a un ritmo medio anual cercano al 6% en todo el periodo); y el aumento de la población extranjera, a pesar del descenso experimentado en las nacionalidades de la UE y del resto de Europa (efecto estadístico, debido principlamente a las sucesivas ampliaciones hacia el este de la UE en 2004 y, sobre todo, en 2007 con la integración de Rumanía y Bulgaria). En este sentido, las nacionalidades que experimentan un mayor avance son las procendentes del continente americano, principalmente, en la última década ya que hasta 2012, las personas sin hogar nacionales de países africanos crecieron más deprisa.

Con todo, en 2022, se mantienen las principales características definitorias del perfil sociodemográfico de estas personas. Se trata de una población muy masculinizada (76,7%); la mitad de ellos de nacionalidad extranjera (49,9%), especialmente, de países africanos (26,6%); y en el que predominan los adultos de edad intermedia, sobre todo de 45-64 años (43,3%). Es este último grupo de edad el que gana protagonismo en los últimos diez años, pudiendo ser explicado por su mayor importancia relativa dentro de la nacionalidad española y, en particular, entre la mujeres, como muestra el gráfico 1.

Gráfico 1. Personas sin hogar según sexo, nacionalidad y grupos de edad, 2022 (%)

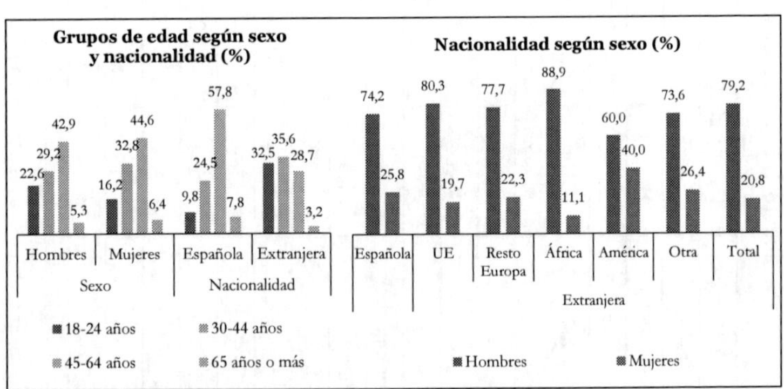

Fuente: INE, Encuesta sobre las personas sin hogar 2022.

Al mismo tiempo, el gráfico 1 refleja la mayor presencia femenina en la nacionalidad española (25,8%) frente a la extranjera (20,8%); siendo especialmente relevante en las nacionalidades del continente americano (40%) y, por el contrario, menos importante en las del continente africano (11,1%).

De las 28.552 personas sin hogar estimadas en 2022, algo más de una cuarta parte (7.277 personas, un 25,5% del total) ha pernoctado en la calle, en espacios públicos o alojamientos de fortuna (cajero, portal, coche), pudiéndose clasificar, por tanto, como personas sin techo (gráfico 2). El resto, alojados en albergues, centros, pensiones o pisos facilitados por ONG u otro organismo, aproximan la cifra de las personas sin vivienda (21.275, el 74,5%).

Gráfico 2. Personas sin hogar según lugar de pernoctación, 2022 (%)

Lugar de pernoctación	%
Centro de acogida a mujeres maltratadas	0,2
Centros de ayuda al refugiado	0,4
Pensión pagada por ONG u organismo	6,5
Piso ocupado	9,5
Alojamientos de fortuna	9,7
En espacio público	15,8
Piso facilitado por ONG u organismo	18,2
Albergue o residencia	39,7

0 10 20 30 40

Fuente: INE, Encuesta sobre las personas sin hogar 2022.

Tan solo un tercio de las personas sin hogar lleva menos de un año sin disponer de un alojamiento propio, mientras que un 27% está en esta situación entre uno y tres años y un 40% lleva más de tres años sin alojamiento (INE, 2022b). Los principales motivos por lo que estas personas se encuentran sin hogar quedan recogidos en el gráfico 3.

Gráfico 3. Principales motivos de encontrarse sin hogar, 2022 (%)

	Española	Extranjera	Total
Por cambio de localidad	7	13	10
Por haber sufrido violencia él/ella o sus hijos	9	11	10
Por hospitalización	12	10	11
Por problemas de adicción	19	6	13
Por separación de la pareja	18	11	14
Por no poder pagar más el alojamiento	16	13	15
Por desahucio de la vivienda	21	11	16
Por perder el trabajo	27	27	27
Por emigrar a otro país	4	54	29

Fuente: INE, Encuesta sobre las personas sin hogar 2022.

Las tres causas más frecuentes por las que estas personas se encuentran sin hogar son: la llegada a España procedentes de otro país, un 29% del total (obviamente, para la nacionalidad extranjera este porcentaje es mucho más elevado, 54%); la pérdida del empleo (27%); y el desahucio de la vivienda (16%). Superando el 10% del total, también se encuentran los motivos relativos a no poder pagar más el alojamiento, la separación de la pareja, los problemas de adicciones o la hospitalización, que son considerados en mayor medida por las personas de nacionalidad española. En cambio, ser víctima de violencia o los cambios de localidad son más mencionados por la nacionalidad extranjera. Con tasas de respuesta más bajas, no recogidas en el gráfico 3, se señalan (INE, 2022b): la finalización del contrato de alquiler (8%); la salida de instituciones penitenciarias (7%) o de centros de menores (3%); vivir en un edificio en ruinas (3%); y otros motivos (15%).

3. *Formación, situación laboral e ingresos de las personas sin hogar*

La mayoría de las personas sin hogar tiene estudios secundarios (cuadro 2); si bien, predominan los de primera etapa u obligatorios (41,1%). En general, el nivel educativo de estas personas es bajo, pues cerca de una cuarta parte alcanza el grado de primaria o inferior y tan solo un 11,3% ha terminado estudios superiores. Destaca la mayor proporción de mujeres con estudios universitarios, en comparación con los hombres. Esto también sucede con la nacionalidad extranjera, donde los niveles educativos están polarizados, al registrar también la proporción más alta de personas con enseñanza primaria o inferior.

Cuadro 2. Nivel educativo de las personas sin hogar según sexo y nacionalidad, 2022 (%)

Nivel educativo	Total	Sexo		Nacionalidad	
		Hombres	Mujeres	Española	Extranjera
Primaria o inferior	23,8	24,4	21,8	19,6	27,9
Secundaria	65,0	65,4	63,5	73,4	56,5
1ª etapa	41,1	40,9	41,7	52,5	29,5
2ª etapa (bachiller)	16,6	17,1	14,8	12,0	21,3
2ª etapa (profesional)	7,3	7,4	7,0	8,9	5,7
FP grado superior	2,5	2,5	2,3	2,6	2,4
Estudios universitarios	8,8	7,7	12,4	4,5	13,2
Total	100,0	100,0	100,0	100,0	100,0

Fuente: INE, Encuesta sobre las personas sin hogar 2022.

En cuanto a la situación laboral, solo un 5,4% de las personas sin hogar tiene trabajo (cuadro 3), elevándose algo más esta proporción para la nacionalidad extranjera y, sobre todo, para las mujeres. En consecuencia, la incidencia del paro en este colectivo es muy elevada, pues un 71,2% del total está desempleado, elevándose esta proporción hasta el 75,8% para la nacionalidad extranjera y el 73,3% entre los hombres. Las situaciones de jubilación y de invalidez son más frecuentes en las personas de nacionalidad española, mientras que entre las extranjeras, un 8,9% es refugiada o solicitante de asilo. La inclusión laboral de las personas sin hogar está vinculada, en muchas ocasiones, con la temporalidad de los recursos ofrecidos por las administraciones públicas.

Cuadro 3. Situación laboral de las personas sin hogar según sexo y nacionalidad, 2022 (%)

Situación laboral	Total	Sexo		Nacionalidad	
		Hombres	Mujeres	Española	Extranjera
Con trabajo	5,4	3,9	10,5	4,6	6,3
A tiempo parcial	3,5	2,2	7,8	3,4	3,7
A tiempo completo	1,9	1,7	2,7	1,2	2,6

Situación laboral	Total	Sexo		Nacionalidad	
		Hombres	Mujeres	Española	Extranjera
Desempleado/a	71,2	73,3	64,2	75,8	66,6
Estudiante	4,0	4,1	3,8	0,7	7,4
Jubilado/a, retirado/a	4,1	4,1	3,8	7,3	0,8
En situación de invalidez	6,4	5,9	7,8	10,4	2,3
Refugiado/a, solicit. de asilo	4,5	4,4	4,8	0,0	8,9
Otras	4,4	4,2	5,2	1,2	7,7
Total	100,0	100,0	100,0	100,0	100,0

Fuente: INE, Encuesta sobre las personas sin hogar 2022.

Esta escasa inserción laboral tiene su reflejo en las fuentes de ingresos disponibles (gráfico 4) y el nivel de ingresos alcanzado (gráfico 5).

Gráfico 4. Principales fuentes de ingresos, 2022 (%)

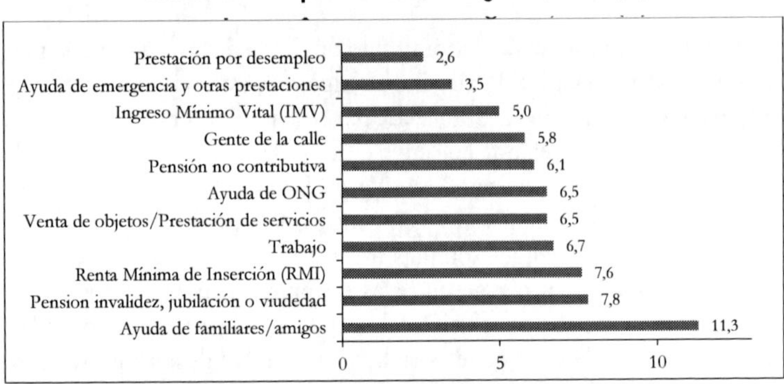

Fuente: INE, Encuesta sobre las personas sin hogar 2022.

Las fuentes de ingresos se encuentran muy repartidas, entre diversas prestaciones públicas y ayudas de origen privado, siendo los ingresos recibidos de familia y/o amigos los que revisten una mayor importancia relativa (gráfico 4). Si se agregan según su procedencia pública o privada, las primeras suponen un 32,6% (desempleo, ayuda de emergencia y otras prestaciones, IMV, RMI y pensiones no contributivas y de invalidez, jubilación o viudedad) y las segundas suman un 36,8% (ingresos de gente de la calle, de la venta de objetos o prestación de servicios, del trabajo; y ayudas de ONG y de familia o amigos). Además, otras fuentes de ingresos suponen un 0,6% y un porcentaje elevado (29,9%), declara no tener fuente de ingresos (INE, 2022b). De este modo, como muestra el gráfico 5, el nivel de ingresos de las personas sin hogar es muy bajo, pues solo un 10,9% dispone de 600€ o más al mes, un 58,1% ingresa como mucho 600€ y un 31% está sin ingresos. El nivel de ingresos mejora para las personas con discapacidad, cuya prevalencia es del 20,5% entre las personas sin hogar (INE, 2022b), lo que se explica por la cobertura pública de la que se benefician, principalmente, las personas de nacionalidad española.

Gráfico 5. Nivel de ingresos de las personas sin hogar según discapacidad, 2022 (%)

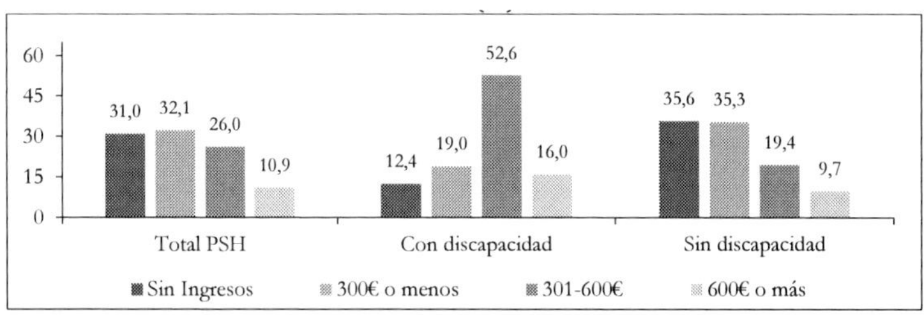

Fuente: INE, Encuesta sobre las personas sin hogar 2022.

4. *Salud, red sociofamiliar y participación de las personas sin hogar*

Como se observa en el cuadro 4, la mayoría de las personas sin hogar no tiene una enfermedad grave o crónica diagnosticada (62,6%), percibiendo que su estado de salud es bueno o muy bueno (55,8%). En general, las mujeres presentan una mayor incidencia de la enfermedad que los hombres; del mismo modo, las personas de nacionalidad española acumulan un peor estado de salud percibido y una mayor proporción de personas con enfermedad grave o crónica.

Cuadro 4. Percepción subjetiva del estado de salud y enfermedad crónica diagnosticada de las personas sin hogar según sexo y nacionalidad, 2022 (%)

Estado de salud autopercibido	Total	Sexo		Nacionalidad	
		Hombres	Mujeres	Española	Extranjera
Muy bueno	14,0	15,1	10,6	9,3	18,7
Bueno	41,8	42,2	40,6	37,4	46,3
Regular	29,3	28,3	32,6	33,8	24,7

Malo	10,8	10,5	11,8	13,9	7,8
Muy malo	4,1	4,0	4,4	5,6	2,5
Enfermedad grave o crónica diagnosticada	**Total**	**Sexo**		**Nacionalidad**	
		Hombres	**Mujeres**	**Española**	**Extranjera**
Con enfermedad	37,4	35,5	43,6	48,9	25,8
Trastorno mental	9,4	9,1	10,7	12,9	6,0
Sin enfermedad	62,6	64,5	56,4	51,1	74,2
Total	100,0	100,0	100,0	100,0	100,0

Fuente: INE, Encuesta sobre las personas sin hogar 2022.

Alrededor de un 60% de las personas sin hogar padece algún síntoma depresivo, elevándose al 68% entre las mujeres. En cuanto a los consumos adictivos, un 56% declara no consumir alcohol, un 40% lo hace moderadamente y solo un 4% reconoce un consumo excesivo (INE, 2022b). En el caso del consumo de drogas, un 58% dice no haber consumido nunca y el 42% reconoce haberlo hecho alguna vez.

Con respecto a la red sociofamiliar, el estado civil predominante es la soltería, sobre todo, entre los hombres y las personas de nacionalidad extranjera. Tan solo un 11% está casado/a, siendo este estado civil más frecuente entre las mujeres y las personas de nacionalidad extranjera. También es más elevada entre las mujeres, ahora bien de nacionalidad española, la proporción de separadas legalmente y divorciadas.

Cuadro 5. Estado civil de las personas sin hogar según sexo y nacionalidad, 2022 (%)

Estado civil	Total	Sexo		Nacionalidad	
		Hombres	Mujeres	Española	Extranjera
Soltero/a	63,7	68,3	48,5	61,7	65,7
Casado/a	11,0	8,9	18,2	6,7	15,4
Viudo/a	2,3	1,3	5,4	2,8	1,8
Separado/a	6,7	6,7	6,7	6,5	6,8
Divorciado/a	16,3	14,8	21,2	22,3	10,2
Total	100,0	100,0	100,0	100,0	100,0

Fuente: INE, Encuesta sobre las personas sin hogar 2022.

En cualquier caso, cerca de una cuarta parte de la población sin hogar manifiesta tener pareja, aunque solo la mitad convive con ella. Asimismo, la mitad tiene hijos (INE, 2022b), aunque un 22,5% no mantiene contacto con ellos (gráfico 6). En el último mes, al menos la mitad de las personas sin hogar han mantenido relación con su pareja, madre, hijos, hermanos y amigos; reduciéndose a un tercio los que han tenido cotacto con el padre y otros familiares.

Gráfico 6. Frecuencia de relación con familia y amigos, 2022 (%)

	Cónyuge o pareja	Padre	Madre	Hijos/as	Hermanos/as	Otros familiares	Amigos
En el último mes	81,1	33,6	49,2	68,3	57,1	33,8	61,0
En el último año	4,4	5,7	6,4	9,2	9,5	12,8	11,7
Sin contacto	14,5	60,7	44,4	22,5	33,4	53,4	27,3

Fuente: INE, Encuesta sobre las personas sin hogar 2022.

No obstante, la soledad es una realidad diaria para el 61,3%, pues las personas sin hogar pasan la mayor parte del día solas (gráfico 7). Un 37,9% declara estar con otras personas sin hogar y un 33,2% con amigos/as, mientras que un 14,7% pasa la mayor parte del día con su pareja y un 12,5% con sus hijos/as. El 4,3% comparte su jornada con sus animales de compañía.

Gráfico 7. Con quien pasan la mayor parte del día, 2022 (%)

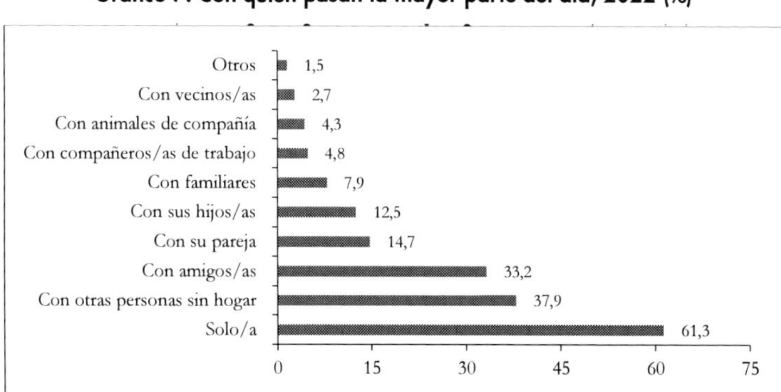

Fuente: INE, Encuesta sobre las personas sin hogar 2022.

Finalmente, en cuanto al ejercicio de los derechos de ciudanía resulta imprescindible estar empadronado (84,6% del total), proporción que se eleva hasta el 93,3% para las personas de nacionalidad española frente al 75,8% de aquellas de nacionalidad extranjera (INE, 2022b).

La mitad de las personas sin hogar han sido víctimas de agresiones o delitos y, aunque un 53,5% no se siente discriminado (cuadro 6), una quinta parte se siente discriminado muchas veces (13,7%) o constantemente (7,1%). Este sentimiento constante es más frecuente para los hombres y las personas de nacionaldad española.

Cuadro 6. Percepción subjetiva de discriminación según sexo y nacionalidad, 2022 (%)

Se siente discriminado	Total	Sexo		Nacionalidad	
		Hombres	Mujeres	Española	Extranjera
Nunca	53,5	53,7	53,0	51,7	55,4
Algunas veces	25,6	25,9	24,6	24,4	26,8
Muchas veces	13,7	13,0	16,0	14,6	12,8
Constantemente	7,1	7,4	6,3	9,3	4,9
Total	100,0	100,0	100,0	100,0	100,0

Fuente: INE, Encuesta sobre las personas sin hogar 2022.

5. *Respuesta institucional y recomendaciones*

Al poner en relación a las personas sin hogar con el total de la población española, se obtiene una ratio de 86,6 personas sin hogar por cada 100.000 habitantes (gráfico 8). Esta tasa se eleva considerablemente en la ciudad autónoma de Ceuta, País Vasco y Navarra. En cambio, la Comunitat Valenciana, Cataluña, Castilla-La Mancha y Región de Murcia ostentan las tasas más bajas.

Gráfico 8. Personas sin hogar según autonomías, 2022 (por cada 100.000 habitantes)

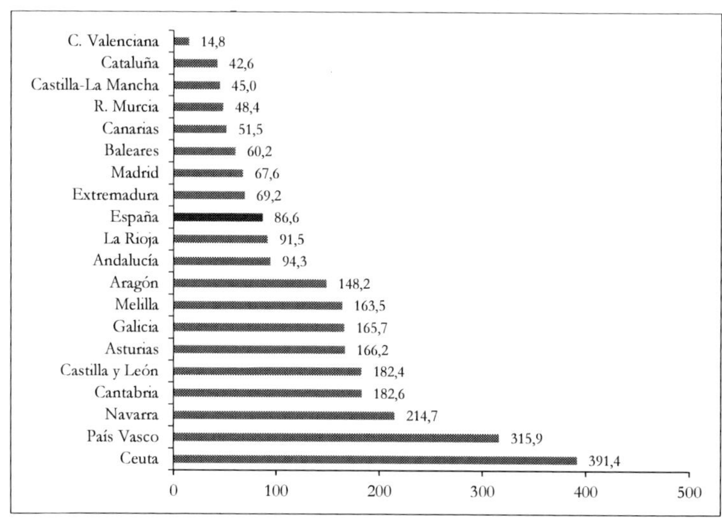

Fuente: INE (2022c: 2).

Sin duda, sobre estos resultados influye el número de plazas disponibles en los centros para personas sin hogar de cada territorio, así como los recursos asistenciales y/o de comedor, en los que se recaba la encuesta. Precisamente, son los servicios de alojamiento y comedor los que se proporcionan, en mayor medida, a estas personas; opinando un 61,8% que la satisfacción con la ayuda recibida ha sido bastante o mucha, frente al 38,2% que la valoran en poco o nada (INE, 2022c: 10). Además, para salir de su situación manifiestan que necesitan una vivienda o habitación (82%), un trabajo (78%) y, en menor medida, una prestación económica (39%).

La exclusión residencial y, especialmente, la situación de las personas sin hogar no puede vincularse de manera directa con la falta de recursos residenciales o vivienda construida y disponible, sino más bien con las políticas de vivienda que se ponen en marcha desde las administraciones públicas junto con las Entidades del Tercer Sector de Acción Social.

> *Si se utiliza como cifra de referencia las cerca de 28.000 personas sin hogar detectadas por la última encuesta del INE, está claro que hay viviendas vacías más que de sobra para alojarlas (A7, experto/a académico/a).*

Las políticas o medidas de actuación pública para el apoyo y asistencia a las personas sin hogar son definidas, a juicio de las personas expertas en el ámbito residencial entrevistadas, como poco adaptadas a la realidad y situación actual de las personas sin hogar, insuficientes e ineficientes. Todo ello, cuando se entiende que disponer de un recurso habitacional es un factor relevante para la inclusión de las personas en situación de vulnerabilidad social.

> *La disponibilidad de un alojamiento básico en el que residir da una referencia y una seguridad con la que afrontar otras cuestiones. Se convierte tanto en un aspecto potenciador como en una barrera en materia de inclusión social (A20, experto/a académico/a).*

El sistema de asistencia a las personas sin hogar sigue, por un lado, el modelo en escalera o aquel basado en el logro de méritos por parte de las personas usuarias de los recursos puestos a disposición. Este modelo puede generar ciertas ineficiencias por la inadecuación de los plazos necesarios para la inclusión social de las personas sin hogar y los tiempos de estancia en los recursos habitacionales ofertados, así como por la generación de largas listas de espera para el uso de tales recursos, propiciando una prolongación de la situación de calle de personas sin hogar. Por otro lado, existe otro modelo basado en iniciativas como *Housing First* o *Housing Led*, que también crea ineficiencias cuando son gestionadas por Entidades del Tercer Sector de Acción Social ya que éstas imponen un carácter muy inestable a este tipo de programas.

> *Los plazos de estancia en los recursos no se corresponden con los de las personas alojadas para recuperar sus vidas (A10, experto/a académico/a).*
>
> *Las iniciativas centradas en la vivienda bajo el modelo Housing First/Led, cuyas viviendas, a pesar de ser de larga estancia, siguen estando bajo la titularidad temporal de las diferentes entidades que gestionan los programas, con lo cual no disponen de una estabilidad real (A10, experto/a académico/a).*

Las ineficiencias observadas en los recursos de apoyo y asistencia a las personas sin hogar también son producto del enfoque estigmatizador de algunas prácticas o iniciativas, así como de su orientación a la satisfacción de las necesidades más urgentes de las personas sin hogar.

> *Muchas actuaciones con personas sin hogar se llevan a cabo con relativa frecuencia desde una visión estereotipada y estigmatizadora (A7, experto/a académico/a).*
>
> *Existe una ausencia de recursos vinculados con la especialización en materia de acompañamiento y vivienda. La mayoría de las respuestas están orientadas a la satisfacción de necesidades básicas y urgentes (A20, experto/a académico/a).*

La insuficiencia del modelo se produce, por un lado y a juicio de las personas entrevistadas, debido a la escasa oferta de plazas residenciales en los diferentes recursos como alojamientos, viviendas, albergues y centros de alojamiento colectivos, que ha mejorado cuantitativa y cualitativamente en los últimos años. Y, por otro lado, debido a la propia naturaleza de los recursos como *Housing First* o *Housing Led*, no todas las personas sin hogar pueden hacer uso de estas.

> *Se han realizado algunos progresos en cuanto a la mejora de las condiciones residenciales de los alojamientos, así como en el número de plazas ofertadas en viviendas y otros recursos, pero la oferta de alojamiento digno sigue siendo radicalmente insuficiente (A7, experto/a académico/a).*
>
> *La puesta en práctica de programas como Housing First y Housing Led, al ser de larga estancia, no proporcionan una circularidad de las plazas, por lo que no se puede contar con esas plazas para las personas que están en situación de calle (A10, experto/a académico/a).*

Finalmente, las personas expertas en el ámbito residencial entrevistadas han considerado ciertas recomendaciones o mejoras del sistema de apoyo y asistencia de las personas sin hogar, que se exponen a continuación.

En primer lugar, se entiende como necesaria la mejora de los recursos habitacionales existentes aplicando los aspectos más eficientes del modelo basado en iniciativas como Housing First. Para ello, se deben potenciar elementos básicos como la estabilidad de los recursos y de la estancia de las personas usuarias, el apoyo profesional flexible mientras sea necesaria la intervención, la autonomía de las personas sin hogar dotándolas de capacidad de elección y control y de competencias como la motivación y resiliencia.

En este mismo orden de cosas, también se plantea la mejora de los recuros habitacionales que permita que las personas sin hogar que presentan mayores necesidades de intervención puedan tener acceso a centros y, de esa manera, no terminen en situación de calle.

> *Si se contara con viviendas de alquiler social disponibles, en las que se aplicase un modelo de intervención bajo los valores de Housing First con apoyo profesional mientras la persona lo precise, la opción sería optimizar los recursos existentes (A10, experto/a académico/a).*

En segundo lugar, se propone la adaptación de los recursos o iniciativas habitacionales a las necesidades individuales que presentan las personas sin hogar, ya que hasta ahora, se carecen de medidas individualizadas de acompañamiento. En este punto, la innovación es fundamental para articular recursos habitacionales novedosos distintos a los albergues o centros de acogida más tradicionales.

> *Habría que trabajar en nuevas opciones, en función de los diferentes perfiles sociológicos, que van apareciendo y que responden a una progresiva juvenalización, feminización, etc., contemplando, además, problemas como los de las personas con enfermedad mental o con discapacidades (T1, experto/a de la intervención social).*

En tercer lugar, se plantea la importancia de la prevención, así como de la actuación e intervención coordinada de los servicios sociales en materia de gestión de los recursos habitacionales con diferentes ámbitos, de manera que se potencien programas de apoyo de acompañamiento personalizado adaptados a los perfiles y necesidades de las personas sin hogar.

> *Es fundamental una mayor prevención aplicada desde diferentes ámbitos: educación, vivienda, empleo, salud y servicios sociales en toda su amplitud (T1, experto/a de la intervención social).*
>
> *La clave está en posibilitar un acompañamiento profesional al mismo tiempo que se dignifica a las personas sin hogar (A10, experto/a académico/a).*

Por tanto, las propuestas de mejora del sistema de apoyo y asistencia a las personas sin hogar se centran en su modernización, mejor dotación y reconducción hacia un tipo de intervención profesional flexible, adaptada a las necesidades de las personas sin hogar y protagonizada por los servicios sociales.

6. *Conclusiones*

La disponibilidad de vivienda o de un alojamiento es uno de los factores más relevantes en materia de protección o de inclusión social, de manera que las personas sin hogar tienen una elevada probabilidad de caer en situación de riesgo de exclusión social alto.

El análisis de este fenómeno a través de fuentes estadísticas como la EPSH, que cuenta con limitaciones (SIIS, 2021: 17), indica que el perfil de las personas sin hogar usuarias de determinados servicios específicos se ha visto ligeramente modificado por el incremento de la presencia femenina y la nacionalidad extranjera que, además, genera un proceso de rejuvenecimiento. No obstante, se mantiene el perfil de una población muy masculinizada, envejecida en el caso de las personas sin hogar de nacionalidad española y más joven si se considera la nacionalidad extranjera, en la que predomina la procedencia africana.

En relación con las causas por las que se llega al sinhogarismo, éstas son múltiples, sobresaliendo el proceso migratorio para las personas de nacionalidad extranjera y, en general, la pérdida del empleo y el desahucio de la vivienda. El riesgo de exclusión social es elevado en todas las dimensiones vitales: bajo nivel educativo, elevada incidencia del desempleo, escasos ingresos, alta prevalencia de enfermedades crónicas y sintomatología depresiva, aislamiento y victimización.

La intervención social sobre el problema del sinhogarismo, y el alto nivel de riesgo de exclusión social que conlleva para las personas que se encuentran en tal situación, es abordada por las administraciones públicas junto con el sector privado o las Entidades del Tercer Sector de Acción Social. Dicha intervención se basa en los principios del modelo de escalera o de logro de méritos por parte de las personas sin hogar, así como en actuaciones o iniciativas encuadradas en programas Housing First/Led, principalmente. A juicio de las personas expertas entrevistadas, las políticas o medidas de apoyo y asistencia a las personas sin hogar resultan ser anticuadas, en especial aquellas basadas en el modelo de escalera, poco adaptadas a las necesidades de las personas sin hogar y a los plazos de sus procesos de inclusión social, ineficientes e insuficientes, a pesar de que se ha dado cierto progreso en los últimos años.

En este contexto, se considera necesaria la mejora de los recursos habitacionales existentes tanto cuantitativa como cualitativamente para contrarrestar las insuficiencias e ineficiencias del sistema. Así, resulta conveniente la introducción de medidas innovadoras basadas en enfoques alejados de la satisfacción de las necesidades más básicas y urgentes de las personas sin hogar para centrarse en aquellos en los que prime la personalización de las actuaciones y una actuación flexible de los profesionales. Por último, cabe el mayor protagonismo de los servicios sociales en la gestión de los programas y recursos habitacionales, potenciando la coordinación con otros ámbitos como el sanitario, educativo y empleo, entre otros.

7. *Referencias*

Brändle Señán, G. y García Luque, O. (2013). Análisis y medición de la exclusión residencial, en M. Hernández Pedreño (coord.) *Vivienda y exclusión residencial* (139-169). Editum.

Cabrera Cabrera, P. (2008). Personas sin hogar, en M. Hernández Pedreño (coord.) *Exclusión social y desigualdad*, 185-228. Editum.

Carbonero Muñoz, D. (2013). *Procesos e itinerarios en las personas sin hogar*. Tesis doctoral, Universidad Rey Juan Carlos.

Cáritas (2020). Las personas en situación de sin hogar acompañadas por Cáritas. Contexto en 2019 y durante el estado de alarma y la COVID-19. Cáritas Española Editores.

De la Fuente-Roldán, I. N. y Sánchez-Moreno, E. (2023). Exclusión social y pandemia: la experiencia de las personas en situación de sinhogarismo. *Empiria. Revista de Metodología de Ciencias Sociales*, 58, 123-153.

Edgar, B. (2012). The ETHOS Definition and Classification of Homelessness and Housing Exclusion. *European Journal of Homelessness*, 6(2), 219-225.

Hernández Pedreño, M. (dir.) (2016). *Exclusión residencial en Murcia: miradas y trayectorias*. Editorial Fundación Cepaim.

Hernández Pedreño, M. (2022). Exclusión residencial en España. Análisis y medición para la intervención social, en C. M. Anleu Hernández y M. V. Forns Fernández (coords.), L'accés a l'habitatge: la lluita per un dret (15-44). Publicacions de la Universitat Rovira i Virgili.

INE (2022a). *Metodología de Encuesta sobre las personas sin hogar (EPSH-Personas 2022)*. Instituto Nacional de Estadística.

INE (2022b). *Encuesta a las personas sin hogar. Año 2022*. Disponible en: https://www.ine.es/dyngs/INEbase/es/operacion.htm?c=Estadistica_C&cid=1254736176817&menu=resultados&idp=1254735976608.

INE (2022c). *Nota de prensa. Encuesta sobre las personas sin hogar. Año 2022*. Instituto Nacional de Estadística.

Sales, A. (2022). ¿Cuántas personas sin hogar hay en España?, *Índice: Revista de Estadística y Sociedad*, 84, 33-35.

SIIS (Servicio de Información e Investigación Social) (2021). *Propuesta de una metodología común para el análisis de las situaciones de exclusión residencial en España: Los recuentos nocturnos de personas sin hogar*. Ministerio de Derechos Sociales y Agenda 2030. Disponible en: https://www.siis.net/es/investigacion/ver-estudio-novedad/570304/#.

Vacas, V. (2022). Vivienda y exclusión social. Algunos apuntes teórico-metodológicos. *Trabajo Social Hoy*, 97, 73-93. doi:10.12960/TSH 2022.0017.